聖なるもの

Das Heilige

Über das Irrationale
in der Idee des Göttlichen
und sein Verhältnis zum Rationalen

神的なものの観念に
おける非合理的なもの、
および合理的なものと
それとの関係について

ルードルフ・オットー
Rudolf Otto
［著］
華園聰麿
Hanazono Toshimaro
［訳］

創元社

テオドール・ヘーリング教授の記念として

目次

凡　例

一、この翻訳は著者オットーの最終改訂版である Rudolf Otto: Das Heilige Über das Irrationale in der Idee des Göttlichen und sein Verhältnis zum Rationalen, 23. bis 25. Auflage, C.H.Beck'sche Verlagsbuchhandlung München 1936 の一九九一年版（ベック・シリーズ三二八）に拠った。

なお原書の巻末には、オランダのヨースト・ファン・デル・フォンデルの「天使賛歌」とユダヤ教の新年祭の頌歌「Melek Eljon」のそれぞれオットーによるドイツ語訳が「付録」として収められ、また本文に関する短い補注も付けられているが、本書の論旨に新しい内容を加えるものではないと判断して、一部を訳注で取り上げたほかは割愛した。

その代わりに、宗教の比較研究という本書の意図を補う意味で、同じ出版社から出された同じ著者の論文集『超世界的なものの感情』（Das Gefühl des Überweltlichen, 1932）に収められた、「仏教におけるヌミノーゼ・非合理的なもの」（Das Numinos-irrationale im Buddhismus）の一部「坐禅におけるヌミノーゼな体験」（Numinoses Erlebnis im Zazen）という論文を「仏教におけるヌミノーゼなもの」という題にして「付録」とした。

二、斜体印刷の個所には圏点を施し、、、を「　」で示した。なお［　］は訳者による補足である。

三、原注は章ごとに通し番号とし、（ ）内漢数字で、訳注（脚注）は＊算用数字でそれぞれ示した。

四、ギリシャ語、ヘブライ語およびサンスクリット語の単語の表記は、本書で採用されているローマ字表記に拠った。

五、『新約聖書』および『旧約聖書』からの引用文には、日本聖書協会の「新共同訳」を用い、また、章節もこれに従った。引用文中の圏点はすべてオットーが付けたものである。

六、人名の表記並びに解説および事項の説明に当たっては、主として『西洋人名辞典』（岩波書店）や小口偉一・堀一郎編『宗教学辞典』（東京大学出版会）、『哲学事典』（平凡社）、『哲学中事典』（尚学社）、『イスラム事典』（平凡社）などを参照した。

七、この翻訳に際しては、J. W. Harvey の英語訳 "The Idea of the Holy" Oxford, 1923（1957）および山谷省吾訳『聖なるもの』（岩波文庫）を参照した。

八、原書に次の誤植がある。括弧内が正しい。

三四頁　二行目　sträkeren（stärkeren）

三六頁　二行目　sicht（sich）

一一二頁　最終行　Leisenschaftlichkeit（Leidenschaftlichkeit）

なお、この他にも脱漏と誤記があるので、訳注で指摘しておいた。

聖なるもの

神的なものの観念における非合理的なもの、および合理的なものとそれとの関係について

恐れ慄くことこそ人間たることの最良の部分なのだ。
世界がその感情の値を釣り上げて手の届かぬものにしても、
凡庸な人でさえ感動すると、途方もないものを深く感じるものだ。

［ゲーテ『ファウスト』］

第一章　合理的と非合理的

〈一〉 そもそもすべての［人格神を信奉する］有神論（Theismus）の神の観念、ことにキリスト教の神の観念にとって、際立って本質的なことは、神性［神たること］（Gottheit）が神の観念を通して明確な規定のもとに把握されること、たとえば精神、理性、意志、目的設定の意志、善なる意志、全能、本質的単一性、意識性（Bewußtheit）などといった述語（Prädikat）で表されることであり、しかもその際、人間がみずからのうちに限定され抑制された形で自覚するような人格的・理性的な述語に対応させて神の観念が考えられていることである。（それと同時に、神的なものを表す際のこれらの述語は「絶対的な」、言い換えれば「完全な」述語と考えられることになる）。ところでこれらの述語は、すべて明白で明瞭な概念であり、思考することもできれば、思考による分析も可能であるし、それだけでなく定義さえできるものである。このように概念によって、明瞭に思考することのできるような対象を合理的（rational）と呼ぼうとするならば、合理的な述語で記述される神性の本質は、合理的なものとして表すことができるし、そうした述語を承認し、また主張する宗教は、その点では合理的宗教である。単なる「感情」（Gefühl）とは対立する、明白な概念における確信としての「信仰」（Glaube）は、まさにそうした述語を通してこそ可能となる。そして、少なくともキリスト教に関しては、ファウストの次の言葉は真実ではない。

「感情こそがすべて。名前は響きか煙である」[*1]。

このファウストの科白における「名前」は概念（Begriff）と同じ意味である。これに対して私たちは、ある宗教が「概念」を持ち、超感覚的なものの認識（すなわち信仰の認識）を概念において持つこと、さらに言えば前記の、またそれらに連なる別の概念のもとで持つことを、まさにその宗教の程度の高さあるいは卓越性を表す目印と見なしている。そして、キリスト教が概念を持っており、しかもそれが卓越した明白さや明瞭さを示し、それに豊富であることは、他の宗教の段階や形態に対するキリスト教の優越性を表す、唯一のでも最重要なものでもないが、きわめて本質的な目印なのである。

　このことがまず最初に、そして決定的に強調されなければならない。しかしそれと同時に、誤った一面性へと導きかねない次のような誤解にも警戒しなければならない。すなわち合理的な述語、上述の述語もしくはさらに加えることのできる同類の述語が神性の本質を汲み尽くしているという見方である。このような誤解は、信心開発

＊1　『ファウスト』第一部、三四五六―八。ちなみに相良守峯訳（岩波文庫）には、「感情こそはすべてであって、名前などは天の焔を朧ろにつつむ響きか、煙のようなものだ」とある。

のための講話の語り方や概念の世界から、また説教や教育における教化の方法からだけでなく、もっと広く聖書からさえも私たちに身近なものとなり得るのだ。これらにおいては、合理的なものが前面にあり、ときにそれがすべてであるかのように見えることさえある。しかしこの場合に合理的なものが必然的に前面に立つことは、すでに初めから予想されることなのである。なぜならすべての言説は、そもそも語句から成り立っている以上、何よりも概念を伝えようとするからである。そして言説は明晰で、一義的であればあるほど、それだけいっそう良いわけである。しかしながら一般には合理的述語が前面に現れているとしても、それが神性の観念を汲み尽くすことは非常に少なく、まさに非合理的なもの（das Irrationale）に関してのみ意味を持つものであり、また非合理的なものに即した合理的述語に過ぎないのである。合理的述語は全くもって［神性の］本質的な述語なのではあるが、しかし綜合的な（synthetisch）本質的述語[*2]なのであって、次のように理解されて初めてそれ自体が正しく理解されるのである。すなわち合理的な述語がその担い手である、ある対象に対して、そうした述語のもとではそれ自体がまだ一緒に認識されてはおらず、またそのもとでは認識されもせず、したがって別の独自の仕方で認識されなければならないような対象に対して添えられるときに初めて、正しく理解されるのである。別の仕方で認識されなければならないと言ったのは、その対象は何らかの仕方で把握できなければならないからである。もしも仮に把握できないとしたら、その対象について、そもそも何一つ言い出せないからで

＊2　カントの分析的判断と綜合的判断の区別にもとづいてオットーが独自に使う用語。カントは「すべての物体は延長している」という判断は、主語概念（物体）の中に述語概念（延長）がすでに含まれており、主語概念を分析するだけで述語概念が導き出されると考えて、これを分析的判断と呼び、これに対して「すべての物体は重い」という判断においては、述語概念（重い）は主語概念には含まれておらず、これに新しい規定として付け加わるものであるから、この判断を綜合的判断とした。オットーは、神の観念に関する合理的な述語には非合理的な要素が含まれていないので、その述語は綜合的なものだと見なす。その際にそれが「本質的」な述語である

ある。神秘主義でさえそのような対象をarrēton（言い難きもの）と名づけるときには、根本のところではそうは考えていないのである。もしも本当に名づけられないと考えているのであれば、神秘主義はただ沈黙を守るほかなくなるであろう。ところが、まさしく神秘主義こそ、たいていきわめて多弁であった。

〈二〉　こうして私たちは合理主義とそれよりも深い宗教との対立に突きあたることになる。この対立とその特徴については、これからもしばしば取り組むことになるであろうが、合理主義の第一の、最も目立つ特徴は、まさにこの対立にこそにあるのであって、その他の特徴はすべてそれに結びついているのである。たとえば合理主義は「奇跡」の否定であり、合理主義の反対が奇跡の主張だ、というよく提案される区別は明らかに間違っているし、そうではないとしても、少なくともきわめて皮相的である。なぜなら奇跡とは、自然の因果の連鎖を設定したゆえにその主人公であるにちがいない、ある存在者によって、ときたまそれが打ち破られることだというよく見かける理論は、それ自体この上なく「合理的」だからである。合理主義者たちはしばしばこの意味での「奇跡の可能性」を認めたり、あるいは自分たちでその可能性をまさしくア・プリオリに「純理論的に」構成してもいる。また非合理主義に徹した人たちのほうは、「奇跡の問題」については往々にして無関心であった。むしろ合理主義とその反対の立場の双方に関わる問題は、敬虔であること（Fromm-sein）そのことの気分もしくは感情の内容における独特の質の違いである。そして「両者における」この質の違いは、

ことを後の第十六章において、再びカントの「ア・プリオリ」の概念を用いて根拠づけようと試みる。

神の観念において合理的なものが非合理的なものに勝っている、もしくは後者を完全に排除しているか、それとも逆であるか、によって本質的に左右されるのである。正統主義(Orthodoxie)[*3]自体が合理主義の母胎であったという、よく耳にする主張は、実はある点では正当である。しかしその理由は、これまた単純に正統主義は一般に教義や教義体系を目指してきたということにあるのではない。最も急進的な神秘主義者でさえ同じことをやってきている。そうではなく正統主義が教義を形成するに際して、みずからの対象の非合理的なものを何らかの仕方で正しく評価し、それ自体を敬虔な体験の中で生き生きと保つ手段を見つけることをせず、非合理的なものを明らかに見損なって、神の観念を一面的に合理化してしまったことによるのである。

〈三〉　合理化へのこの傾向は、今日に至るまで依然として支配しており、それもこのように神学においてのみならず、一般的な宗教研究においても底の底まで支配し続けている。現代における私たちの神話研究や、いわゆる「未開人」の宗教の探究、つまり宗教の端緒や発生の源を「理論」構成しようとする試みなどもそれらの支配下にある。そうした研究においては確かに初めから、本書の冒頭に掲げたような高度に合理的な概念が使われているわけではないとしても、そのような概念や次第にそうなっていった「発展」に主要な問題を見ているし、より価値の低い表象や概念を高度な概念に先立つものとして組み立てているのである。しかしそこで対象とされているのはいつでも概念とか表象なのであって、おまけに「自然的」な概念、言い換えれば人間の

*3　一般には哲学や宗教などにおいて思想や信仰の正統性を主張する立場を指すが、ここでは十七世紀にルター派教会を支配した神学的傾向を示唆していると考えられる。王制を背景にしたこの神学は何よりも体系化を目指し、カトリック教会をはじめ他の宗派に対して理論武装に努め、このことから時に形式主義に傾いたとされる。

表象活動の一般的な領域においても見られるような概念なのである。そしてその際にほとんど驚嘆に値すると言ってよいほどのエネルギーと手法を用いて、宗教的な体験の最も原初的な表出においてさえすでに発動している、その全く独自のものに対して目をつぶっているのである。驚嘆に値すると言ったのは、実際は呆れたことに、ということなのであるが、それは、そもそも人間の体験のある領域において、その領域に独特のもの、もしくはその領域においてしか現れないものが注目されるべきだとすれば、まさに宗教の領域におけるものこそがそれなのだからである。本当のところは、宗教の敵の眼のほうが、多くの味方や中立的な理論家以上に鋭くこの点を見ているのである。いわゆる「神秘主義の奇矯」(mystischer Unfug)そのものが「理性」とは全く無関係であることは、反対の側に立って見るときわめて正確に判ることがしばしばあるものだ。何はともあれ、有効な刺激剤は、宗教は合理的な言語には収まり切らないのだということに気づき、また、宗教がおのずから明らかになるように、その諸要素の実態をきちんと整理することである（一）。

（一）〈三〉については、私の『超世界的なものの感情』(Das Gefühl des Überweltlichen)（一九三二年、ミュンヘン）、第二章「宗教の歴史的起源としてのヌーメンの感情」でやや詳しく論じている［この注の番号は訳者が付けた。なお、本書の第四章の注（二）にこれと関連する言及がある］。

第二章　ヌミノーゼなもの

ここでは、そのことを聖なるもの（das Heilige）という独特のカテゴリーと関連させながら見ていくことにする。何かあるものを「聖なる」（heilig《ハイリッヒ》）として認識もしくは認知することは、何よりもまず一つの独特な評価であるが、これはただ宗教の領域においてそれとして現れるだけである。この評価はまたすぐに別の領域、たとえば倫理学のような領域にも重なっていくのだが、しかしそれ自身は他の領域からは生じないものである。この評価は、それ自体、完全に種類を異にする要素を内に持っている。すなわち前に示した意味での合理的なものを撥《はね》つけるとともに、概念的な把握が全く届かないという点で、言い難きもの（arrēton, ineffabile）なのである。

〈一〉　ところで、聖なるものが仮に多くの語法、すなわち哲学的な語法、そして一般にはなおさら神学的な語法のもとで理解されるようなものとしての聖なるものであるならば、先ほどの主張は初めから間違っているであろう。私たちには「聖なる」という語を全く転用された、断じてその根源的でない意味で使うことに慣れてしまったところがある。すなわち通常それを全くの倫理的な述語として、つまり完全に善いという意味で理解している。たとえばカントは［『実践理性批判』という著書で］、義務の動機から動揺することなく道徳法則に従う意志を聖なる意志と名づけている。しかしこの意志は単に完全なる道徳的意志にとどまるであろう。もっぱら義務や道徳法則の実践的必然性や普遍妥当的な拘束性ばかりが念頭におかれている場合に、義務や法則の聖性が論じられるのはこういう意味合いでなのである。しかし「聖なる」という語のこうした用い方は厳密ではない。確かに「聖なる」は道徳的なものすべてを含みはするものの、しかし私たちの感情にとっては、なおはっきりとした余り（Überschuß）を含んでいるのであって、それを選り分けることがまずもってここでは大切なのである。それだけでなく、むしろ核心はこうである。すなわち「heilig」というドイツ語、そしてセム語、ラテン語、ギリシャ語および他の古代語の中で言語上この語と等価のものは何よりも、そして勝れてこの余りだけを表していたのであって、道徳的なものの要素を表していたのではないし、もともとそればかりを捉えていたのでも断じてなかったのだ。今日、私たちの語感は疑いなく道徳的なものをいつも「聖なる」の中に含めてしまうので、その独特な特殊な構成要素を探し求める際には、少なくとも私たちの探究の仮そめの使い方そのもののためには、それを表す特別の名称を考案するのが便利であろう。その場合の名称は道徳的要素を差し引いた、すぐに付け加えれば、そもそも合理的な要素をも差し引いた聖なるものを表すべきである。

私たちが話題にする事柄、あるいは何とかして示そうとする、つまり「言語による理解ではなく」感じとれるものにしようと試みる事柄は、あらゆる宗教の中にその独特の最も内なるものとして生きているのであって、それなくしては宗教は完全に宗教でなくなるようなものである。しかしながらそれは特筆すべき力強さをもってセム民族系の諸宗教の中に生きており、なかでも他に勝って聖書宗教の中に生きている。そこにも固有の名辞がある。すなわち［ヘブライ語の］qādosch《カードッシュ》がそれであり、ギリシャ語のhagios《ハギオス》やラテン語のsanctus《サンクトゥス》、もっと正確に言えばsacer《サケル》などがそれに相当する。三つの言語におけるこれらの名辞が「善」という意味、それも絶対的に善なるもの、つまり観念の発展や成熟の最高段階における善をも含意していることは確かであって、そういう場合に私たちは、それを「聖なる」と翻訳する。しかしもはやこの場合の「聖なる」は、それ自身倫理的なものとは無関係な、そのものとして吟味され得るような独特の根源的な要素が次第に倫理的に図式化[*1]されたり、充塡された結果に過ぎないのである。そしてこの要素の発展の当初にあっては、以上の諸言語はすべて疑いなく、まず何よりも善とは全く別のものを意味しているのである。このことは現代の解釈者たちによって一般に認められている。qādosch が単純に善と解釈される場合、それは合理主義的な曲解だと断言することは正当であろう。

＊1　「図式化」については第八章で説明される。

〈二〉 したがって、切り離されたこの要素を表すために、第一にはそれをその特殊性のもとで確保するような、そして第二には［第十七章で扱うような］この要素の何らかの亜種もしくは発展の諸段階をも一緒に捉え、また一緒に表すことを可能にするような一つの名辞を見つけ出すことが重要である。そのために私はまずヌミネーゼ（Numinöse）という語を作り（omen［前兆］から ominös［前兆的］を作ることができるとすれば、［神性や神霊などを表す同じラテン語の］numen《ヌーメン》 から numinös を作ってもよかろう）、次にヌミノーゼ*2な独特の解釈ならびに評価のカテゴリーについて論じ、またこのカテゴリーが適用される場合には、言い換えれば、ある客体がヌミノーゼとして想定される場合には*3いつでも現れるヌミノーゼな心情の気分（Gemütsgestimmtheit）について論じることにする。（二） このカテゴリーは全く特種で（sui generis）あるので、あらゆる根源的な事実もしくは根本事実と同じように、厳密な意味では定義できず、ただ論議されるだけである。すなわち論じ合うことを通して、このカテゴリーが聞き手自身に対してひとりでに動き出し、浮かび上がり、やがて意識されざるを得なくなるような、その人自身の心情の地点まで導いていくように試みることによって、その理解を助けてやることはできるのである。そしてすでに知られ親しまれている別の心情の領域で現れる、それと類似のものあるいはそれと特徴的に対照的なものを示してやり、そうして「私たちが言っているXはこれではないが、しかしこれと同類で、あれとは反対のものだ。どうだい、それがおのずと思い浮かんで来ないかね」と付け加えることで、この手続きを補うこ

＊2 オットーは形容詞として造語した「numinös」を「numinos」と書き換えて用いている。Das Numinose はそれを名詞形にしたもので、「ヌミノーゼ」と発音する。この場合、「ヌミノースなもの」あるいは「ヌーメン的なもの」と訳すこともできるが、宗教学の学説史では「ヌミノーゼ」という表現が術語として定着しているので、本訳書ではこれに統一した。たとえば、das numinose Gefühl を「ヌミノーゼな感情」と訳した。

＊3 この「ある客体がヌミノーゼと想定される場合には」の個所は、第十二版までのものにはなく、第十五版には見えるので、その間に追加されたと思われる。オットーは「聖なるもの」を主観化し

ともできる。つまり、私たちの言うXは、厳密な意味では教えることはできず、ただ示唆すること、目覚めさせることができるだけである――「精神から」(aus dem Geiste) 現れる事柄すべてと同じように、なのである。

てしまった、との批判に応えて、その客体性を強調するために補足した。

(一) この点に関して私が発見者の権利を主張することができないことを後になって知った。『超世界的なものの感情』、第一章「ヌーメンの感情の発見者としてのツィンツェンドルフ」を参照されたい。カルヴァンもすでに彼の『キリスト教綱要』の中で、「神性の感覚、言わば予言者のヌーメンの認識」(divinitatis sensus, quaedam divini *numinis* intelligentia) という言い方をしている。

第三章　「被造物感」

——自己感情におけるヌミノーゼな客体の感情の反射としての（ヌミノーゼの要素　第一）

〈一〉　私たちは、強烈で、できるだけ一面的な宗教的感動の要素を思い起こすように勧めたいと思う。

それができない人、そもそも宗教的な感動という契機を持っていない人は、どうかこれ以上読まないでもらいたい。なぜなら、自分の思春期の感情や胃のもたれる感じあるいは社会的感情なら思い起こせても、独特に宗教的な感情を思い起こせないような人には、宗教学の研究をすることは難しいからである。そういう人が自分の知っている説明原理に基づいて、できる限りのところにまでは行ってみようと試みることは許されるだろう。たとえば「審美」（Ästhetik）を感覚的な快と解釈したり、「宗教」を群れの衝動（geselliger Trieb）もしくは社会的な価値評価の一機能と解釈するとか、あるいはもっと素朴な解釈をすることは許されるかもしれない。しかし、美的体験の特殊性を自分自身で経験する審美家はそうした理論を感謝しつつ拒絶するだろうし、宗教家ならなおのことそうであろう。

さらに勧めたいことは、このような契機あるいは祝祭の敬虔な気分や感動の心の状態を吟味し分析するにあたって、そのようなものが、たかだか善き行為を目撃する際の倫理的な興奮に過ぎないような状態とは共有しておらず、感情の内容において、そのような興奮状態に先立ち、それ自体が特別に持っているものに対して、できるだけ正確に注目することである。そういうときに、私たちがキリスト教徒として疑いなく何よりも真っ先に思いあたるのは、宗教以外の他の領域においても、弱められた強度で知られる感情、すなわち感謝、信頼、愛、確信、恭順な従属および献身といった感情である。しかしながら、それは断じて敬虔な要素を汲み尽くしてはいないし、そのすべてをもってしても「荘厳なもの」(Feierliches)の全く類を異にする特色をいまだ明らかにしておらず、不思議で、しかもそのような場でしか現れない感動の持つ「荘重さ」(Solemmne)をも依然として明らかにしてはいないのである。

〈二〉　このような体験のきわめて注目すべき要素をシュライエルマッハー*1がうまく取り出して、それを「依存」の感情(das Gefühl der Abhängigkeit)と名づけている。けれども彼のこの重要な発見には二つの非難されるべき点があるのだ。

第一に、彼によって本来思い浮かべられた感情は、その特殊な有様からして、まさしくその言葉の「自然的」(natürlich)な意味での依存の感情ではない。すなわち生活や

*1　フリートリヒ・エルンスト・ダニエル・シュライエルマッハー(一七六八―一八三四)は、ドイツの哲学者、神学者で、改革派教会の牧師の家に生まれた。少年時代にヘルンフート兄弟団で教育を受け、ハレ大学ではカントの哲学を学んだ。彼は宗教を形而上学や道徳とは区別される人間の固有の精神領域と見なし、宇宙の直観と感情に宗教の本質を求めた。彼の感情主義的宗教哲学はオットーに大きな影響を与え、本書でもしばしば言及の対象とされている。

体験の他の領域においても、自分の不十分さや無力さもしくは周囲の事情による抑圧の感情として依存の感情が現れることがある、というような意味のものではない。それはこのような感情に対しておそらく対応するものを持っているであろうし、それゆえに後者によって類比的に表され、「論じられ」、事柄そのものが仄めかされて、その結果としてやがて事柄自体がおのずから感じられるようになることもあり得るであろう。けれども事柄自体は何といってもまさしく一切の類似性や類比性にもかかわらず、それ自身においてはそのような類比的感情とは質的に異なるのである。シュライエルマッハー自身も敬虔なる依存の感情をその他一切の依存の感情からはっきりと区別してはいる。ただし実はまさしく「ひたすらなる」(schlechthinnig)依存の感情として、つまりただ単に関わっているというだけの依存から区別しているに過ぎないのである。言い換えれば、シュライエルマッハーは絶対的な依存の感情として相対的なそれから、また完全な依存の感情として程度の差を持つあらゆる感情から区別しているだけであって、特別の性質によって区別しているわけではないのである。つまり私たちがそれを依存の感情と呼ぶ場合、実はもともと事柄自体に対する一つの類比を見ているに過ぎないのだ、ということを当のシュライエルマッハーは見逃しているわけである。

いまや読者はたぶん――このような比較と反論を通じて――私が言おうとしていること、しかもそれが根源的な事実もしくは根本の事実であり、したがって心的なるものにおける、それ自身によってしか規定され得ない事実であるがゆえに、他のものによっては表現できないものを、ご自分のもとで見つけられているのではあるまいか。私は、ここで語りたいと思う要素がまさしくきわめて露骨に出ている一つの周知の事例を挙げることで、さらに手助けをすることができると思う。旧約聖書の『創世記』の一八・二七でアブラハムがソドム人の運命について勇敢に神と語るときに、こう述べている。

塵あくたにすぎないわたしですが、あえて、わが主に申し上げます。

これは自己自身のことを告白する「依存感」であるが、何と言ってもこれはまさしく一切の自然的な依存感以上のものであると同時に質的に別のものでもある。私はこの事柄を表す名称を探して、これを被造物感（Kreaturgefühl）と名づけることにしたい――すなわち一切の被造物に優越するものに直面して、自己自身が無であることへと沈み消えていく被造物が抱く感情である。

この「被造物感」という表現でさえも事柄の概念的な説明以上のものを与えてくれないということは見やすいことである。なぜなら、ここで眼目となっているのは、単にこの新しい名称だけが表しているもの、つまりそもそも完全に優越する力を持つものに対峙した際の沈み込んでいく要素もしくは自己のはかなさの要素［という主観的自己感情］だけではなく、まさにそのような圧倒的な力を持つものに対峙しているという要素だからである。そして「そのような」、すなわち受け取られた客体（das gemeinte Objekt）そのもののこの様相（Wie）こそがまさに合理的概念においては把握することができず、「言い難き」ものなのである。それは回り道をしてしか示せない、つまりその要素の経験が心情（Gemüt）の中に呼び起こす際の、そうして自分の中で体験しなければならない感情反応の持つ独特の調子と内容をみずから認識し、それとして指し示すことによってしか提示することができないものなのである。

〈二〉　シュライエルマッハーの規定の第二の誤謬[二]は、彼が依存の感情によって、あるいはいま述べた言い方では、被造物感によって宗教的な感情そのものの本来の内容を規定しようとしていることである。もしもそうだとすると、宗教的な感情は直ちにまた何よりもまず自己の感情（Selbst-Gefühl）だということになるであろう。すなわち私自身が独特に規定されている、つまり私が依存しているという感情となるであろう。シュライエルマッハーに従えば、一つの推論によって、私が私の依存に対して私の外にある一つの原因を付け加えることによって初めて、神的なるものそのものに突きあたることになるわけである。しかしそれは完全に心的事実に反している。むしろ「被造物感」は、それ自体疑いなくまずもって、直接に私の外部にある客体に関わる感情要素（すなわち畏怖（Scheu））に伴う主観的な要素もしくはその結果、言わば畏怖の感情の影なのである。しかしその客体こそがまさしくヌミノーゼな客体なのである。アブラハムの場合がそうであるように、ヌーメン「神的なもの」*2が現前しているとして体験される場合にのみ、あるいはヌミノーゼな性格を持つ何ものかが感じられている場合にのみ、したがってまたヌミノーゼのカテゴリーが現実のあるいは架空の客

＊2　巻末の用語説明によれば、「ヌーメン」は「まだ正確な表象を持たない超自然的な存在者」とされている。「神的なもの」一般ないしは神観念の基底を指すと見られる。

体に適用された結果として初めて、その反射として被造物感が心情の内部に生起するということになるのである。

このことは、宗教体験を分析する際の心理学者にとっても最初の事実として迫ってくるにちがいないほど明白な経験的事実である。たとえばウィリアム・ジェームズ[*3]は、『宗教的経験の諸相』（The Varieties of Religious Experience）という著書の中で、[二]ギリシャの神々の観念の成立に言及した際に、きわめて素朴な言い方でこう言っている。

ここで私たちはギリシャの神々の起源の問題に深入りすることはできない。しかし私たちが挙げた一連の事例はほぼ次のような結論へと導いていく。すなわちあたかも人間の意識の中には何か現実的なるものの感覚、何かが現実に存在しているという感じ、何か客観的に実在しているという観念が生きているかのようであり、その感覚は、今日の心理学の見方によれば、実在がそれを通じて確認されるとされる何らかの個別的な感覚とか特定の感覚よりももっと深くかつ普遍的なものである。

ジェームズにとっては、その経験論的もしくは実用主義的な立場からして、「本書の第十六章以下で考察するような」心情そのものの中に認識の素質（Anlage）もしくは理念の根底（Ideengrundlage）を承認する道が塞がれてしまっているので、この事実を説明するために「実在感を呼び起こすものなら、観念でも宗教的概念でも、それのみか幻覚でさえも同じ実在という特権を持つなどという」[*4]どこか奇妙で、ミステリー風な仮説を手がかりにせざる

＊3　ウィリアム・ジェームズ（一八四二―一九一〇）はアメリカのプラグマティズム哲学者および心理学者。心理学に関しては心を実体論・要素論的に捉えることに反対し、選択能力をもつ「意識の流れ」として機能的に捉えようとした。宗教心理学の名著とされてきた『宗教的経験の諸相』は、宗教を全人格的な反応（total response）と見る立場から、宗教家の日記や伝記などを駆使して心の働きに及ぼす宗教経験の効果を解明したものである。

＊4　桝田啓三郎訳『宗教的経験の諸相』（上）（日本教文社）八三―八八頁参照。

を得なくなっている。しかし彼は事実そのものをはっきりと把握しているのであって、解釈では片づけようとしないほど現実主義者なのである。——第一の、直接の所与材料（Datum）としてのこのような「実在感」、言い換えれば客観的に与えられるヌミノーゼの感情に対して、次に「依存感」あるいはより適切には被造物感が、最初に伴うその結果となる。すなわち体験する主体の自己自身に対する低い価値判断となるのである。[三] あるいは別の表現をすれば、私の「絶対的な依存」の感情は、実在するものの「絶対的な優越性（ならびに近づき難さ）」の感情を前提にしているのである。

（一）第三の誤解については後に［第四章の二、本訳書四三頁で］話題にされるであろう。

（二）ウォッバーミン（Georg Wobbermin）によるドイツ語訳、四六頁。

（三）シュライエルマッハーに関しては次のものを参照してほしい。オットー『西と東の神秘主義』（West-östliche Mystik）（第二版、一九二九年、ゴータ）に詳しく述べた個所（三二四頁以下）。［ただし華園・日野・ハイジックが訳した『西と東の神秘主義』が底本にしたもの（メンシング編）にはその部分が収められていない］。

第四章　畏るべき神秘（Mysterium tremendum）

（ヌミノーゼの要素　第二）

ところでこの――客観的な、私の外部で感じられた――ヌミノーゼなもの自体は何であり、またどのようなものなのか

ヌミノーゼなもの自体はまさしく非合理的である、言い換えれば概念においては解明され得ないものであるから、それを体験する心情の中にそれが呼び起こす特殊な感情反応（Gefühls-reaktion）を通じてのみ示唆されるほかない。「ヌミノーゼなものは、人間の心情をかくかくしかじかの特定の感情でもって捉え、動かすようなものである」。この「かくかくしかじか」の特定の感情を、私たちは再びそれと類似の感情と対応させたり対比したりすることによってもしくはそれを象徴する表現によって、同時に共鳴させる試みをしつつ、暗示することに努めなければならない。さらに言えば、いま

や私たちはここでは、シュライエルマッハーとは別に、まさにかの初次的な、客体に関わっている特定の感情そのものを求めているのであって、ついさっき見たように、被造物感はこの感情から、自己感情におけるその影として、はじめて二次的に生じるものなのである。

敬虔な感情の強い活動が救済の信仰や信頼あるいは愛といったもの以上になる場合に、その動きの最も底にあるもの、もしくは最も深いもの、すなわちこうした信仰などの、それに随伴する要素を全く度外視しても、なお私たちのうちにあってしばらくの間は、ほとんど感覚を混乱させる暴力的な力で心情を揺り動かし満たすものを観察してみよう。またその深いものを敬虔さの強烈な発露およびその情緒的表出のもとで、または儀礼や祭儀の厳粛さや気分のもとで、あるいは宗教的な記念物、建物や寺院もしくは教会の周りで肌で感じられ、そこに蠢《うごめ》いているものの中で、周囲に居る他人との共感（Mitgefühl）や追感（Nachgefühl）による感情移入（Einfühlen）を通して追跡してみよう。そうすると事柄の表現として私たちに思い浮かぶのはただひとつ、mysterium《ミステリウム》 tremendum《トレメンドゥム》、すなわち「畏《おそ》るべき神秘」の感情だけである。その感情は、深く沈潜した祈念の漂うような静謐な気分という形をとって、穏やかに潮が満ちてくるように心情を貫き通すことがある。そうしてたえず流れて止まぬ心の調子に変わり、長い間持続し、余韻を残しつつ、ついには消えていって、心を再び俗事へと戻すのである。その感情はまた衝撃と痙攣《けいれん》を伴って、突如として心から破り出てくることもある。また異常な感情の昂《たか》まり、すなわち陶酔や恍惚あるいは忘我へと導くこともある。その感情には野性的でデーモン的な(dämonisch)形態もある。それはまたほとんどお化けに対するような恐怖や戦慄へと落ちぶれることもある。それにはまた素朴で粗野な前段階もしくは表出がある。そしてその感情には繊細なもの、洗練されたものあるいは神々しいものに至る発展がある。それはあるものの前での被造物の静かで恭しい身震いもしくは無言ともなる――何ものの前でか。それは一切の被造物を超越する言い難き秘密のうちにあるものの前で、である。

　このような言い方をしているのは、実は何かを言うためである。しかし私たちはいくらこのようなことをしてみても本来的には何一つ言ってはいないこと、少なくともここでもまた概念による定義の試みが全く消極的なものに過ぎないことが、すぐに再び明らかになる。「神秘」(mysterium)もまさに概念としては、隠れたものという意味以上には出ないものだ。つまり、誰でも知っているものではなく、概念や常識で捉えられるものでもなく、日常的なものでも、慣れ親しんでいるものでもない、という意味であって、「神秘」そのものをその様相に即して子細に言い表してはいないのである。しかし「神秘」ということで思い浮かべられているのは、全く積極的な何ものかである。「神秘」の積極的なものは純粋に感情において体験されるのである。したがってこの感情を、議論をしながら、同時に共鳴により思い起こさせれば、たぶん具体的に描くことができるであろう。(二)

〔一〕「感情」（Gefühl）とは、概念以前にもしくは概念を超えて、それにもかかわらず認識しつつ客体に関わっていることだ、という意味である。これについては私の『超世界的なものの感情』三二七頁の「感情」に関する結語を参照してほしい。［この「結語」の中でオットーは、感情を独特の認識能力と見なし、とくにゲーテが「真理感情」（Wahrheitsgefühl）について述べた次の言葉を引いてその特質を描いている。「より高い意味で私たちが発明・発見と名づけるものは、全く重要な営みであり、根源的な真理感情の活動である。この感情は静かに長い間のうちに仕上げられるが、思いがけず稲妻のごとくに、有効な認識に至るのである。それは内から外へと発展する一つの啓示である」］。

一　「畏るべき」（tremendum）という要素

事柄の積極的な様相を指し示すのは、まずtremendumという形容語である。tremorという語句そのものは恐怖（Furcht）という意味であり、周知の「自然的」感情である。ここではそれが、全く種類を異にする感情反応を表す最も近いが実はそれ自身は類比的に過ぎない表現として役に立つ。その感情反応は確かに恐怖と類似性を持ち、それゆえにそれによって暗示されもするが、それ自体はやはり恐れる（Sichfürchten）ということとは全く別のものである。

幾つかの言語の中には、恐怖以上のこの「恐怖」をもっぱら、あるいは主として表す表現がある。たとえばヘブライ語の hiqdîsch、あるものを「聖なるもの」と見なす、がそうである。あるものを「心の中で聖なるものと見なす」ということは、あるものを他の恐れとは置き換えられない独特の畏怖の感情によって表すということであり、言い換えればヌミノーゼのカテゴリーによって評価することである。この感情を表す同様の言い回しは旧約聖書に多い。なかでも注目すべきは「emāt Jahveh」、すなわちヤハウェが放出する「神の恐ろしさ」であり、まるで人間の四肢を萎縮させるデーモン*1のごとくにそれを送り出すことさえできるものである。これはギリシャ人の言う deîma panikón（パニックに陥った驚愕）と同類のものである。『出エジプト記』の二三・二七の

　わたしは、あなたの前にわたしの恐れを送り、あなたが入って行く土地の民をすべて混乱に陥れ、あなたの敵をすべて敗走させる。

あるいは『ヨブ記』の九・三四［わたしの上からあの方の杖を取り払ってくれるものがあるなら、その時には、あの方の怒りに脅かされることなく］、一三・二一［わたしの上から御手を遠ざけてください。御腕をもって脅かすのをやめてください］をも参照してほしい。それは、いかなる被造物も、しかもこの上なく脅威を与え圧倒する力を持つものでさえも起こすことのできないような、衷心よりぞっとする恐怖である。それには「お化け」そのもののようなところがある。

＊1　「デーモン」（Dämon）は、神の観念が形成されていく過程で、「畏怖」の要素が強く感じられる際の表記で、オットーは「デーモン」を神の「前庭」あるいは「神以前」（Vorgott）にあたると見る（第十二、第十五および第十八章を参照）。

この点についてギリシャ語には「sebastós」(畏敬すべき)がある。古代のキリスト教徒にとって、sebastósという語はいかなる被造物にも、皇帝にさえもふさわしくなく、それがヌミノーゼな評価であることははっきり感じとられたし、人間をsebastósと呼ぶことで、ヌミノーゼのカテゴリーによって評価したときには、偽神崇拝を行っているのだということも明瞭に感じとられていた。英語には「awe」(畏れ)がある。これはより深い、そして最も固有の意味で言うと、私たちが言おうとしている対象にほぼあてはまる。「彼はびっくり仰天した」(he stood aghast)という表現とも比べてほしい。ドイツ語の「聖なるもの」(das Heilige)はすでに聖書の語法を真似たものに過ぎなくなったが、この感情のもっと原生な(roh)もしくはより低い前段階あるいは下位段階を表すのに、私たちは自前の固有な表現を持っている。すなわち[いずれも「怖がる」という意味の]「Grauen」あるいは「Sich Grauen」である。そしてもっと高い、洗練された段階に関しては、「Erschauern」(身震いする)がかなりはっきりと勝れてこの意味内容によって満たされている。「Schauervoll」および「Schauer」(慄《おのの》き)は普通は[「聖なる」という]付加語を付けなくても、そのまま「聖なる慄き」である。(二) 私はかつてヴント*2のアニミズムに関する批判的論文の中で、事柄を表すのに「畏怖」(Scheu)という名辞を提案したが、その際に特殊な側面、すなわちヌミノーゼの要素は、もちろん引用符で示しただけではあるが、含まれているのである。ほかにも「宗教的な畏怖」(religiöse Scheu)という言い方もしておいた。その前段階は「デーモン的な」畏怖(=パニック的な驚

*2 ウィルヘルム・ヴント(一八三二―一九二〇)はドイツの哲学者および心理学者で、とくに後者の分野で実験心理学を創唱したことで知られる。また民族心理学という新しい研究分野を開拓し、宗教の起源や神話の成立を「人格化統覚」(personifizierende Apperzeption)から説明した。統覚とは、感覚や感情を統合して新しい観念を創出する意志の機能とされる。たとえば火山の噴火の感覚的印象から、火山を人格的に統覚し、自然霊の観念が成立するとした。オットーはこれを批判し、そこには「畏怖」の感情が働いているとする。第十七章に関連する記述がある。

愕）ならびにその傍系の子孫、すなわち「お化けの恐さ」である。そして「気味の悪いもの」（Unheimliches）（uncanny）に対する感情の中にその最初の発動がある。この「畏怖」ならびにその「原生」形態から、すなわちかつてあるときに、最初の発動に際して破り出てきた、そして太古の人びとの心の中に未知のものとして、新しく現れた「気味の悪いもの」という感情からこそ、あらゆる宗教史の発展が始まったのである。それが破り出たことをもって人間性（Menschentum）の新しいエポックが始まったのである。「神々」も「デーモン」もこの感情に根を持っており、そのほかにも［ヴントの言う］「神話的統覚」や「空想」がこの感情を具体的に描いた際に産み出したものもやはり同じである。そしてこの感情を、宗教史の過程全体の最初の、質的に独特な、そして他のものからは導き出されない根本要因あるいは根本動機として承認することがないならば、［ヴントが試みたような］宗教の成立に関するアニミズムによる説明［すなわち宗教は死者霊の信仰から成立したという説］や呪術および民族心理学による説明はすべて初めから道を誤り、本来の問題を素通りしてしまうことになるのである。(二)

自然的な恐怖から、またいわゆる普遍的な「世界不安」といったものからさえ、宗教が生まれてきたのではない。なぜなら［原初の段階での］「怖がる」（Grauen）は自然の日常的な恐怖ではなくして、たとえ最初はまだ「気味の悪いもの」という原生の形のものであっても、それ自身は神秘的なものを初めて感じて興奮したこと、あるいはそれを嗅ぎつけたことであり、ありふれた日常的な領域には存在せず、自然のものにはあてはまらないカテゴリーによる最初の評価だからである。(三) そしてそういうことが可能であるような人物とは、「自然の」素質とははっきりと異なる独特の心情の素質が目覚めている人だけであって、その素質は最初はただ閃光のように、きわめて粗野に現れるものの、しかしまたそのものとしては、人間の精神の全く独自な、新しい体験や価値評価の機能を指し示すのである。

もうしばらくの間このようなヌミノーゼな畏怖の最初の、原初的で素朴な表出にとどまって見ることにしよう。この畏怖が「デーモンの畏怖」(dämonische Scheu)という形態をとった場合には、素朴で原生な最初の発動として、いわゆる「未開人の宗教」を表す本来的に固有の目印となる。このような畏怖ならびにその空想的なイメージは後になると、まさしく秘密に充ちた衝迫(Trieb)であるヌミノーゼの感情のより高い段階もしくは発展した形態によって克服され、追い払われるのであるが、この衝迫そのものはそうした畏怖や空想的なイメージの中で最初に、まだ原生なままで動き出すのである。しかしながらヌミノーゼの感情がとうの昔により高く、純粋な表現に到達している場合にも、その原初的な興奮がたえず素朴に心から破り出て、新しく体験されることもある。たとえば一般的な心情の発達のより高い段階においてさえ、「お化け」や「妖怪」の話を聞いたときの「身震い」が持っている圧倒する力や興奮の中に現れている。注目すべきことは、「気味の悪いもの」に対するこの独特の畏怖が、自然の恐怖や恐れに際しては断じて現れることのない全く独特な身体の反応さえも引き起こすという点である。すなわち「身体中に寒気が走った」、「背中に鳥肌が立った」といった反応である。(四) 鳥肌とは「超自然的なもの」である。鋭い心理分析ができる人なら、このような「畏怖」が度合いやその昂まりだけで自然の恐怖から区別されているのではなく、たとえば畏怖は自然の恐怖の特別に高い度合いにほかならないなどということは決してないということが分かるにちがいない。この畏怖の本質は、強さの程度とは全く無関係なのである。それが骨髄に沁み入るほどに、あるいは髪を逆立て、手足をがくがく震えさせるほどに強くなることはあり得るが、しかし全く軽い動きのもとで、ほとんど気づかれない、束の間の心情の動きとして現れることもあり得るのである。その畏怖はみずからのうちにそれ自身の昂まりを持ちはするが、それ自身ほかの恐怖が昂まったものではない。自然の恐怖はいずれのものも、単なる昂まりによってこの畏怖に移行することはない。私は「気味の悪いもの」の感情の一かけらの痕跡もそこになくとも、恐怖、不安、驚愕そのものを法外に持つことがある——もしも心理学が一般に「感情」を質の違いに基づいて研究し、分類することをいっそう決定的に試みるならば、この点についてはもっと明確に分かるであろう。この場合にも「快」と「不快」一般というあまりにも大ざっぱすぎる区分が依然として邪魔をしているのである。「快」ですら単に緊張の程度としてのみ区別されるのでは決してない。快も種類別の区別に基づいてはっきりと区分けされるのである。心が快適のもとにあるか、それとも満足のもとにあるか、喜びのうちにあるか、美的恍惚のうちにあるか、あるいは倫理的高揚のもとにあるか、それとも最後に敬虔な体験の宗教的な至福のうちにあるか、は種類の違う状態なのである。これらの状態は確かに一致するものや類似のものを持っており、それゆえにそれらを部類として心理的経験の別の部類から際立たせる共通の部類概念［すなわち「快」］のもとに収められはする。しかしこの部類概念は違う種類を同じ事柄の単なる程度の違いとするものではないし、それのみかこの概念に関わり合うそれぞれ個々の状態の「本質」を明らかにするのに役立つものでもないのである。

より高い段階に進んだヌミノーゼなものの感情は単なるデーモンの畏怖の感情とは随分違う。しかしその段階になっても、その感情はみずからの出自と親縁関係を否定しない。デーモンの信仰がとうの昔に神々の信仰へと高まったところにおいても、「神々」はヌーメンとして、感情に対してはいつでも何か「妖怪的なもの」を、すなわちまさしく神々の「崇高さ」を一緒に作り上げている、あるいは崇高さによって図式的に表現される「気味の悪い・怖いもの」という独特の性格を保存しているのである。そしてこの要素は最も高い段階、つまり純粋な神の信仰の段階に至っても消え去ることはなく、また本質的に消える必要もない。すなわちそれはただ和らげられ、高貴にされるに過ぎないのである。その段階にあっても、「怖い」（Grauen）［という要素］は、かの心の最も深い部分での震憾と沈黙という限りなく高貴にされた形式のもとに再現され、魂の最深の根にまで入り込んでいるのである。キリスト教の典礼においてさえ、「聖なる、聖なる、聖なるかな」という言葉のもとでそれは心情を全き力で捉えて離さない。テルシュテーゲン*3の詩歌でもそれは噴き出している。

神ここに在《ま》します。
われらの内なるものすべては黙《もだ》せ、
そしてその前にこの上なく敬虔に跪《ひざまず》け。

その「怖さ」は感覚を混乱させるものを無くしたが、言い難く心を捉えるものを失ってはいない。それは依然として神秘的な慄きであり、それに随伴する反射としてすでに述べた被造物感を自己感情の中に呼び起こす。この感情は、「畏怖」のもとで客観的に体験された戦慄すべきものもしくは大いなるものそのものに直面したときの自己の空しさ（Nichtigkeit）の感情であり、それに直面して自分が「無へと」沈み込んでいく感情である。（五）

ヌミノーゼな身震い（tremor）を引き起こすヌーメンの要素を表すものとしてヌーメンの一つの「特性」が明らかになる。それは私たちの聖書でも重要な役割を演じているが、その難解さ、理解し難さによって解釈者や教義学者に多くの困難を突きつけてきたものである。それはヤハウェのorgē、怒りであり、新約聖書においてもorgē theoû（神の怒り）として出ているものである。この「怒り」と私たちがすでに論じたデーモン的・妖怪的なものとの類似性が依然として明瞭に感じられる旧約聖書の個所を後ほど「第十二章で」検討しようと思う。その怒りはまた同時に、多くの宗教にも見られる神秘に

＊3　テルシュテーゲン（一六九七—一七六九）は、ドイツ改革派の神秘主義者で、信仰覚醒運動に鼓舞されて商人を止めて、財産を貧者に分かち、労働と祈りの生活に入った。各地を説教して回り、文学にも手を染め、その詩はドイツ神秘家のものの中で最も勝れていると言われている。

充ちた「神々の怒り」（ira deorum）の観念のうちにも明らかに対応するものを持っている。[六]「ヤハウェの怒り」の奇妙さはすでにつねに注目されてきた。そこでまず最初に旧約聖書の多くの個所で誰にでも分かることは、この「怒り」がもともと道徳的な特性とは何の関係も持っていないということである。ヤハウェは「燃え出す」のであって、みずからを謎として現すのである。あたかもよく言われるように「隠れた自然力」のごとくであり、近づく人に対して放電する充電された電気のようなものである。ヤハウェは「測り難く」また「勝手気まま」である。この神は、もっぱら神性を含む合理的な述語で考えることに慣れている人にとっては、気紛れで、放縦な激情の観を呈するにちがいない――これは旧約聖書の敬虔な信者なら絶対に断固として退ける捉え方である。なぜならそういう人にとってそうした気紛れや放縦な情熱は決して「聖性」が減じた結果ではなく、その自然な表出であり、その一つの要素として、したがってまた全く不可欠のものと映るからである。そしてそれは全く正当である。なぜならこの怒りは「畏るべきもの」そのもの以外の何ものでもないのであって、それ自体は完全に非合理的であるが、旧約聖書では自然の分野、つまり人間の感情生活の素朴な対応物を通して把握され、表現されているのだからである。さらに言えばその対応物は、そのものとしても価値を持ち、私たちが宗教感情を表現する際には依然として全く欠かせないような、きわめて効果的で適切なものなのである。キリスト教も「神の怒り」を学ばなければならないことは全く疑いのないところであり、シュライエルマッハーやリッチュル[*4]に逆らってでもそうである。

この場合にもまたすぐに明らかになることは、この語句を用いる際に私たちは本来の合理的な「概念」を扱っているのではなく、「怒り」の概念と類似するもの、すなわち宗教的な体験における独特の感情的要素の表意記号（Ideogramm）ないし純然たる解釈記号を扱っているに過ぎないのだということである。しかしこの感情的な要素のほうは、一風変わった仕方で拒否し、畏怖でもって満たす性格をしているのであって、神的なものの中に善良さや優しさあるいは愛や信頼可能といったことしか認めない、また一般に世間向きの要素しか認めようとしない範囲の人たちを全く混乱させるものである。よく間違って「自然のもの」のような言い方がなされるが、実は全く自然のものではない。つまりヌミノーゼな神の怒りの合理化とは、道徳的過失に対する応報や懲罰における神の正義の合理的・倫理的要素によってその怒りが充塡されることをいうのである。しかし注意すべきことは、神の正義の聖書的な観念にはあくまでも根源的なものによる充塡がいつも一緒に溶け込んでいることである。「神の怒り」のうちにこうした非合理的なものがかすかに蠢めいていたり、光を放っているのが感じとられるのであり、これこそがその怒りに対して、「自然的人間」が感じることのできない恐ろしさを与えているのである。

ヤハウェの「怒り」および「憤怒」と並ぶ類似の表現に「ヤハウェの妬み」がある。それに「ヤハウェに対する羨望」もヌミノーゼな状態であって、彼のもとにとどまる人

＊4　アルブレヒト・リッチュル（一八二二—八九）はドイツの神学者でゲッティンゲン大学で教鞭をとった。彼の学風はキリスト教の歴史的な性格を強調するもので、そこから原罪、三位一体あるいは受肉などの説に対しては批判的であった。著書として『キリスト教の義認説と贖罪説』、『シュライエルマッハーの宗教論とドイツ福音教会に及ぼした影響』および『神の怒りについて』など多数ある。新約聖書における神の怒りは完全に終末論的なものであるから、宗教的な意味は特別にないと考えた。

たちに対して「畏るべき」ものの特徴を伝えるのである。『詩篇』の六九・一〇の

あなたの神殿に対する熱情がわたしを食い尽くしているので、

というどぎつい表現も参考にしてほしい。

（一）この［恐れの］力を失った形態を表す粗野な通俗的な表現は「身の毛もよだつ」（Gruseln）および「鳥肌が立つ」（Gräsen）である。これらの表現の中には、さらにもともとは「ぞっとする」（gräßlich）にも、ヌミノーゼの要素がきわめてはっきりと意味され、表されていたのである。――同じく「残酷」（Greuel）ももとは、言わば否定的－ヌミノーゼな残酷［身の毛もよだつような嫌な感じ］である。ルターがヘブライ語のschiqqûßを表す訳語として、こういう意味でこの語を使っているのも正しいわけである。

（二）『神学展望』（Theologische Rundschau）の一九一〇年第一分冊に載せた「ヴントの民族心理学における神話と宗教」という私の論文を参照してほしい。現在は『超世界的なものの感情』第二章「宗教の歴史的起源としてのヌーメンの感情」に転載され、増補されている。また『ドイツ評論新聞』（Deutsche Literaturzeitung）の一九一〇年、第三八号に掲載した論文も参照してほしい。最近の研究、とりわけマレット（Marett, R.R.）*5とゼーダーブローム（Söderblom, N.）*6のそれの中に私は、上記の論文で行った私の主張の喜ばしい確認を見る。確かに「畏怖」が持つ、一切の「自然的」感情と質的に異なる完全に独特な性格をまだ二人は、それに必要な完全な鋭さで認めているわけではない。しかしとくにマレットは核心まで紙一重のところにいる。マレット著『宗教の始まり』（The Threshold of Religion, London 1909）における、正当に画期的と言える研究を比べてほしい。また、

＊5　ロバート・ラナルフ・マレット（一八六六―一九四三）はイギリスの著述家で、宗教に関してはアニミズム起源説を唱えた同国の人類学者タイラーを主知主義的だと批判して、宗教は夢や死者の目撃から「考え出される」のではなく、畏怖（awe）の感情から「踊り出される」ものだ、と主張した。オットーはこの点を高く評価した。

＊6　ナータン・ゼーダーブローム（一八六六―一九三一）はスウェーデンの宗教学者および神学者で、世界キリスト教会統一運動に尽力したとして一九三〇年にノーベル平和賞を受賞した。主著の『神信仰の生成』（一九一四年初版）は宗教の起源をアニミズム、力および起因者（Urheber）の

ゼーダーブローム著『神信仰の生成』（Das Werden des Gottesglaubens,Leipzig 1915）をも参照してほしい。最後に『神学評論新聞』（Theologische Literaturzeitung）の一九二五年一月号に掲載された私の書評を見てもらいたい。

（三）宗教の歴史の出発点としての「気味の悪いもの」および「恐さ」とその潜在的な内容については、私の『アーリア民族の神と神々』（Gottheit und Gottheiten der Arier）（一九三二年、ギーセン）の五頁に詳しい。

（四）英語の his flesh crept.（彼をぞっとさせた）と比較してほしい。

（五）シュライエルマッハーも「依存の感情」ということでこのような「畏怖」を根本的に念頭に置いていたということは、折りにふれて言ったことから明らかになる。たとえば彼の『宗教論』の第二版（Pünjer版）の八四頁には

かの聖なる畏敬（heilige Ehrfurcht）について私は、それが宗教の最初の要素だ、ということをあなたがたに対して喜んで認めたい。

とある。私たちが詳しく論じたことと全く一致して、彼もここでは一切の自然的な恐怖とは完全に異なるこのような「聖なる」恐怖の性格を指摘している。――ピュンエル（Pünjer）版の九十頁では彼は完全に「ヌミノーゼの感情」のもとにいる。

かの不思議な（wunderbar）、身震いするような（schauerlich）、秘密に満ちた興奮――

それに次のような言葉もある。

……それを私たちは余りに無条件に迷信と名づけている。なぜならその根底には、私たち自身恥しいとは思わないような敬虔なる慄きが明らかにあるのだから。

ここにはヌミノーゼの感情を表す私たち自身の用語がほとんどすべてである。しかもここでは一種の自己感情が宗教における「最初の要素」では全くなくして、実在する客体

概念から説明し、それらから高度な神観念が形成されていく過程を全地球規模の視野から考察した。

の感情こそがそれである。それと同時にシュライエルマッハーはまたヌミノーゼの感情を、「私たちが余りに無条件に迷信と名づけている」その「粗野な」発動のもとで認識してもいる。――しかしながらここに挙げられているすべての要素は同時にまた明らかに、「もっぱら措定されている」、つまり因果のもとに置かれている、という意味での「依存の感情」とは何ら関係がない。この点については四四頁を見てもらいたい。

（六）インドの万神廟をくまなく歩いてみると、そこにもそもそも全くこの種の怒りから成り立っているような神々が存在するように見える。そしてインドの高位の恩寵の神々でさえ、シヴァ・ムールティ（śiva-mūrti）という親切な姿のほかに、きわめてしばしば「憤怒」の姿、つまりクロダ・ムールティ（krodha-mūrti）を持ち、逆に怒りの姿が親切な姿をしていることもある。

二　優越するもの（Übermächtiges）（majestas）の要素

「畏るべき」（tremendum）［の要素］についてこれまで説明されてきたことは、「絶対に近づけない」という表意記号で要約することができる。しかしこの要素を完全に言い尽くすにはなお一つの要素が加わらなければならないという感じがする。すなわち「力」、「威力」、「圧倒的威力」、「手も足も出ない圧倒的威力」という要素である。これを表すのに私たちは「優越」（majestas）という象徴的呼称を選びたいと思う。ドイツ語の「威厳」（Majestät）という表現にさえ、私たちの語感にとって依然としてヌミノーゼの微かな最後の痕跡が揺曳《ようえい》しているので、なおさら好都合である。（二）そうすると「畏るべき」要素は、「畏るべき優越」（tremenda majestas）としていっそう十全に描写されることになる。優越の要素は、第一の要素、つまり近づき難さのそれが後退したり、次第に弱まっていく場合でも、やはり生き生きと保たれるのであって、たとえば神秘主義においてはそうしたことが起こり得る。とりわけ手も足も出ないこの圧倒的な威力、つまりこの「優越」という要素に対して、その影もしくは主観的な反射として結びついているのが例の「被造物感」なのである。すなわち被造物感は、客観的に感じとられる圧倒的な威力に比べると、自分が沈み込んでいく、無になっていく感じもしくは塵やあくたであり、無であるという感じとして現れてくるのであって、言うなれば宗教的な「謙虚さ」の感情のヌミノーゼな素材なのである。（三）

　ここで再びシュライエルマッハーが、依存感として事柄を表現したことに立ち戻ることになる。先ほどすでに私たちは、彼がこの表現によって何よりもまず反射であり、結果に過ぎないものを出発点としたこと、そして客体的なものが「主観的な」自己感情の中に投影する影から推論して、当の客体的なものへ到達しようとすることを批判した。しかしここではさらに三番目の異議申し立てをしなければならない。「自分は依存していると感じる」ということでシュライエルマッハーが考えているのは、「自分は制約されていると感じる」ということなのであって、この「依存している」という要素を彼が〔著書『キリスト教教義学』の〕「創造と維持」という項目で首尾一貫して論述しているのもそのためである。そうすると「依存している」ということに対応するものは、神性の側で言えば、原因性ということであり、言い換えれば一切の原因であることであり、より適切な言い方をすれば、あらゆるものを制約していることである。しかしながらこの要素は、私たちが祈りのときに「敬虔な感情」を反省してみる場合に見出す最初のものあるいは直接のものでは断じてない。原因性というこの要素はそれ自身ヌミノーゼなものではなく、その「図式」(Schema)に過ぎない。それは非合理的な要素ではなくして、完全に神観念の合理的な側面に属していて、概念によって明確に展開されるものであり、全く別の起源の源泉を持っているのである。しかしながらアブラハムの言葉に表現されている例の「依存」は、造られていること(Geschaffenheit)[三]のそれではなくして、造られたものであること(Geschöpflichkeit)のそれなのであって、圧倒的威力に対して無力だということであり、自分が無であるということである。そしていま論じている「majestas」(優越)と「塵あくたである」とは、思弁が自由に振舞うようになるや否や、創造と維持という理念とは全く別系統の観念へと導いていくのである。すなわちそれは一方では自己の「無化」(annihilatio)へと、そして他方では超越者の唯一にして全的な現実性(Allein-und All-realität)へと導いていくのであって、ある形の神秘主義に特有のものである。この神秘主義において私たちは主要な特色の一つとして次のような両面性に出合うことがある。すなわち一つは自己に対する独特の過小評価である。自己自身に対するアブラハムの無価値観も明らかにこれとの類似を表すものであり、客体としての自己（Selbst）も主体としての自我（Ich）をも、そして「被造物」一般さえをも、完全には現実的でも本質的でもなく、それのみか全く無なるものとして価値の切り下げをするのであって、この無価値観がやがては、誤って思い込まれた自己なるものという妄想に対して実際にこの無価値観を実行すべし、そして自己を滅却すべし、という要求となっていく。他方においてこのことに対応して、超越的な関係の対象を、存在の豊かさによって全く卓越していると評価し、これに対峙するときに自己は空しいおのれを感じるのである。「われは無なり、汝はすべてなり！」。この場合に問題にされているのは因果の関係ではない。ここでの思弁の出発点は、（働きかけられたものとしての私自身の）絶対依存の感情ではなくして、（四）（圧倒的な威力を持つものとしてのかのものの）絶対的優越性の感情なのであって、その思弁が存在論の術語によって行われるときに、「畏るべき」ものの「力」の豊かさが「存在」の豊かさに置き換えられるのである。たとえばキリスト教神秘家の次の表白を参照してほしい。

人間はみずからの無と卑小さの中に沈み、それに溶け込んでいく。神の大きさがはっきりし、明らかになればなるほど、自らの小ささが分かってくる。（五）

あるいはイスラムの神秘主義者アル・ビスターミー*1の次の言葉をも見てほしい。

そのときにいと高きものたる主がその秘密のヴェールを取り払い、その栄光のすべてを私に啓示してくださった。そしてまたそのときに、私は主を（もはや私の

＊1　アル・ビスターミー（バスターミー）（八七四年頃没）はイスラムの神秘主義者で、同時代の神秘思想運動から独立して独自の思想を確立し、後世のイスラム神秘主義哲学に大きな影響を与えた。神との合一体験にもとづき、神の唯一性と存在の実相の認識を思索の中心課題とした。

目をもってではなく）主の目をもって見たために、私の光が主の光に比べると、まさに暗黒か闇にほかならないことが分かった。それに私の偉大さや栄光にしても、主のそれの前では何もないに等しかった。そして私が主のために行ってきた敬虔と恭順の功徳にしても、これを真実の目をもって改めて吟味してみると、そのすべてが主ご自身から出たのであって、私から出たものではないことを知ったのである。（六）

あるいは貧しさと謙虚さに関するマイスター・エックハルト*2の叙述をも参照してほしい。人間が貧しくなり謙虚になることによって、神は一切の中の一切となり、存在ならびに存在するものそのものにもなるという。優越（majestas）と謙虚さからエックハルトの「神秘主義的」神概念が生まれてくるのである。言い換えればプロティノス主義*3や汎神論（Pantheismus）からではなく、アブラハム的体験から出てきているのである。「優越」と被造物感を極度に高めることから生まれてくるこの神秘主義は「優越の神秘主義」と呼ぶことができるであろう。この優越の神秘主義は、その起源に関して言えば、「一体観」（Einheitsschau）の神秘主義と密接な関係を持ってはいるが、それとはきわめて明確に異なっている。優越の神秘主義は後者から出てくるのではなくして、明らかにそれはここで論じているヌーメンの感情（sensus numinis）における非合理的要素の最高の緊張もしくは過度の緊張なのであって、そのようなものとして解釈されてはじめて、それは理解可能となるのである。マイスター・エックハルトにおいては、

*2 マイスター・エックハルト（一二六〇―一三二七）はドイツ神秘思想家の中でも最大級の人物で、優れた説教者であり、宗教行政者でもあった。神の体験に沈潜し、一切を「放下」した内的経験に神の存在の基礎をおいた。「深淵」、「闇」、「魂の火花」あるいは「神秘的合一」などの彼の術語はその後の神秘主義の哲学の基本語となった。

*3 プロティノス（二〇五頃―二七〇頃）は新プラトン主義の元祖とされる。「一者」（to hen）の概念を立てて、万物のそれからの流出と上昇およびそれへの還帰を一元論的に主張した。個体の霊はテオリア（観照）によって上昇し、最後ヌース（理性）となり、最後にエクスタシーによって「一

この神秘主義が、直ちに存在の思弁や「一体観」ときわめて緊密に結びつき、またそれに浸透している横糸をなしていることがはっきりと感じられるのであって、しかもプロティノス「の思弁」には全く見られないような全く独自の動機もそこにはある。

「神があなたにとって大きくなるように配慮しなさい」

とエックハルトが言うとき、彼自身はこの動機を言い表しているのである。あるいはアブラハムとのもっとはっきりした一致を示してこうも言っている。

あなたがあなた自身をそのようにお示しになったとき、見よ、それは「あくまでも主である」わたし(Ich)であって、あなたではない（シュパーマー『ドイツ神秘主義資料』(Spamer,Texte aus der deutschen Mystik) 五二頁）。

あるいはまた、

実際そうだ！　私もあらゆる被造物も無である。あなただけが存在し、あなたは一切である（同書、一三二頁）。

とあるのも同じである。これは神秘主義である。しかし明らかに存在の形而上学から成長してきたものではない神秘主義であり、むしろこの形而上学を利用することのできるものである。全く同じことが神秘主義者テルシュテーゲンの次の言葉の中にもある（ティム・クライン著、ゲアハルト・テルシュテーゲン（Tim Klein: Gerhard Tersteegen）ミュンヘン、一九二五年の七三頁の「真理の道」を参照してほしい）。

主なる神は必然的にして無限なる存在者、最高の存在者、それのみか唯一の存在

者」と合一すべきだという神秘主義思想を唱えた。

者にして、しかも存在者以上のものである！　あなたのみが断固としてこう言うことができる、われあり、と。そしてこの「われあり」は一切の制限がなく、一切の疑いもなく真実であるので、あなたの口から出た「われあり、われ活くるなり」という言葉以上に真実を疑問から解き放ってくれる誓いなど見つける必要はない。その通り、アーメン。あなたはおられます。私の魂は跪きます。そして私の最も内なるものが、あなたはおられます、というこの告白を行うのです。

とはいえ、私は何か。一切は何か。私は幸せか、一切は幸せか。幸せな私とは何か、幸せな一切とは何か。われわれが存在するのは、あなたがおられるからに過ぎず、われわれが存在すべきことをあなたが欲するからにほかならない。あなたに比べれば、またあなたの存在を前にしては、一つの形（幻）、影とは言われても、存在者とは呼ばれてならない哀れな小さいものである。私の存在も一切の事物の存在も、あなたの存在の前では言わば消えていく。太陽の明るい輝きのもとでは見えなくなる小さなローソクの火のようなもので、もっと大きな光体に打ち負かされて、言わばもはや存在しなくなるようなものである。

しかしながらアブラハム、エックハルト、それにテルシュテーゲンで見られたものは、今日でもなお、しかもはっきりとした神秘主義的な体験の特徴を備えて見出される。南アフリカについてのある書物の広告[七]の中に私は次のような記事を見つけるのである。

自分の羊や牛、それに自分が専門家である豹の習性に関すること以外に深い意味あることを口にしなかった寡黙で、背が高くかつ力が強く、意志の堅固なボア人「アフリカーナー」の一人によって発せられた幾つかの意味深長な言葉を著者は再三引いている。暑い太陽が照りつけるアフリカの大草原を二時間ほど車で走った後で、その男はタール語でゆっくりとこう言った、「長い間あなたに尋ねたいと思っていたことがあります。あなたには教養があります。あなたがこのような草原に独りで居り、太陽が灌木の上に眩しく輝いているときに、何かがあなたに語りかけてくるように思いませんか。それは耳で聞こえるようなものではないのです。それは、あなたがとても小さく、非常に小さくなっていき、そうして相手がとても大きくなっていくようなものなのです。そういう時には世の中のささいなことなど全く何でもないことになってしまいます（八）。」

（一）そういうわけで、宗教的感情にとっては、人間にあてはめられた場合のこの表現はいつでも半ば不敬なのである。
（二）エックハルトを参照してほしい〔『西と東の神秘主義』の第二部、第一編、第二章「両極としての高揚感と謙譲」に詳しい〕。
（三）制約されていることあるいは因果で関係づけられていることとして、ということである。
（四）それはまさしく自己の実在性へと導くであろう！
（五）C・グライト著『ドミニコ修道会におけるドイツ神秘主義』（C.Greith, Die deutsche

Mystik im Predigerorden）の一四四頁以下。

（六）Tezkereh-i-Evlia（Tadhkiratu 'lavliya= 神の僕たちの思い出（[Memoiren der Gottesfreunde; Acta sanctorum]，de Courteille 訳，Paris 1889）の一三二頁。

（七）The Inquirer, 14, July, 1923（O.Schreiner: Thoughts on South Africa, London 1923）による。

（八）神秘主義を統一的な現象として扱う誤りについては、『西と東の神秘主義』の九五頁以下を参照してほしい。エックハルトの優越の神秘主義について詳しくは同書の二五六頁以下を見てもらいたい。

三　「エネルギッシュなもの」（Energisches）の要素

最後になるが、「畏るべき」の要素と「優越」のそれは、さらに私がヌミノーゼなもののエネルギーと名づけたいと思う第三の要素を内蔵している。それはとくに「怒り」(一)（orgē）の中に生き生きと感じられるとともに、活気、熱情、激情、意志の力、運動、感激、活動、衝動といった表意記号で表される。こうした特徴はデーモン的なものの段階から「生ける」神の観念に至るまで本質的に繰り返し現れている。それはヌーメンの次のような要素である。すなわちそれが経験されると、人間の情緒を活性化し、「夢中」にさせ、禁欲の場合であれ、世間と肉への躍起になった反抗の場合であれ、はたまた感動が外から襲ってくる英雄的な働きや行為の場合であれ、途方もない緊張と力動感で満たす要素である。それはまた、いつでも単なる合理的な思弁と定義による「哲学的」な神〔の理念〕に対する抵抗を最も多く、最も強く目覚めさせてきた、神観念の非合理的要素でもある。こういう非合理的な要素を持ち出すと、「哲学者たち」はいつもそれを「擬人論」（Anthropomorphismus）だと非難してきた。多くの場合この要素を擁護する人自身が、人間の情緒の領域から借りてきたこの表意記号の類比的に過ぎない性格を見損なってきたということがあるので、その限りではこのような非難は正当である。しかしそうした誤りに陥ったとはいえ、「theîon」（すなわちヌーメン）の真正な、言い換えれば非合理的な要素は正しく感じとられており、しかもこのような表意記号によって宗教が合理化から守られたという限りでは、擁護者は正当なのである。なぜなら「生ける」神ならびに「主意主義」を守るために論争が行われたとき、エラスムス*1に反対したルターがそうであったように、非合理主義者が合理主義者に対して戦ったのだからである。ルターの『奴隷的意志について』（De servo arbitrio）における「神の全能」は、手も足も出ない圧倒的な力としての「優越」と、休むことなく、また余すことなく駆り立てるもの、活動的なもの、有無を言わせず行わせるもの、生き生きとしたものとしてのこの「エネルギー」との結合にほかならないのである。またある形の神秘主義においてもこのエネルギッシュな要素がきわめて強く生きており、「主意主義的神秘主義」（voluntaristische Mystik）においてそうである。これについては、私の既刊の書物『西と東の神秘主義』の二三七頁の「エックハルトにおける力動的神秘主義」という

*1　デシデリウス・エラスムス（一四六六―一五三六）はオランダの人文学者で、一時ケンブリッジ大学で哲学を教えていたが、のちにスイスのバーゼルで過ごした。当時の反啓蒙主義者を風刺した『痴愚神礼賛』で知られるが、『自由意志論』を書いてルターを批判した。ルターの『奴隷的意志について』はそれに対する反駁書。

章を参照してほしい。フィヒテの主意主義的神秘主義および落ち着くことのない巨人的な行為の衝迫としての絶対者についての思弁においても、(二) またショーペンハウアー*2のデモーニッシュな「意志」においても、この「エネルギッシュなもの」が再び現れている――ただし二人ともすでに神話が犯しているのと同じ誤りに陥っている。すなわち二人においても、表現できないもの(ineffabile)の表意記号としてしか使ってはならない「自然的」述語が本気で非合理的なものに重ね合わされていること、そして感情表現の純粋なシンボルに過ぎないものが「学問的」認識の十全な概念および根底と見なされていることである。――ヌミノーゼな「エネルギッシュな」ものという要素は、本書の後段においてゲーテについて、それも彼が「デモーニッシュ」と名づけるものの不思議な描写をした際の彼のもとで再び見るように、全く独特の仕方で体験され、強調されているのである。

*2 アルトゥール・ショーペンハウアー(一七八八―一八六〇)はドイツの哲学者で、カントの「物自体」の概念を「世界の意志」と解し、あらゆる存在の根底にある真の存在と考えた。この意志をひたすら「生」を求めて止まない盲目的なものと見なし、主意主義的な世界観を構想した。仏教に関心をもち、ヨーロッパの人々に東洋への関心を促した。

(一)「古代のキリスト教の護教者」ラクタンティウスにおける「神の「怒りにおける」活動」(mobilitas dei)。

(二) これについては『西と東の神秘主義』の三〇三頁、「フィヒテとアドヴァイタ」に詳しい。「フィヒテの「存在は全く単一であり、多様ではない」という命題がインドのヴェーダーンタ哲学の不二一元(アドヴァイタ)論と比較できることを論証した部分に続いて、両者の差異を述べた部分で触れられている。その際にオットーは、フィヒテにとって神である、浄福であるとはいかなる意味か、を問い、聖書(『ヤコブ書』、一の二五)の「その行為において至福である」という意味だとし、「神的生と支配が真に私たちの内において生きるべし」というフィヒテの言葉を引いて、それは、生きた行為および行為力として私たちの内において生き、活動し、みずからの所行を遂行すべし、という要求だと解釈している」。

四　神秘（das Mysterium）の要素　「全く他のもの」（das Ganz Andere）

概念によって捉えられた神はいかなる神でもない——テルシュテーゲン

ヌミノーゼな対象を私たちは「畏るべき神秘」と名づけ、まず最初に形容詞である「畏るべき」（tremendum）の論議に向かったのであるが、その理由は名詞である「神秘」（mysterium）の論議よりもやりやすいからである。いまや私たちは後者にも解釈を通じて接近する試みをしなければならない。なぜなら「畏るべき」は決して「神秘」の単なる説明ではなく、［それに新しい要素を付け加えるという意味で］その綜合的述語なのだからである。確かに一方に応答する感情の反応が、おのずから溢れ出して、他方に応答する感情反応へと流れていくことはある。それればかりではなく私たちの語感にとっては「神秘」とその綜合的述語である「畏るべき」とは一般に緊密に結びついていて、一方に言及することが、他方をも直ちに思い起こさずにはほとんどできないほどである。

「神秘」（Geheimnis）はまたおのずから「畏るべき神秘」（schauervolles Geheimnis）になりやすい。しかしながら決していつもそうであるとは限らない。「畏るべき」要素と「神秘」のそれとは、それ自体においてはやはり明確に異なっているのであって、感情体験の中でヌミノーゼなものにおける神秘的なものの要素のほうが、「畏るべき」要素に勝ることもあり得るのであり、それのみかこのほうが強く前面に現れて、これと並ぶ「畏るべき」ものがほとんど消えてしまうこともある。ときには一方が心情を独り占めにして、他方が一緒に現れないこともある。

i　「畏るべき」要素を差し引いた「神秘」を、もっと正確に「驚くべきもの」（Mirum）ないし「不思議なもの」（Mirabile）と表すことができる。この「驚くべき」（mirum）それ自体はまだ「驚嘆すべき」（admirandum）ではない（後に挙げる「魅惑する」（fascinans《ファスキナンス》）および「尊厳な」（augustum《アウグストゥム》）によってそれがはじめて「驚嘆すべき」となるのである）。それはまだ「感嘆する」（Bewundern）でもなく、何よりもまず「変だと思う」（Sich Wundern）がこの「驚くべき」にはふさわしい。しかしながらこの「変だと思う」は——ほとんど忘れられていることであるが——奇跡（Wunder）に発するのであり、その最初の意味においては、心情の中で奇跡、不思議な物、「驚くべき」ものに対して、どきっとする、ということなのである。したがって本当の意味での「変だと思う」は、純粋にヌミノーゼな感情の領域に属する心情の状態であって、それが色褪せて一般化された形をとるときにはじめて普通の「びっくりする」（Erstaunen）となるのである。（二）

「驚くべき」に該当する心情反応を表す表現を探すと、ここでも私たちがまずもって見つけるのは、それ自身は全く「自然的な」心情状態に関わり、したがってまた類似的な意味しか持たない名称だけである。たとえば stupor（呆然）がそれである。stupor は明らかに tremor（身震い）とは違う。それは「身体がこわばるびっくり仰天」（das starre Staunen）であり、「開いた口が塞がらない」であり、全く不審に思うこと（das absolute Befremden）である。「呆然とさせる」（obstupefacere）とも比べてほしい。もっと正確なのはギリシャ語の thámbos（驚き）と thambeîsthai（驚かす）である。thamb という発音は、このような身体がこわばるびっくり仰天の心情状態をとくによく表している。『マルコによる福音書』一〇・三二の文章、kaì ethamboŷnto, hoi dè akoloythoŷntes efoboŷnto（彼らは驚き怪しみ、従う者たちは恐れた）は、呆然とさせる（stupendum）という要素と「畏るべき」のそれとの相違をかなり微妙に描き分けている。これに対して thámbos については、前頁で二つの要素の容易で、迅速な混淆について述べたことがまさしくあてはまり、その場合の thámbos はまさにヌミノーゼ一般の洗練された戦慄（Edel-Schauder）を表す典型的な用語である。たとえば『マルコによる福音書』一六・五で、ルターは「彼等はぎょっとした」（sich entsetzen）と訳しているが、この場合には全く正しいのである。――語幹の thamb が描くものは、ヘブライ語の tāmahh にも見られる。これも「びっくりして度を失う」という意味で、これはまた「ぎょっとする」になったり、これが色褪せて単なる「びっくりする」になったりもする。[二]

Mysterium（神秘、秘義）、Mystēs（秘儀を受けた者）、Mystik（神秘主義）は恐らく、サンスクリット語の muś にまだ残っている語幹から派生していると思われる。muś は「隠れている、潜んでいる、こっそりやる」という意味である（それゆえにまた欺くとか盗むという意味を持っている）。「神秘」（mysterium）は、一般的な理解では、まずもって異様なもの、理解できないもの、説明できないもの一般という意味での秘密に過ぎず、その点では私たちが言おうとしているものを表す「神秘」でさえも、自然的なものの領域からの類比概念に過ぎない。つまりまさにある種の類比のために、表示として持ち出されるものであって、事柄を本当に言い尽くすものではない。しかしこの事柄自体、すなわち宗教的な神秘、つまり正真正銘の「驚くべき」ものは、たぶん最も適切に表現するならば、「全く他のもの」（das Ganz andere）であろう。それは［それぞれ「他の」および「全く他の」という意味の、ギリシャ語の］thāteron, ［サンスクリット語の］anyad, ［ラテン語の］alienum, aliud valde であり、よそよそしく見慣れないものであり、日常的なものや理解されるものおよび親しんでいるもの、したがって「気のおけないもの」一般の世界からは逸脱しているものであり、それとは対立するもので、それゆえに身体がこわばるような戦慄で心情を満たすものである。[三]

「全く他のもの」は、いわゆる未開な人々の宗教におけるヌミノーゼな感情の最初の原生な（roh）、最も低い段階での発動にもすでにある。この段階の特色は、アニミズムが考えているように、「霊魂」、すなわちたまたま見ることができないような奇妙なものが重要視されているということではない。霊魂という観念あるいはそれに類する概念はむしろすべて後から「合理化されたもの」なのであって、「驚くべき」ものの謎を何とか解釈しようと試みるものであり、そのために体験そのものにとってはむしろいつでも直ちに希薄化し、弱める働きをする。霊魂の観念から生まれてくるものは宗教ではなくして、宗教の合理化であり、その結果は往々にしてもっともらしい解釈によって「神秘」がまさしく排除されてしまうような雑駁な理論に終わっている。[四] 隅々まで体系化された神話は、精密なスコラ学と同じように、宗教的な根本事象を薄っぺらに引き延ばしたものであり、それを平板化すると同時に結局は排除してしまう。むしろ神話の独自性もやはり独特な感情の要素そのものであって、それは最も低い段階においてもすでにそうである。すなわち「全く他のもの」に直面した際の呆然自失（stupor）である。その際にこのような「他のもの」を精霊とかデーモンとか〔サンスクリット語では〕デーヴァ（deva）と呼ぶこともあろうし、そもそも名前を与えないこともあろうし、またそれを解釈し、記憶にとどめておくのに空想的なイメージを新しく作り出すこともあるだろうし、あるいはデーモン的な畏怖の発動とは別にもしくはそれに先立って、お伽噺を生み出す想像力が下地としてすでに産み出していた空想的なものをさらに想像によって再生産することもあるだろうが、こうしたことに独自性があるのではないのである。

後段〔の第八章〕で論じられるはずの〔感情連合の〕法則により、この「全く他のもの」という感情は、それ自体すでに「自然的」な謎であったり、見慣れぬ働きをしたり、目を見張らせるような事物と結びつくし、折りに触れてそれによって一緒に引き起こされることもある。たとえば自然の中の異様で目を引く現象や出来事や事物のもとで、また動物や人間のもとでも引き起こされる。しかしこの場合は種類の違う、すなわちヌミノーゼな感情要素が「自然的」なそれと連想によって結びついたということであって、自然の感情要素が昂まってヌミノーゼなものになったということではない。自然の驚きが「超自然的」対象の前での驚きにまで程度を高めるなどといったことはあり得ない。そして後者を表すものとして初めて「神秘」という表現も完全な意味を発揮するのである。(五) たぶんそのことは名詞の Mysterium よりも、形容詞の mysteriös（神秘的な）のほうにより適切に感じられることだろう。(六) 細部まで見えない時計の仕掛けや理解できない学問について、「それは私には mysteriös（神秘的）だ」などと真面目に言う人はひとりもいないであろう。しかしひょっとすると、こういう反論をする向きがあるかもしれない。私たちにとって一も二もなく、どんな場合でも理解できないものは mysteriös であり、あくまでもそうだが、差しあたって理解できないだけで、根本的には理解できるようなものは単に「疑わしい」と呼ぶべきだ、と。(七) しかしこれは決して事柄のすべてを汲み尽くしてはいない。本当に「神秘的」な対象が把握できないのは、それについての私の認識力が不可避の限界を持っているからではなく、その際にそもそも「全く他のもの」に出合っているからなのである。「全く他のもの」は種類からしても、本質からしても、私の本質とは桁違いに異なるのであって、それゆえに私はそれを前にして身体がこわばるほど仰天し、跳ね返されるのである。アウグスティヌス[*1]は「全く他のもの」、ヌーメンの「不同性」(dissimile)のこのような身体を硬直させる要素とヌーメンの合理的な側面、「同一性」(simile)との対照を『告白』十一、九、一で次のように述べている。

私をくまなく照らし出し、私の心を傷つけずに打撃を与えるものは何か。その前で私は身体をこわばらせつつ、しかも私は燃えて熱くなる。私がそれに似ていないので身体がこわばるのであり、似ているので熱くなるのである。

いま述べられたことは、ヌミノーゼな感情の傍系の子孫もしくは戯画、つまりお化けをめぐる恐怖に即して説明することもできる。ここでお化けの分析をしてみよう。お化けに対する「畏怖」という独特の感情要素を私たちは先に「身の毛もよだつ」(Gruseln)あるいは「ぞっとする」(Gräsen)という要素と言い表した。「身の毛もよだつ」は、怪談が起こす魅力に明らかに力を添える。すなわちその話の後に起こる緊張の緩み、またそのような感情から心情が解放されることが心地良さを呼び起こすのである。しかしながら心地良さを起こすという点で言えば、この場合に快感を産み出すのは本来お化けではなくして、お化けから離れるという事態なのである。ところがこういうことが人の心を惹きつける怪談の魅力を説明するものでは全くないことは明らかである。お化けの本来の魅力はむしろ、お化けが「驚くべき」ものであり、そういうもの

＊1　アウグスティヌス(三五四—四三〇)は古代ローマ末期のキリスト教教父で、その後のキリスト教の思想や体制あるいは運動にきわめて大きな影響を与えた。思想の特徴はギリシャ思想とキリスト教の信仰を綜合した点にあるとされるが、とくに自己の内面に対する厳しい反省と考察によって「罪」の問題に光を当てた『告白』は、現代においても価値を失わない。

としておのずとことのほか空想を刺激し、興味と好奇心を目覚めさせるような作用をする点にある。つまりお化けそのもの、すなわちこの異様なものが空想を誘うのである。しかし空想を誘うのは、お化けは「白くて長いもの」である（誰か知らぬが昔「お化け」をそう定義したように）とか、それは「人魂」であるというようなことによるのではなく、あるいは空想が考え出す何か確定的で概念的な述語によってでもなく、それが不思議なものであり、「ありそうにないもの」であり、「本来絶対に存在しない」ものだということによるのであり、それが「全く他のもの」であり、私たちの現実世界には属しておらず、全く別の世界に属していながら、抑えることのできない興味を心情内に呼び起こす何ものかであることによるのである。

このような戯画にも依然として認められる要素は、お化けがその成れの果てにほかならないデーモン的なもの自身にははるかに強力な意味であてはまる。そしてヌミノーゼな感情のこの要素、すなわちこの「全く他のもの」の感情がデーモンの方向線で上昇し、明確になっていくと、もっと高次な形態化が生じ、ヌミノーゼな対象を日常的なものや見慣れたもの、つまり「自然」一般と対立させ、そうしてそれを「超自然的なもの」にするだけではなくして、最後には「世界」そのものに、そしてそれとともに「超世界的なもの」そのものにまで高めるのである。

「超自然的なもの」および「超世界的なもの」もまた、一見積極的な述語のように見える表示語で、これを「神秘的なもの」に添えると、「神秘」（Mysterium）の要素はその当初の否定的に過ぎない意味を脱ぎ捨てて、積極的な表現になるように見える。確かに概念の側から見るとそれもまた見かけのことに過ぎない。なぜならば「超自然」も「超世界」も、実はそれ自身は明らかに自然および世界についての否定的なもしくは矛盾する述語だからである。しかしながら実際には最高度に積極的な感情の内容の側から見れば、これらの述語は正しいのである。ただしそうは言ってもこの感情の内容は先の述語に解消されるわけではない。まさしくこの感情の内容を通じてこそ「超自然的」および「超世界的」という名辞がそのまま、独特な「全く他のものである」実在およびその様相、言い換えればその特性について何かを「感じ」はするが、それに概念として明確な表現を与えることができないものの表示語となるのである。

　神秘主義の「彼岸ないし一切の存在の彼方」（Epékeina）もまた、すでに宗教そのものに備わっている非合理的な要素の最高もしくは過度の緊張である。神秘主義は「全く他のもの」としてのヌミノーゼな対象を一切の自然的なものおよび世界的なものと対立させることでは満足せず、最後には「存在」もしくは「存在するもの」そのものと対立させることで、この対象のこうした対立を極端にまで推し進めていく。こうして神秘主義は最後にはこの対象を「無」そのものと呼ぶに至る。この場合に無ということで考えられているのは、どんなものによっても表現できないものだけではなく、全くもって、本質的に他者であり、存在するもの一切および考えられ得るもの一切と対立するものでもある。しかしながら神秘主義にとって、「神秘」の要素を把握するために概念がなし得る唯一のものである否定と対立化を、さらにパラドックスにまで高めることにより、同時に「全く他のもの」の積極的な様相が感情の中で、さらに言えば感情の激発の中で最高度に生き生きとなるのである。私たち西洋の神秘主義の特殊な「無」（nihil）についてこのようにあてはまることが、仏教の神秘主義の「śūnyam」および「śūnyatā」、すなわち「空《くう》となる」および「空《くう》」にも全く同じように妥当する。神秘主義の言語もしくは神秘主義の表意記号ないし解釈記号に対する内面的感受性を有しない人にとっては、このような「空となる」あるいは「空に帰する」ことへの仏教信者の追求は、それにまた無および無に帰することへの西洋の神秘主義者の追求も全く同様に、一種の狂気の沙汰と映るにちがいなく、したがって成仏（Buddhatum）も心の病いから出た「虚無主義」（Nihilismus）と見えるにちがいない。しかしながら「無」もそうだが、「空」も実は「全く他のもの」のヌミノーゼな表意記号なのである。「空となる」（śūnyam）は全く「驚くべきもの」なのである（それと同時に「パラドックス」（Paradox）および「二律背反」（Antinomie）へと高められたものであり、このことについてはすぐ後に述べる）。こういう認識を持ち合わせていない人にとっては、「空」を称揚しようとする「般若波羅蜜多」（prajñā pāramitā）に関する論疏は全くのナンセンスに見えるにちがいない。そしていかにその論疏がまさしく何百万の人々を魅了してきたか、も全く理解できないままに終わることだろう。

ii　さて私たちが「神秘」（Mysterium）と名づけるヌミノーゼのこの要素もまた、宗教の歴史の展開のほとんどあらゆる歩みの中でそれ自身の発展を遂げている。それは「驚くべき」という性格がますます強さを増していき、厳しさを高めていくことである。さらに言えばそれには三つの段階が示されるのであって、見慣れないだけのものの段階、パラドックスの段階および二律背反の段階がそれである。

（一）[*2]「全く他のもの」としての「驚くべきもの」はまず最初は把握できないものもしくは理解できないものであり、クリュソストモス（Chrysostomus）[*3]の言い方をすれば**akatalēpton**（把握し難いもの）、すなわち私たちの「カテゴリーを超越する」がゆえに、「概念化」を拒むものである。（二）しかし「驚くべきもの」はカテゴリーを超えるだけはなく、ときにはみずからをそれと対立させたり、廃棄したり、混乱させるような現れ方をする。そうすると、それは理解できないだけではなく、まさにパラドックスとなる。理性を超えるだけではなく、「理性に反する」ようにも見えてくる。（三）そしてその最も鋭い形は、私たちが二律背反と呼ぶものである。これは単なるパラドックス以上である。なぜなら二律背反においては、理性ならびにその基準および法則定立に反する表現が現れるだけでなく、それ自身において矛盾し、対象について対立命題、すなわち一致しがたく解決不能な対立を表す表現も示されるからである。ここにおいて「驚くべきもの」は、理性的に理解しようとすることに対して、非合理的なものの最も厳しい形で現れる。私たちのカテゴリーでは理解できないだけではなく、それが「不同」（dissimilitas）であるがゆえに把握できないだけでも、さらには理性を混乱させ、

＊2　原書ではa)とすべきところをc)としているので、訂正して（一）とした。

＊3　クリュソストモス（三四四年頃―四〇七）はギリシャ教会の聖人で、コンスタンティノープルを中心に説教活動をした。その説教は聖書の体系的な釈義に基づくもので、とくに社会正義を強調したといわれる。彼は能弁で、没後にそれを意味するギリシャ語に因んでクリュソストモス（黄金の口を持つ者）と呼ばれた。

眩惑し、不安にさせ、窮地に陥れるだけでもなく、それ自身のうちで対立するようになっており、対立と矛盾の中にあるからでもある。私たちの理論からすると、「神秘主義的神学」が「神観念における非合理的なものの異常な昂まり」ということで特徴づけられるとすれば、この神学の中にとくにこの要素が見出されるにちがいない。そして実際、定評通りそうなのである。神秘主義はまさしく本質的に、また何にもまして「驚くべきもの」の神学、すなわち「全く他のもの」の神学である。そういうわけで神秘主義は、マイスター・エックハルトにおいてそうであるが、しばしば未曾有の神学となり、彼の言い方では、「新奇にして希有な」神学となるし、あるいはマハーヤーナ［大乗］仏教の神秘主義においてのように、［たとえば色即是空や煩悩即菩提などのような］パラドックスおよび二律背反の学問となり、一般には自然の論理に対する攻撃にもなる。神秘主義は「反対の一致」(coincidentia oppositorum)の論理へと駆り立てる(そして神秘主義が堕落するときには、シレジウス*4の場合にそうであるが、この論理でもって頓知で眩惑するふざけた遊びをするようになる)。しかしこのような論理を持つからといって、神秘主義が通常の宗教と全く対立するものであるわけではない。ここで指摘された神秘主義的な諸要素を、それがヌミノーゼな「全く他のもの」という、それがないと正真正銘の宗教的感情が存在しなくなる普遍的に宗教的な要素から現われ出ることを、まさしくヨブとかルターといった通常神秘主義とは対極に置かれるような人々のもとで認めるならば、本当の関係はすぐに分かるであろう。パラドックスおよび二律背反と

＊4　アンゲルス・シレジウス（一六二四—七七）はドイツの神秘主義的な宗教詩人で、エックハルトの神秘主義を反映する詩を多く作った。

しての「全く他のもの」という要素はまさに私たちが後段［の第十二章］で「ヨブ」的思想系列と呼ぶものを形づくっているのであり、これはほかの誰よりもルターの特徴でもある。この点についても後［の第十四章］で論じることにする(七)。

(一) まさにこれと同じような意味の変移はサンスクリット語の āścarya《アーシュチャルヤ》にも見られるが、これについては後に言及する［本訳書二五三頁原注(三)］。この場合にもともとはヌミノーゼの領域に属していた概念が世俗化したのである。つまりその概念が俗の世界に「沈下する」のである。こうしたことは頻繁に起っている。たとえば『超世界的なるものの感情』の一八七頁で、最初は純粋にヌミノーゼな術語であった［同じサンスクリット語の］deva と asura について述べたことを参照してほしい。

(二) thamb と同じような意味を持ち、同じような描写力を持つ語にドイツ語 'baff'-sein あるいはオランダ語の 'verbazen' がある。二つとも完全なる「呆れる、呆れてポカンとしていること(stupor)」を意味している。

(三) 私の『超世界的なるものの感情』、第八章「非キリスト教的ならびにキリスト教的思弁および神学における全く他のもの」の二二九頁にある「アウグスティヌスにおける「全く他のもの」(Aliud valde)」を参照してほしい。

(四) 心霊術が証明しているように、「概念的に捉えられた」霊魂にはもはや誰も恐がらない。したがってそのような霊魂は宗教学にとって重要ではなくなる。

(五) 同じことは本来「非合理的」という語にもあてはまる。

(六)たとえばフリース[*5]はそのように理解している。[フリースの宗教哲学を論じたオットーの『カントとフリースの宗教哲学』の一〇五頁には次のような叙述がある。「宗教はまさしく秘密(Geheimnis)を秘密として無傷のままに持とうとする。宗教の秘密はかりそめにのみ暗秘な、化学の不思議のように時間が経てば解き明かせるようなものではなく、(略)全く言い難きもの(arrēton, ineffabile)である」。]

(七)神秘主義的敬虔と信仰的敬虔との関係については、私の『罪と原罪』(Sünde und Urschuld)(一九三二年、ミュンヘン)の第十一章を見てほしい[この注の番号は訳者が付けた]。

＊5　ヤーコプ・フリートリヒ・フリース(一七七三―一八四三)はドイツの哲学者で、カント哲学を心理学的に解釈し、ヘーゲルの論理主義に対抗した。カントの「物自体」を直接の理性的認識の対象と見なし、感性的認識と理性的認識を「感情」の働きである「感得」(Ahnung)によって綜合することを企てた。オットーは非合理的なヌミノーゼを合理的な概念に結びつけるための哲学的根拠をこのフリース哲学に求め、『カントとフリースの宗教哲学』という本を一九〇九年に発表した。

第五章　ヌミノーゼな賛歌

〔ヌミノーゼの要素　第三〕

神性を「合理的に」賛美することと「畏るべき神秘」の要素により感情が非合理的なもの、つまりヌミノーゼなものに対して与える称揚の違いを、次の詩の比較が示している。

ゲレルト[*1]は「自然からの神の栄光」を力強く、華麗に歌い尽くしている。

天は永遠なるものの栄光を褒め称え、
その響きは御名を伝え続ける。

この詩は以下の句を含む結びの一節に至るまで明澄で、合理的で親しみがある。

わたしはおまえの創造主であり、知恵にして慈しみであり、
秩序の神にしておまえの救いである。
わたしはこのようなものである。だから心底よりわたしを愛しなさい、

＊1　クリスティアン・フュルヒテゴット・ゲレルト（一七一五―六九）はライプツィッヒ大学教授で詩人でもあった。ロココ時代を代表する文人で、悟性と感性と信仰を調和的に持っていたとされる。

そしてわたしの恩寵にあずかりなさい。

しかしながらこの賛歌はとても美しいが、「神の栄光」はまだ十分には言いあてられていない。この賛歌とゲレルトの一世代前にエルンスト・ランゲが「神の威厳」で詠んだ賛歌とを比較するとすぐに感じとられる一つの要素が欠けているのである。

あなたを前にすると天使の合唱は震え声になる、
　目を伏せ、顔を下に向ける。
かくも恐ろしくあなたは彼らに現れる。
それを歌う歌が響きわたる。
造られた者たちは身をこわばらせる、
あなたがおられる前で。
そういうことが全世界に満ち満ちる。
そしてこのような姿を示してくれるのは、
変わることのない聖霊であり、
あなたが自らを隠される姿である。
ケルビムとセラフィムが
あなたへの誉め言葉を伝え続け、
白髪の老人たちがあなたの前に
恭々しく跪いて仕える。

なぜなら力も栄誉も、
王国も聖所もみなあなたのものだから。
そこでは驚きが私の心を奪ってしまう。
あなたのもとにはすべてに勝る
威厳があり、
そこで聖なる、聖なる、聖なるかな、と言われるのである。[一]

これはゲレルト以上である。ただしこれにもまだあるものが欠けている。それは『イザヤ書』の六のセラフィムの歌に見られるものである。「身体がこわばった」にもかかわらず、ランゲは十行も長く詠んだ――〔『イザヤ書』の〕天使はたったの二行である。それにランゲは神を「あなた」と呼んで憚らないが、天使のほうはヤハウェの前では三人称で語っている。[二]

ユダヤ教徒の最重要な贖罪の日、ヨーム・キップールの典礼にはことのほかヌミノーゼな賛歌と祈りが多い。その典礼は、しばしば繰り返し唱えられる『イザヤ書』の六の熾天使の三聖唱によって陰影を付けられているのであるが、Ubekēn tēn pachdekā（神の恐ろしさを与えたまえ）という歌詞で始まる節のような見事な祈りもある。

与えたまえ、ヤハウェ、われらの神よ、すべてのものにあなたの恐ろしさを、またあなたが造ったあらゆるものの上にあなたに対する畏るべき不安を。一切のあなたの被造物があなたを恐れかつ一切の存在者があなたの前で身を屈め、そうして彼らがみなたあなたの意志を心の底から実践するために団結するように、そしてヤハウェ、われらの神よ、支配があなたのもとにあり、権力があなたの掌中にあり、威力はあなたの掟にあり、あなたの名があなたの造ったものすべての上にあることが分かるように。

あるいはQādosch attā（あなたは聖なるもの）で始まる部分もそうである。

あなたは聖なるものであり、あなたの名は恐るべきもの（norā）である。あなたのほかに神がいないことは、次のように書かれている通りである。

「ヤハウェ・セバオート（万軍の主）の審判において高く聳え立ち、聖なる神は正義において崇められる」。

［日常の礼拝の開始や終了の際に歌われる］Jigdal Elohim Chaj（生ける神）やAdon ʻolām'（世界の王）といった賛美歌もこのような響きを奏でており、ベン・ガビロール*2の『王冠』の多くの個所も同じである。たとえばNiflaïm（素晴らしいかな）で始まる部分がそうである。

素晴らしいかな、あなたの御業は。
そして私の魂がそれを見分けかつ承知する。
おゝ神よ、力も偉大さも、
輝きも栄誉も称賛もあなたのもの。
一切の支配も富も名誉もあなたのもの。

*2　ベン・ガビロール（一〇二一年頃―五八年頃）はスペインのユダヤ系哲学者および詩人で、新プラトン主義の流出説を採る。ユダヤ教の典礼には彼の詩が用いられている。

ありとあらゆる被造物は、すべてが滅んでも
あなたは永遠であると証言する。
力はあなたのもの。その秘密を思うとき
思考は疲れ果てる。
あなたは思考の限界より強いから。
全能の衣もあなたのもので、
秘密も根源も同じ。
光の人々には隠された名もあなたのもの、
無の上に世界を支える力もあなたのもの、
最後の審判の日にその隠れたものが明らかになる……
そして高い位よりもなお高い玉座もあなたのもの、
秘密に包まれたエーテルの中の住まいもあなたのもの。
その光がすべての生を照らし、
それに対して、私たちはその陰で漂うだけのものとしか
言えないものもあなたのもの。
あるいはAttā nimſſā（あなたはおられる）で始まる節も同じである。
あなたはおられる！
だが聞く耳も見る目も

あなたに届くことができない。
どのような、どうして、またどこに
という疑問もあなたの目安にはならない。
あなたはおられる！
あなたの秘密は隠されている。
誰がそれを探知し得ようか。
とても深い、とても深いのだ――
誰がそれを見つけ得ようか。(三)

（一）A・バルテルス著『わが神は堅き山なり』(A.Bartels:Ein feste Burg ist unser Gott. Deutsch-christliches Dichterbuch) 二七四頁。

（二）実際、最高のものを「あなた」と親称で呼ぶことはいつもできるわけではない。聖テレサ*3は神に向かって「陛下」と言い、フランス人は「貴方」(Vous)と丁寧な言い方を好む。ゲーテは一八二三年一二月三一日にエッカーマンに対して次のように話していて、ヌミノーゼの「畏るべき神秘」のすぐそばにいる。

言葉で言えず、全く想像もつかない最高のものがまるで自分たちとあまり違わないかのように、人々は神の名をぞんざいに扱っている。そうでなければ、主なる神とか愛する神だとか善き神などといった言い方をしないであろう。神の偉大さが骨身に沁みているならば、沈黙するだろうし、栄誉のためにむしろ名を呼ばぬほうがよい。

＊3　テレサ・デ・イエズス（一五一五―八二）はスペインの神秘思想家で聖女。カルメル会の刷新を図り、厳格主義に立つ修道院を設立した。

(三)　M・ザックス著『イスラエルの人々の祝祭の祈り』(M. Sachs: Festgebete der Israeliten, 3. Teil, 15. Aufl. Breslau 1898) から引用した。

第六章　魅惑するもの（das Fascinans）

（ヌミノーゼの要素　第四）

あなたはひとりで満ち足りておられる、
そんなにも本質的に、そんなにも純粋に――

〈一〉　ヌミノーゼなものの質的な内実（「神秘」がそれに形式を与えている）は、一面ではすでに詳しく述べられた、「優越」（majestas）を伴う「畏るべき」という拒否的な要素である。しかし他面ではそれは明らかに独特に惹きつける、心を奪うもの、魅惑するものでもあり、これはいまや畏怖すべきものの拒否的な要素と不思議な対立・調和（Kontrast-harmonie）をなして現れてくる。「私たちは畏れつつ聖所を敬うが、そこから逃げようとはしないで、かえって中へ入ろうとする」とルターは言っている。[一]　また現代のある詩人も

「その前では怖いが――そこへと押されていく」

と言っている。

少なくとも「デーモン的な畏怖」の段階以後の宗教の歴史のすべてにわたって、この対立・調和、すなわちこの二重の性格の証拠がある。これはそもそも宗教の歴史における最も奇異な、注目すべき現象である。デーモン的なもの・神的なものが心情に対してぞっとする・恐ろしいものとして現れながら、魅惑し・惹きつけもするのだからである。そしてその前で卑下し、気後れを感じ、身を震わせる被造物が、同時にまたつねにそれに向かおう、それのみかそれを我がものにしようとさえする衝動に駆られるのである。「神秘」はまさに不思議なものにとどまらず、驚嘆すべきものでもある。そして感覚を混乱させる要素と並んで感覚を魅惑するもの、うっとりさせるもの、不思議な歓喜を引き起こすものも現れる。これはしばしば十分に陶酔や恍惚へと高まるものであり、ヌーメンのディオニュソス的な作用である。私たちはこの要素をヌーメンの「魅惑するもの」(das Fascinans《ファスキナンス》)と呼びたい。

〈二〉　この「魅惑する」という非合理的な要素に対応しまたそれを図式化する合理的な観念もしくは概念は、愛、憐愍、同情、慈善などであるが、これらはすべて普通の心的経験の「自然的」要素であり、ただそれが完全なものと考えられているだけである。しかしこのような合理的な要素は宗教的な至福の体験には重要なものではあるけれども、それでこの体験が言い尽くされるわけではない。宗教的な不幸――「怒り」

の体験としての——が内に深い非合理的な要素を秘めているように、その対極である宗教的至福もまたそうである。祝福を受けるということは、ごく通常の「慰められた」とか「自信が出てきた」とか「愛の幸せ」といったもの、あるいはそれがもっと高まったもの以上のもの、そうしたものよりもはるかに勝るものなのである。純粋に合理的に、また純粋に倫理的に理解された「怒り」は、神性の秘密に内包されている例の深秘な畏るべきものを汲み尽くすものではなかった。そして「慈恵の心」［という合理的・倫理的な表現］も、祝福を与える秘密として体験された神性の中に宿るこの深秘な驚嘆すべきものを、いまだ言い尽くしてはいない。たぶん「恩寵」という名辞で表すのがよさそうであるが、その場合には、正真正銘の慈恵の心が含み持っているヌミノーゼに満ちた意味で表されるのだが、その意味は同時にまた「より以上のもの」を含んでもいるのである。

〈三〉　この「より以上のもの」は宗教の歴史の深層に前段階を持っている。宗教的な感情が、その発展の初段階では、まず「魅惑するもの」の対極、つまり拒否的な要素とともに出発し、最初はまずデーモン的畏怖として形をなした、ということはあり得ることであり、それのみかたぶんほとんどその通りだと言ってよいであろう。その事例として挙げられるのは、発展の後の段階になっても「宗教的に崇める」（religiös verehren）を表す語が、もとの意味では「宥める」、「怒りを鎮める」であることである。たとえばサンスクリット語の ārādh がそれにあたる。（二）けれどもこのようなデーモン的畏怖がそれ以上のものでなかったとしたら、言い換えれば、それ自身が意識の中に徐々に割り込んでいく「より完全なもの」の一つの要素に過ぎないものでなかったとしたら、ただデーモン的畏怖からだけでは、ヌーメンに対する積極的な傾倒の感情への移行は起こり得ないであろう。[三] この畏怖から出てくるものは恐らく〔ギリシャ語で言えば〕「apaiteîsthai」（厄除け）もしくは「apotrépein」（祓う）という形態、すなわち宥め、和解、怒りの鎮静および怒りの予防という形をとる儀礼であろう。ヌミノーゼなものが求められ、欲しがられ、願われること、それも人々がヌミノーゼに期待する自然の要求や援助のためだけではなく、ヌミノーゼ自身のためにも願われること、さらには「合理的な」儀礼の形式においてのみならず、人間自身がヌミノーゼを所有しようとする奇妙な「サクラメント的」な行為や儀式あるいは交信手段のもとで願われること、こうしたことはこのデーモン的な畏怖からは決して説明されないのである。

　宗教の歴史の前面に表れ出ている通常の理解しやすい宗教行為の現象や形態、たとえば宥和や祈願や供犠あるいは感謝などといったものと並んで、ますます注目を引く一連の不思議なことがある。それは単なる宗教のほかに、「神秘主義」の根をもそこに認めてよいと考えられるようなものである。そこでは宗教的な人が、たくさんの風変わりなやり方や空想的な手段で神秘的なものそのものを手に入れ、それに自分を浸し、それのみかそれと一体になろうとする。そのやり方は二種類に分かれる。一つは、呪文、「浄め」、誓願、聖別、調伏など、つまり呪術的・儀礼的行為によって自己自身とヌーメンとの呪術的な一体化を図るものであり、二つには、陶酔もしくはエクスタシーのもとでヌーメンを「所有する」あるいはその中に入ってしまう、またはそれで自分を満たす、といったシャマニズム的な手続きである。その際の出発点はまずもって呪術的なものに過ぎず、その狙いもたぶん初めは「自然的」な目的のためにヌーメンの不思議な力を手に入れようとするものであったであろう。しかしいつまでもそのままではない。ヌーメンを自分の中に取り込むこと自体あるいはヌーメンに憑依されることが自己目的となり、手の込んだものや粗野なやり方の禁欲を駆使してそのこと自体のために行われるようになる。つまり「宗教的な生活」(vita religiosa)が始まるわけである。そしてこのような奇妙な、ときには異様でもあるヌミノーゼな憑依の状態にとどまることが一つの財、それのみか救いにさえなるが、これは呪術によって獲得される世俗的財とは全面的に異なるものである。やがてこの点でも発展、すなわち体験の純化と成熟が始まる。夾雑物が取り除かれて「霊のうちに在る」という最も昇華した状態もしくは高貴な神秘主義の状態がその終着点である。そうした状態がそれ自体としてはどれほど多様であろうとも、その共通点は、そこで「神秘」がその積極的な現実態からも、また内面的な様態からも体験される、さらに言えば比類なく祝福するものとして体験されるということである。しかしそれと同時にまた、一体この祝福が本来どこで生じるのか、ということが言葉にならず、概念化もされず、ただ体験されるだけだということも共通している。積極的に表示することのできる救済財をもとに「救済論」が示すものを、この祝福が取り囲みそれに生気を与えているのであるが、それ自体はこうした現実の救済財では汲み尽くされることはない。あるいはこの祝福が救済財に染みわたり、それを照り輝かせることにより、それについての常識的理解が把握し、言い表すもの以上のものを作り出すのである。それは理性の及ばない平安を与える。それについては舌足らずな言い方しかできない。理性はただ遠くから比喩か類比を用いて不十分な、しかもひどく錯綜した概念を示すだけである。

〈四〉「目が見もせず、耳が聞きもせず、人の心に思い浮かびもしなかったこと」〔『コリントの人々への第一の手紙』の二・九〕――パウロのこの言葉が持つ高揚した響きとそこにある陶酔的なもの、このことで教えられる点は、ディオニュソス的なものを感じなかった人があっただろうか。この言葉においては、あらゆる「比喩」が後退していること、感情が最高のものを言い表していると言ってよいこの言葉においては、あらゆる「比喩」が後退していること、そしてここでは心情が「比喩から出発して」、純粋に否定的なものに訴えていることである。それにもまして示唆に富んでいることは、この言葉を読んだり聞いたりするときには、ほかならぬこの否定的なものが――全く否定的なものとは気づかれないことである。つまりこのような否定の連続に対して私たちが魅せられること、それのみかうっとりすることができるということであり、また本来その内容が無であるのに、この上なく深い感銘を与える賛歌が詠まれているということなのである。

おゝ、神よ、あなたは底無き深淵、

私などどうしてあなたを十分に知り得ましょうか。
あなたは大いなる高み、
私はそのお姿をどのように表したらよいのでしょう。
あなたは測り難き海、
私はあなたの慈悲に身を沈めたい。
私の心には正しい知恵など空っぽ、
あなたの腕で私を抱いてください。
私はあなたを自分と他人の味方にしました。
でも私は自分の弱さを知っています。
あなたである一切が終わりも初めもないのだから、
私には全く分からないのです。(四)

このことは、積極的な内実がいかに概念による表現から独立したものであるか、それに反してその内実が純粋に感情自身によって、感情のもとであるいはそれからいかに強烈に捉えられ、根本的に「了解され」、深く評価されるか、という事態について教えるところが多い。

〈五〉 単なる「愛」や「信頼」「という表現」は、人を喜ばせはするけれども、次に挙げるようなきわめて繊細で、内面的な救いの歌詞、とりわけ究極の救いへと向けられる憧れの歌における陶酔の要素を説明してはくれない。

エルサレムよ、あなたは高みに立つ聖都、
とか
主よ、私は遠くからあなたの玉座を垣間見ました。
あるいはクリュニーのベルナール[*1]の踊り出さんばかりの詩
シオンよ、ただ一つの聖都、天に建てられた不思議の住まいよ。
あなたを思っては喜び、また訴え、涙し、また行きたくなる。
私はしばしば心で急ぎ通り過ぎる、この身ではできないので。
でもこの世の肉であり肉のこの世であるから、たちまち引き戻される。
あなたの城壁が、あなたの城がどんなに光り輝いているか
誰も知ることができないし、口で伝えることもできない。
私が言い表せないのは、あたかも指で天に触れることができず、
水の上を走ることもできず、矢を空中に止めておくことができないのと同じです。
あなたのこの輝きはすべての人の心を絞って一つにします。
おゝ、シオンよ、おゝ、平安よ。
時を超えた都よ、どんな誉め言葉も（どれほど誇張されていても）あなたには嘘
とはならない。
おゝ、新しい住まいよ。敬虔な会衆、敬虔な民があなたの礎を置き、
材料を運び、建築し、大きくし、自分たちのものにし、完成し、

＊1　クリュニー［あるいはモルレ］のベルナール［ベルナルドゥス］は十二世紀中ごろのベネディクト派の修道士で、厳しい初期の修道会の体制を重んじた。時代の世相を批判した詩集『世のさげすみ』が有名である。

そして統一します。(五)

あるいは

この上なく至福なるもの、限りない喜び、

この上なく完全なる楽しみ、

永遠なる栄光、素晴らしい太陽、

有為転変を知らない者。

あるいはまた

おゝ、誰が神性の深い根源である海の中に

溺れることができようか。

それができたらあらゆる悲しみと不安と不幸から

完全に免れるであろうに。

〈六〉これらの賛歌には「魅惑する」ものの持つ「より以上のもの」が生きている。それはまた、あらゆる救済宗教に繰り返し現れる救済財に対する張りつめた称賛の中にも生きている。この称賛は、いまや現実には概念や比喩のもとで眺められているものの著しい貧弱さや目につく稚拙さとはとりわけ対照的なものである。たとえばダンテとともに、最後には大団円を迎えるだろうとますます高まる期待を抱いて、地獄、煉獄、天国、そして天国の薔薇を遍歴したことのある人ならたぶんこのことを実感したであろう。緞帳が下りる。するとほとんど仰天するばかりになる。——その背後に

あるのはわずかに
　かの崇高な光の深くて明るい本体の奥底に
　私は三つの円が現れたように思われたが、
　その色は三色であり、大きさは同じであった。

そこまで旅をすると、「自然の人」は三色の輪を見たことを質す。ところが天眼をもつ者のほうは、実際には届かないが、しかしそれゆえにこそ感情には体験可能な、直観されたものの途方もなく積極的な内実を振り返って考えるときに、まだ興奮のために口ごもりがちになる。

　おゝ、言葉は私の想いに較べればいかに不足で
　弱いことか、その想いも私が見たものに比べれば、
　わずかと呼ぶにも足りないものである。[*2]

「救い」というのはいつでも、「自然」の人にとってはしばしばほとんどあるいは全く分からないものであり、「理解している限りのもの」は逆にきわめて退屈で、興味が湧かず、ときには趣味や気性に合わないものである。たとえば私たち自身の「キリスト教の」救済論における見神体験の「至福の幻視」(visio beatifica)や神秘主義者が言う「神はすべての内のすべてなり」という合一説(Henosis)などはそうしたものであろう。つまり「自然の人が理解している限りでは」――実は全く理解していないのである。そしてそういう人は、救いを表す表現として自分に示されるもの、すなわち解釈のための

＊2　野上素一訳『神曲』(世界文学大系、筑摩書房)による。

概念的類似語、したがって感情の表意記号に過ぎないものを、心の教師を持っていないために、必然的に自然の概念と取り違えてしまい、感情そのものを「自然的」に理解せざるを得ず、ますます目標から離れていくことになる。

〈七〉 宗教的な憧れの感情の中だけで「魅惑する」ものが生き生きとしているわけではない。「聖なるもの」に対する個人の集中し沈潜した帰依の態度や心情の昂まり、それに真面目に専念する共同儀礼[六]に備わる「荘厳さ（Feierlichkeit）」という要素の中にも生き生きと現れる。「荘厳」という要素の中で魂を言い難く満たし、和ませるものがこの「魅惑するもの」である。シュライエルマッハーが『キリスト教教義学』第五章で主張していること、すなわちそれ［教会の基礎をなすべき敬虔な自己意識、すなわち絶対依存の感情[*3]］は単独では、つまり合理的な要素と結びつかなければ、あるいはそれが染み込まないと一瞬間さえをも決して満たさない、言い換えれば現実に起こることはあり得ないだろうという主張は、たぶん「魅惑するもの」にもあてはまるし、またヌミノーゼなものの感情一般にも妥当するであろう。しかし仮にこの主張が正しいとするならば、それはシュライエルマッハーがそのために持ち出すのとは別の理由からということになろう。他面において「魅惑するもの」の要素が、程度の差はあれ、優越して現れて、ときには「寂静」（hēsychia）もしくはほとんどそれだけが魂を満たす唯一の要素であるような陶酔の状態へと導くことさえあるのである。来たるべき神の国また彼岸の楽園の至福という形をとるにせよ、祝福を与える超世界的なものそのものへ自分

＊3 Schleiermacher : Der christliche Glaube, hrsg. von M.Redeker, Walter von Gruyter, Berlin, 1960, S. 30.

が入っていくという形をとるにせよ、そしてそういうことが期待や予感に過ぎないか、それとも現実の体験であるか（私があなたを持ちさえすれば、もはや天と地に何ものをも求めまい）の区別があるにせよ、そのようなきわめて多種多様な形態と現象のもとで、心の中におけると同様に、宗教のみが知っている、全く非合理的なある善きものの奇妙に力強い体験が現れる。すなわち心情が手探りの予感のもとで知り、暗秘で不十分な表現上のシンボルのもとではじめて気づく善きものである。——しかしこのような事態はまた同時に、私たち人間の合理的な本質の彼方に、またはその背後に私たちの本質の究極にして最高のものが隠れ潜んでいて、これは感覚的、心理的および精神的な衝迫や欲求の満足ないし鎮静化では満たされないものだ、ということを示唆してもいる。神秘主義者が「魂の底」（Seelengrund）と名づけたものがまさにそれである。

〈八〉しかしながら「神秘的なもの」の要素にあっては、「全く他のもの」から「超自然的なもの」および「超世界的なもの」という要素が生まれ、これが神秘主義者たちの「彼岸」（Epekeina）においては、一切の合理的な此岸性と最も際立って対立させられるのと同じように、「魅惑する」の要素にも同じことが見られる。すなわち極限まで高まるとそれは「歓喜雀躍」（Überschwengliches）となり、「魅惑する」という線上での神秘主義的要素であるこの「歓喜雀躍」は、「神秘」という線上での「彼岸」に対応するし、また対応すると理解すべきである。

〈九〉しかしながら「歓喜雀躍」の痕跡は、純然たる宗教的な至福の感情の程度の差にかかわらず、そのいずれにおいても生きている。その点に最もはっきりと導いてくれる研究は、「恩寵」、「回心」、「再生」といった重大な経験、つまり宗教的な体験が典型的な純粋さと強まった作用のもとに現れ、より典型的でない形で穏やかに習慣化した敬虔に比べると、手に取るように明瞭に現れる経験の研究である。キリスト教的な形のこのような体験において不動の中心をなしているのは、罪過ならびに「罪」の奴隷からの解放である。この解放がすでにして、非合理的な横糸なしには起こらないことを後に［第九章で］見ようと思う。しかしそれはともかくとして、このような経験において本来体験されたものが表現できないものであることをここで指摘しておかなければならない。それは至福の感動であり、自分ではどうすることもできない状態であり、興奮であり、またこのような体験がそうなることもある異常や珍奇に近い状態である。パウロをはじめとする「回心者」の自己証言や伝記はその証拠である。ウィリアム・ジェームズはそうした証拠をたくさん集めたが、その中に見え隠れする「非合理的なもの」には気づかなかった。その一つはこう証言している。

その瞬間に私が感じたのは、言うに言われぬ喜びと法悦であった。その体験を十分に書き記すことは不可能である。まるで大オーケストラの効果のようで、あらゆる音が一つのハーモニーとなり、それを聴く人に、魂が持ち上げられ、感動のためにほとんど引き裂かれるほどの感情を呼び起こすだけであった（五五頁）。

別の人の証言

しかしこの親密な交わりを表現しようとして、言葉を探せば探すほど、通常のイメージでその体験を記述することのいよいよ不可能なことを私は知った(五五頁)。そして至福の質的な「他のもの」が、他の「合理的な」喜びとの対比において、ほとんど教義学的な鋭さで第三の証言によって描かれている。

改宗者たちが神の慈悲に対して抱いている観念ならびにそこから生まれる喜びは全く独特のものであり、通常の人が持っていたり、わずかであれ、表象することのできるものとはまるで違っている(一八五頁)。

他に五七頁、一五四頁、一八二頁を参照してほしい。さらに三二八頁にあるヤーコプ・ベーメ[*4]の証言にはこうある。

しかしながら精神において勝利を収めることがどういうことだったのか私は書くことも語ることもできない。死の只中に生が生まれるということとしか比べようがない。それは死者の復活になぞらえられる。

神秘主義者たちにおけるこの体験は完全に「歓喜雀躍」にまで高まる。

あゝ、私の心が感じたこと、心の中がどんなに燃え立ち、焼き尽くされる思いをするか、をあなたに告げることができたなら。でもそれを表す言葉が全く見つからない。私が言えるただ一つのことは、私が感じているもののほんの一滴でも地獄に落ちるなら、地獄が天国に変わるだろうということである。

とジェノヴァのカタリナ[*5]が言っているが、これに類することは彼女の精神的なサーク

＊4　ヤーコプ・ベーメ(一五七五―一六二四)はドイツの神秘主義的な哲学者。独学で著した『曙光』は大胆な神秘主義思想によって世の注目を集めた。「大宇宙と小宇宙」、「反対の一致」、「無底としての神性」など後の思想家にも使われる術語を残した。

＊5　ジェノヴァのカタリナ(一四四七―一五一〇)はイタリアの神秘家で聖女。不幸な結婚に悩んだ末に神秘的体験を得て、神の愛を知り、夫の没後に「お告げの聖母修道会」に入り、病人の看護などに献身した。

ル仲間たちも語り、証言している。しかし同じことが、幾分穏やかにではあるが、教会賛美歌の中でもすでに言われている。

天の主が与え給うたものは、
与えられた人自身以外の人には知られない。
誰の心も感じず、
誰の手も触れないものが、
かの人たちの照らされた心を飾り、
その心が神の尊厳に導いた。

〈一〇〉 キリスト教で恩寵の体験とか再生として知られている経験は、キリスト教以外の精神的に高まった宗教にも対応するものを持っている。たとえば解脱をもたらす菩提（Bodhi）の開現、「天眼」の開眼、比類ない体験のもとで現れ、無明《むみょう》の闇を破る「明知」（Jñāna）あるいは［ヒンドゥ教の神］イーシュヴァラの「慈悲」（prasāda）などはそうした対応物である。そしてこれについてもつねに全く非合理的なものおよび全く違った種類の至福が直ちに認められる。それは様相においてはきわめて多様で、キリスト教において体験されるものとは全く違うこともあるが、体験の強さという点ではどこでもほとんど同じであり、ひたすら「魅惑するもの」であり、どの場合にも「救い」である。それは一切の「自然に」表現できるものや比較できるものと対立し、「歓喜雀躍」であるか、そうでなくともその著しい痕跡を内包するものである。そしてこのことはまた仏陀の涅槃《ねはん》および外見上のみ冷たく否定的なその無上の喜びにも完全にあてはまる。概念から見ると涅槃は否定詞に過ぎないが、感情から見ると最も強い形の肯定詞であり、「魅惑するもの」であって、その尊敬者を忘我夢中にさせることもある。私はある仏教の僧侶と交わした対話を鮮やかに思い起こす。その人はみずからの否定神学と無我説（Anātmaka-Lehre）と空観説（All-Leerheits-Lehre）の論拠をしつこいほど首尾一貫して私に差し向けてきた。しかし対話が終わる頃になって、一体涅槃とはそもそもどのようなものか、と尋ねたのに対して、しばらく言い澱んだ後に、低い控え目な声で一つの答えが返ってきた、「祝福です――口では言い表せないものです」。そしてその低い控え目な答え方の中に、そしてまた彼の声と顔の表情と身振りの荘厳さの中に、言葉以上にはっきりと言わんとすることが現れていたのである。それは「魅惑する神秘」に対する信仰告白であり、ルーミー*6が自分の流儀で次のように言っているのと同じことを、その人の表現方法で述べたのであった。

信仰の本質はただ驚くことのみ。
ただし神から眼を背けるためではない。そうではなく、
酔って友にすがりつき、その中にすっかり沈みこむためである。（七）

それに『ヘブライ人の福音書』も奇妙で深長な言葉を述べている、

しかしそれを見た者は驚かされる。
そして驚いてその人は王になるであろう。

＊6　ルーミー（一二〇七―七三）は近世ペルシャの代表的文学者で、本名はジャラール・ディン・ムハムマド。小アジアのコニアでシャムス・エ・タブリーズに受けた神秘主義の影響が大きく、後にメフレヴィーという神秘主義僧団を組織した。この団体は笛や太鼓に合わせて踊るうちに法悦境に入ることを実践し、「踊るディルヴィージ（神秘主義者）」と称された。大作『精神的マスナヴィー』は、人間には先天的な「聖なる愛」があり、それを自覚的に働かせるには自己滅却と神との合一が必要だという主旨を比喩や伝説などを借りて表現し、神秘主義思想の奥義を開陳した作品である。

〈一一〉以上のようなわけだから、私たちは——卓越と因果の道(via eminentiae et causalitatis)に則れば——神的なるものは、人間が考えることのできるすべてのものと比較すると、最も高いもの、最も強いもの、最も善いもの、最も美しいもの、最も愛すべきものであると主張する。しかし否定の道(via negationis)に基づいて言えば、神的なものは一切の考えられ得るものの根拠ないし最高級に過ぎないものではない。神は、それ自身において、依然としてそれとは別の事柄なのである。

(一) 善きわざについて、モーセの第二の板の第一の戒め、第三段目[「肉親の父と母を敬わねばならないこと。その「敬いの心」は普通一般の愛よりも高く、愛と深く結びついた恐れの念を含んでいて、父母から受ける罰よりも、むしろ父母の心を傷つけることを人々に恐れさせるものである。それはちょうど私たちが、聖遺物を恐れの念をもって敬いながら、しかも決して、罰を恐れて逃げるように、それから逃げ出すのではなく、むしろそれに向って押しよせるのと同じである」。『ルター著作集』第一集、第二巻、「善きわざについて」、福山四郎訳、聖文舎、九一頁以下]。

(二) 「有める」(versöhnen)のもともとの意味は後になるとほとんど完全に薄れてしまい、この語は単に「崇める」という意味になってしまう。

(三) この全く決定的な、しかし宗教史学者からはその謎のゆえに全く理解されなかった、そして注目されることはあっても、軽く扱われた事実については、私の『アーリア民族の神と神々』の一一頁で詳しく述べた。

（四）エルンスト・ランゲ（一七二七年没）の神の威厳を称える賛歌。バルテルスの前掲書、二七三頁による。

（五）モルレのベルナルドゥス［ベルナール］著『地上の空しさと天上の栄光』（Bernardus Morlanensis: De vanitate mundi et gloriā caelesti, ed. Eilh. Lubinus, Rostochii, 1610 ; B, 2）。

（六）そういう共同儀礼は、われわれの場合には残念なことに、現実であるよりも願望である。

（七）G・ローゼン（G.Rosen）著『ジェラール・エッディン・ルーミーのマスナヴィー』（Mesnevi des Dschelal eddin Rūmi）、ミュンヘン、一九一三年、八九頁。

第七章　不気味なもの

（ヌミノーゼの要素　第五）

〈一〉格別に翻訳の難しい語で、しかも珍しくさまざまな側面を持っていて理解し難い概念が、ギリシャ語の「deinós」である。この翻訳の難しさと理解のし難さは何に由来するのか。それがヌミノーゼなものにほかならないからであるが、もちろんたいていはかなり低いレベルのもので、演説調にあるいは詩的に希薄となってしまい、言わば「下降した」形のヌミノーゼなものだからである。その意味の土台になっているのはヌミノーゼなものの持つ気味悪さ（das Unheimliche）である。この要素が展開することにより、ヌミノーゼは「恐ろしい」（dirus）とか「畏るべき」（tremendum）ものになったり、「いやな」（schlimm）、「堂々として人目を引く」（imponierend）、「力強い」、「奇妙な」ものあるいは「驚異的」、「驚嘆すべき」、「恐がらせるとともに魅惑する」、「神的」、「デーモン的」および「エネルギッシュな」などといったものにもなるのである。［古代ギリシャの劇作家」ソフォクレスは『アンティゴーネ』の」合唱の歌詞の中で、人間という「不思議なもの」に対する、どの要素から見ても正真正銘のヌミノーゼな畏怖の感情を呼び覚まそうとしている。

πολλὰ τὰ δεινά, κοὐδὲν ἀνθρώπου δεινότερον πέλει.

この歌詞はまさしく、ドイツ語には問題になっているヌミノーゼな印象をはっきりさせ、区別し、集約して表す言葉がないために、翻訳することができない（一）。deinós に最も近いドイツ語はたぶん「不気味な（ungeheuer）」であろう。そして右の歌詞を

　不気味なものは数多くある。だが人間よりも
　不気味なものはほかにない。

とでも訳せば、その気分からするとおおよそ正確に言い表せるかもしれない。つまり「ungeheuer《ウンゲホイア》」という語の、たいていは感情に発する原初の意味に留意すると、そのようになるのである。今日、普通に「ungeheuer」と言えば、規模や性質の上で途方もなく大きいものを意味するだけになっている。しかしこれは合理主義的な解釈であり、いずれにしても合理化された、後から加えられた解釈である。なぜなら「ungeheuer」はもともとは何よりもまず、それを思うと「気持ちが悪くなる」ものであり、気味が悪いもの、つまりヌミノーゼなものだからである。そしてソフォクレスは先の歌詞では、まさに人間におけるこの純然たる気味の悪さを念頭においているのである。こ

の語の原義を深く感じとるならば、それは「神秘」、「畏るべき」、「優越する」、「尊厳な」(augustum)、「エネルギッシュな」(それのみか、そこには「魅惑する」という要素さえしのばせるものがある)といった諸要素から見るヌミノーゼなもののかなり正確な表現になるであろう。

〈二〉「不気味な」という語の意味と意味の変遷は、ゲーテのもとでよく辿ることができる。彼もこの語で差しあたり、規模からしてとてつもなく大きいものを表している。すなわち私たちの空間的な把握能力の限界を凌駕するほどに大きいもので、たとえば『ヴィルヘルム・マイスターの遍歴時代』の中の、ヴィルヘルムがマカーリエの家で天文学者に付いて天文台に上っていく個所に出てくる、測りがたい夜の天空がそれである。そこでゲーテは鋭くかつ正しくこう述べている。

とてつもなく大きいもの(この意味での)は、もはや崇高どころではない。それは私たちの理解力を超えている。[二]

しかしゲーテは別のところではこの語を、その原義の色合いを込めて用いている。その場合には途方もないものはむしろ「不気味で・薄気味の悪い・怖いもの」である。

こうして不気味な所業が行われる家や街は、そこを訪れる人たちには恐いものである。そこには昼の光が明るく射すこともなく、星もその輝きを失うかに見える。[三]

次に、

そして彼は、思考を「とてつもなく大きいもの」、つまり「理解できないもの」から逸らすのがよいことがますます分かったと思った。[四]

とゲーテが言うときには、「不気味なもの」が理解できないものへと和らげられているものの、そこには依然としてかすかな戦慄が仄見えている。こうしてゲーテの「不気味なもの」は容易に私たちの言葉で言う「呆然とさせる」（stupendum）あるいは「驚くべき」（mirum）という要素に、つまり全く予想されないもの、「不審がらせる・他のもの」となる。

不幸なことだ、私はまだ回復していない。
予期せぬものに出合うときに、
私たちの目が途方もないものを見るとき、
私たちの心はしばらくの間沈黙する。
それに比べられるものがないので。

『タッソー』のアントニオのこの言葉にある「途方もないもの」はもちろん「大きなもの」ではない。なぜならその場面には実際にそういうものはなかったからである。「それに比べられるものがないので」とは、本来は「怖いもの」（ein Entsetzliches）ではなく、thámbos（驚き）が私たちに呼び起こすものである。私たちドイツ人はそれにあたる感情を表すのに、「Sich Verjagen」という言い方をする。この語は「不意の驚きや唐突なことを表す」語幹の jäh、jach から出てきたもので、その意味は、全く予期しないもの、謎に満ちたものが突如として現れて、心情を茫然自失（obstupefacit）させるもしくは仰天させる、ということである。――最後にファウストの素晴らしい科白に出てくる「ungeheuer」の語こそが、何といってもあらゆる角度からして、私たちの言うヌミノーゼなものを表す名辞である。

恐れ慄くことこそ人間たることの最良の部分なのだ。
世界がその感情の値を釣り上げて手の届かぬものにしても、
凡庸な人でさえ感動すると、途方もないものを深く感じるものだ。

［『ファウスト』、第二部、第一幕、第五場］

（一）サンスクリット語には、ゲルドナーの解釈によれば deinós の意味に著しく対応する abhva がある。
（二）『ヴィルヘルム・マイスターの遍歴時代』第一巻、第十章。なお『詩と真実』の二、九のシュトラスブールの大聖堂の前面の「とてつもない大きさ」をも参照してほしい。
（三）『親和力』、二、十五。
（四）『詩と真実』、四、二十の青春時代のゲーテ自身の宗教的な発展を描いた部分。

第八章　対応する諸事象

一　対立・調和

ヌミノーゼなもののこの二番目の、引き寄せる側面を正しく把握するためには、「畏るべき神秘」(mysterium tremendum)に対して、それが同時にひたすら「魅惑するもの」(fascinans)でもあることを、上から被せるように付け加えなければならなかった。つまり限りなく畏るべきものであると同時に、限りなく驚嘆すべきものでもあるという点にこそ、感情にのみ知られる「神秘」の固有の積極的な二重の性格があるということであった。私たちが記述しようと試みても、なお果たし得ない「神秘」の内容をなす形式と内実におけるこの対立・調和は、宗教ではなくして審美に属する領域で対応するものによって遠くから示される。もっともその対応物は私たちの問題である宗教の色褪せた照り返しに過ぎないし、おまけにそれ自体も分析の困難なものではある。すなわち崇高なもの（das Erhabene）がそれである。「超世界的なもの」という消極的な概念がしばしば好んで、親しみ深い崇高という感情内容で埋め合わされたり、神の超世界性さえも「崇高性」ということで説明されることがある。類比的な表現ということでならそれもおそらく許されるであろう。けれども真面目に字義に即して考えるならば、やはりそれは間違いである。宗教的な感情は審美的な感情ではない。「崇高」は、美とははなはだ異なっているけれども、美に次いで審美に属しているのである。しかし他方においては、ヌミノーゼなものと崇高なものとの類似は手に取るように明らかである。まず第一に、「崇高」も、カントとともに言うならば、「解明できない概念」（ein unauswickelbarer Begriff）である。（一） 確かにある対象を崇高だと言う場合に、繰り返し一致して現れる幾つかの一般的な「合理的」特徴を集めることはできるであろう。たとえばその対象が「力学的」であるとか「数学的」であると言われるのはそうであろう。言い換えれば力の強力な表出や空間的な大きさによって、私たちの理解力の限界に近づいたり、それを越えかねないという場合に、崇高だと言われるであろう。しかしこういったことは明らかに一つの条件ではあるが、崇高な印象の本質ではない。桁外れに大きいということだけではまだ崇高ではない。この概念自体はあくまでも解明されないままであり、それ自体秘密に満ちたものを持っている。この点こそがヌミノーゼなものと共通しているのである。第二に、これに加えて心情に対してまず最初に拒まれるような印象を与え、しかし同時にまた法外に惹きつける印象をも与えるという例の独特の二重性格が崇高なものにもある。それは卑下させると同時に持ち上げ、心情を抑えつけると同時にそれを越えて高める。一方では恐怖に似た感情を引き起こすかと思えば、他方では心情を有頂天にする。つまり崇高の感情は類似性によりヌミノーゼの感情と密接に結びつくのであり、後者を「刺激する」のに向いていると同時に、後者によって刺激されもし、後者に「移行する」こともあれば、みずからの中に後者を移行させ、共鳴させることもできる、という関係にあるわけである。

（一）あるいは感じられはするが、概念的には定義され得ないものと言ってもよいし、たぶんカントもそう言うことを許すであろう。

二　感情連合の法則（Gesetz der Gefühls-gesellung）

i　この「刺激する」および「移行する」という表現は後になっても重要になるし、とりわけ「移行する」のほうは、今日の進化論（Entwicklungslehre）においても根強い、しかも誤った主張へと導く誤解に取り巻かれているので、ここで少し立ち入って論じてみたい。

一般に観念は互いに「引き寄せ合い」、一方が他方と似ている場合には、一方が他方を刺激して、意識に上らせる、というのが心理学のよく知られた「観念の連想の」根本法則である。しかし感情(二)にも全く似た法則があてはまる。感情もまた類似の感情を引き起こすことができ、私が別の感情を同時に抱く原因ともなり得る。それだけでなく類似による引き合いの法則によって観念の入れ替わりが起こり、仮にyという観念がふさわしい場合でも、xという観念を抱くことがあるように、感情の入れ替わりということも起こる。たとえばある印象に対して、yという感情のほうがぴったりとあてはまるかもしれない場合にも、xという感情で応答することがあり得る。最後に私は一つの感情から別の感情へ移行することができる、さらに言えば知らないうちに段階を踏んで移行していくこともあり得る。それは、xという感情が次第に消えていき、代わって同時に刺激されたyという感情が同じように次第に増し、強くなっていく、ということによってである。ここで「移行する」のは、実際は感情そのものではない。すなわち感情が次第にその様相を変えていくあるいは「発展していく」のではない。言い換えれば実際に全く別の感情に変化するのではない。そうではなくして私が移っていくのである。つまり私の状態の変化の中である感情から別の感情へと、一方が次第に減少していくにつれて他方が増大していくことで移っていくのである。感情そのものが別のものへ「移行する」ことは、まさしく「変化」であろうが、それは心理的な錬金術であろう。

ii　しかしながら今日の進化論はしばしばこのような変化を想定している——その

点で正しくは変化論と言われるべきである。すなわちこの変化をそれぞれ曖昧な二つの用語によって導入する。一つは、「みずから・次第に・進化する」（つまりある性質を持つものが別の性質を持つものへと進化する）という言葉であり、もう一つは、「後成説」（Epigenesis）とか「異種生殖」（Heterogonie）[二]などの用語である。たとえば道徳的な「すべし」「当為」（Sollen）の感情はこのようにして「進化する」とされる。それはこう説明される。最初に習慣的に一致する行為の単純な強制が、たとえば部族社会といったようなものの中に存在していた。そこから普遍的な拘束力を持つ「……すべし」という当為の観念が「成立する」。その際に習慣的行為がいかにして当為の観念になり始めるのか、は明らかにはされない。「当為」の観念が、習慣による強制などとは質的に全く別のものであることが見落とされているのである。もっと精緻で、一歩踏み込んだ、そして質の相違を把握する心理学的な分析の課題がそこでは無造作にないがしろにされており、そのために問題を見損なったのである。あるいは問題に気づいても、それを「次第に進化する」ということでごまかし、ちょうど牛乳を長く置けば酸っぱくなるのと同じように、「持続的に」（par la durée）一から他になっていくとする。しかし「当為」は完全に別の種類の、根源的な表象内容なのであって、青い色が酸っぱい味から引き出されないように、別のものから導き出されるものではない。そして精神的なものには、身体的なものにおけるような「進化」など存在しないのである。精神自身からのみ当為の観念は「進化可能」なのである。それは、目覚め得る、ということである。

なぜならその観念は精神に具わっているのだからである。もしもそうでないとしたら、当為の観念はいかなる「進化」をも取り込まないであろう。

iii　その歴史的な過程が、全く進化論者が想定する通りであったということはあり得よう。言い換えれば一定の歴史的な順序でさまざまな感情の要素が次第に次から次へと現れるということはあったであろう。ただしその過程は進化論者が考えているのとは全然別の仕方で説明がなされる。すなわち感情や表象が、類似性を尺度にして、すでに存在する、つまりすでに「前もって与えられている」ものによって刺激を受けて目覚めさせられる、という法則によって説明されるのである。例で示せば、慣習による強制と当為による強制との間には実際に類似性が成り立つ。なぜなら両者とも実際に強制するものだからである。それゆえに慣習による強制感が、心情そのものが当為による強制感に対する素質を持っていたならば、それを目覚めさせることができる。つまり「当為」の感情が一緒に共鳴し、次第に慣習による強制から当為によるものへと移行するのである。したがって要は一方の他方による代替なのであって、一方から他方への変化だとか、一方からの他方の進化などではない。

iv　道徳的な義務の感情に関することは、ヌミノーゼなものの感情にもあてはまる。前者と同様にヌミノーゼなものの感情も他の感情からは派生せず、それから「進化」もせず、質的に特殊な独自の感情であり、いわば根源的な感情（Urgefühl）である。ただし「根源的」とは時間的な意味ではなく、原理的な意味である。さらに言えば他の感情に対して多くの対応する面を持っていて、そのために他の感情を「刺激して」、生じさせるきっかけにもなり得るし、他の感情によって生じさせられもする一つの感情である。ヌミノーゼなものの感情を目覚めさせるきっかけになる契機ないしそのような「刺激」を探して示すこと、そしてどのような対応物のもとでそうしたきっかけになり得たのかを、言い換えればヌミノーゼな感情が目覚めさせられるのに作用した刺激の連鎖を見つけ出すことこそが、宗教の進化過程の「後成説的」構成あるいはその他の構成に取って代わるべきものなのである。

v　確かに崇高なものの感情はしばしば、ヌミノーゼな感情を呼び覚ますためのこのような一つの刺激であったし、いまも依然としてそうであり、それは私たちが見つけ出した法則に基づくものであり、前者が後者に対して持っている対応性によるのである。しかしながらこの刺激そのものは疑いなく、刺激の連鎖の中で後になって初めて現れたものである。それどころか宗教的な感情そのもののほうが、崇高なものの感情よりも先に破り出てきて、後者を呼び覚まし解き放したという公算が大きいのである――さらに言えば宗教的感情自体から解き放したのではなく、精神およびそのア・プリオリな能力から解き放したのである。

（一）私たちの語法で言えば、情緒的な性格を持つ暗秘な（dunkel）表象内容ということである。

（二）後成説も異種生殖もともに正真正銘の進化（Evolution）ではない。むしろ厳密には、生物学で「偶然発生」（generatio aequivoca）と名づけられているもので、これによれば添加（Addition）と累積（Akkumulation）による単なる集合体（Aggregat）の形成に過ぎない。

三　図式化

i　一般に「観念の連想」（ドイツ語で言えば、die Gesellung der Vorstellungen）は、xという観念がある場合に、yという観念もたまたま一緒に現れさせるというだけのものではない。条件次第ではもっと長く持続する両者の関係をも、それのみか永続的な結合さえも打ち立てる。そして感情の連合もまた同じである。宗教的な感情が他の感情と永続的に結びついているのが見られるが、それはこのような法則に基づいて結び合わされているのである。ときには実際に結びついている以上に結び合わされていることもある。なぜなら単なる外面的な類似の法則による単なる結びつきや偶然な結合とは違う、本質的な内的共属（Zusammengehörigkeit）の原理に基づく必然的な結合もあるからである。このような内的共属による結合、さらに言えばア・プリオリな原理に基づく結合は、カントの説に従って例示すれば、原因性のカテゴリーとその時間的図式（Schema）との結合である。すなわち継起する二つの事象の時間的な前後の関係が、原因性というカテゴリーが加わることによって、原因と結果の関係として認識されるというのである。その場合に両者、すなわちカテゴリーと図式との結合の根拠は外面的な偶然の類似性ではなくして、本質的な共属である。このような共属関係に基づいて、［前後という］時間系列が原因性のカテゴリーを「図式化する」（schematisieren）とされるのである。

ii　さて、この「図式化」の関係は、聖なるものという複合観念（Komplex-Idee）における合理的なものと非合理的なものとの関係でもある。非合理的・ヌミノーゼなものは、これまで示してきた合理的な概念によって図式化されて、完全な意味での「聖なるもの」の十全な複合カテゴリーとなるのである。正真正銘の図式化は、宗教的な真理感情（Wahrheitsgefühl）が発展して高まり、前進しても再び分解したり、分離することがなく、一段と確実にはっきりと認められるという点で、単なる偶然的な結合からは区別される。この理由からすると、「聖なるもの」と崇高なものとの密接な結合も単なる感情連合以上のものであり、この感情連合はむしろ両者の結合を歴史的に目覚めさせたもの、それを最初に促したものだと考えたくなる。高度な宗教における両者の緊密な永続的結合は、崇高なものも「聖なるもの」そのものの「図式」であることを示唆しているのである。

iii　宗教的な感情の合理的な要素と非合理的なものの横糸との密接な織り合わせは、私たちに親しみ深い別の事例、すなわち人間一般の感情と同じように全く「非合理的な」横糸との織り合わせ、言い換えれば愛着と性衝動との織り合わせによっても具体的に示される。性衝動という要素、すなわち性的魅力は確かにヌミノーゼなものとは、理性を挟んでまさに正反対の側にある。ヌミノーゼなものは「一切の理性の上に」あるのに対して、他方は理性の下位にある。つまり衝動もしくは本能の生活である。ヌミノーゼなものが上から理性的なものへと降りてくるのとは対照的に、性衝動のほうは下から、「ヒト」(Menschwesen)の一般に動物的な性質からより高い人間的なものへと突き上がっていくものである。したがってここで比較されている対象は、人間性(Menschentum)の全く正反対の側にそれぞれある。けれども両者の真中にあるものに対する結合の関係という点では、両者は対応するものを持っている。性衝動が衝動生活からより高度な人間的心情ないし感情の生活に向って――健全にまた自然に――浸透していって、願望や欲求や憧れの中に、また愛着や友情や恋愛の中に、そして叙情や詩心や空想一般の中にも刻み目を印すのであって、こうして初めて恋愛的なもの(das Erotische)という全く独特の領域が成り立つのである。したがってこの領域に属しているのはいつも二つのものから成る合成物である。一つは、恋愛的なもの以外のところでも現れるもので、たとえば友情とか愛着、社交感情あるいは詩的情趣や歓喜なとといったものから成っており、もう一つは、そういう感情とは肩を並べず、また「愛そのものが心の中で教えたことがない」ような人物は感じもせず、理解することも気づくこともない全く独特な種類の横糸から成る。それにまた恋愛の言語による表現手段の大部分が他の感情生活の表現手段に過ぎないこと、愛する者が語ったり、詩に詠んだり、歌に歌ったりするのが分かると、恋愛の「純粋さ」が失われてしまうこと、さらにはその場合の本来の表現手段が言葉そのものであるよりも、むしろ言葉に添えられて表現の手助けをする声の調子とか身振りや物真似であること、などもヌミノーゼなものと類似している。子供が父親について、「彼は私を愛している」と言うのと、少女が恋人について、「彼は私を愛している」と言うのと、言葉と文の上では同じであるが、後者の場合の愛は同時に「それ以上」のことを含意しており、さらに言えばその「以上」は「どれくらい」という程度だけではなく、「どのような」という愛し方をも含んでいるのである。同じように子供たちが父親について、あるいは人々が神について、それぞれ「私たちは彼を恐れ、愛し、信頼すべきだ」と言うときに、言葉と文の上では同じであっても、後者の場合には敬虔な人だけが感じ、理解し気づく横糸がその概念の中にはある。すなわちその横糸は、それによって確かに神に対する畏れも最も純粋な子供たちの畏れであり、あくまでもそうなのであるが、しかし同時に前者はまさに後者「以上」のものであり、それも単に量的のみならず質的にもそうであるようなものである。――ゾイゼ[*1]が

　これほど甘美な弦はなかった。しかしその弦も干乾びて張りのない木枠に張られたなら――音を出さなくなる。愛のない心が愛に満ちた言葉を理解しないのは、ドイツ人がイタリア人やフランス人を理解しないのと同じである。[二]

と言っているのは、愛とともに神への愛をも念頭においてのことである。

iv　さらに別の領域においても、私たちの感情生活のこうした全く非合理的な要素

＊1　ゾイゼ（一二九五―一三六六）はドイツの神秘思想家で、ドミニコ修道院に入り、やがてマイスター・エックハルトを知って、彼に師事し、『真理の小冊』で彼を弁護した。『永遠の知恵に関する小冊』は中世で最も広く読まれた信仰の書と言われている。

と合理的なものとの織り合わせの事例が見られる。さらに言えばこの例においては超、合理的な要素が横糸をなしているという点で、これまでのものと比べると、「聖なるもの」の複合的感情により近いものである。その事例とは、節のついた歌曲が呼び起こす調子である。歌曲の歌詞は、たとえば故郷への憧れとか危険を乗り切る自信あるいは財への期待や所有の喜びなどの「自然的」な感情を表現している。つまりこれらはすべて概念によって表される具体的な人間の自然な運命の要素である。しかし純粋にそのものとしての音楽はそうではない。音楽は、喜びや至福、夢心地や戸惑いあるいは心の波風が本来何であるか、音楽の中で私たちの気持ちを揺さぶるものが何か、を口で言ったり、概念で説明することができなくとも、そうしたものを心情の中に引き起こすのである。そして音楽が嘆くとか歓声を上げるとか、心を駆り立てるとか塞ぐとか口では言っても、それは他の精神生活から、類似性によって選ばれた解釈記号に過ぎないのであって、その対象と様相については何も言えないのである。つまり音楽は全く独自の、すなわち音楽的な種類の体験もしくは体験の波動を引き起こすのである。しかしその上下運動や多様性にはもちろん、音楽以外の通常の心情の状態ないし動きに対して(部分的とはいえ)感覚的、流動的に対応するものあるいは類似するものがあって、そういうものを共鳴させたり、それに融合したりする。音楽がこのようなことをする際に、この対応物によって「図式化」もしくは合理化されるのであり、こうして人間の一般的感情が縦糸を、非合理的・音楽的感情が横糸をなしているような情趣の複合が成立するのである。そういう点では、歌曲は合理化された音楽である。

　しかし「標題音楽」は音楽的合理主義である。なぜならそれは音楽の理念を、あたかもそれ自体が人間の心の神秘ではなくして、慣れ親しんだ事象であるかのように解釈し、またそれを内容として用いるからである。つまり標題音楽は人間の運命を音型で語ろうとするわけである。これによって音楽的なものの固有の法則性を廃棄し、類似性と固有性を取り違え、それ自体においては目的であり内容であるものを手段ないし形式として使うことになる。この場合の誤りは、ヌミノーゼなものの「尊厳なもの」(Augustum)[三]を道徳的善によって図式化するのではなく、それに解消しようとする場合、あるいは「聖なるもの」を「完全な善の意志」と同一視する場合と同じものである。そればかりではなく、音楽的なものを演劇的なものと徹底的に結びつけようとする試みとしての［リヒャルト・ワーグナーの］「楽劇」(Musik-Drama)は、音楽の非合理的な精神に反するし、音楽と演劇双方の固有の法則性にも反するものである。なぜなら音楽の非合理性を人間の体験によって図式化することは、部分的もしくは断片的にしか成功しないからである。その理由は、音楽それ自体は決して人間の心を本来の内容とするのではなく、また通常の表現と並ぶ心の表現の第二の語り方などでも断じてなく、まさに「全く他のもの」だということにある。そしてこの「全く他のもの」は類似性によって部分的には人間的体験と出合うことはあっても、大きな広い連関のもとで重なり合うことはないのである。確かに出合う範囲内では、節をつけられた歌詞の不思議な魅力（Zauber）が、混淆によって生まれることは言うまでもない。しかし私たちが歌詞にこのような魅力を添えることこそが、概念化されないもの、非合理的なものの横糸を示唆しているのである。しかしショーペンハウアーが誤ったように、音楽の非合理性とヌミノーゼなもののそれとをごっちゃにすることは避けねばならない。両者はそれぞれ別個の事柄である。しかし前者が後者の表現手段になり得るか、またどの程度か、ということについては、なお後ほど［第十一章の三の〈七〉で］論じたいと思う。

（一）デニフレ（Denifle）編『ドイツ語作品集』の三〇九頁以下。
（二）これに関しては次の章で述べる。

第九章　ヌミノーゼな価値としての神聖(das Sanctum)、尊厳なもの(das Augustum)

(ヌミノーゼの要素　第六)

i　すでに私たちは、体験されたヌミノーゼなものに対する不思議で深い応答に出合った。それは沈み込んでいく、小さくなっていくあるいは無になっていくという感情の中に成り立つ、私たちが「被造物感」と呼ぼうとしたものである(その際にいつも注意すべきことは、この表現がそのものとしては真に念頭におかれているものを全く言いあてておらず、それを仄めかすに過ぎないということであった。(一)なぜならこの小さくなっていくあるいは無になっていくという要素は、人が「自然的」な貧弱さや脆弱さや依存を意識する際のものとは全然違うからである)。その場合の眼目とされたのは、私自身の、言うなれば私の現実性に関する、私の現存在そのものに関する明確な価値の切り下げという特徴であった。さてこれと並んでもう一つの価値の切り下げが現れてくる。それは誰もが知っていて、ただ指摘されればよいものであるが、それを論じてはじめて私たちは課題の本来の核心に到達するのである。

「わたしは汚れた唇の者。汚れた唇の民の中に住む者」〔『イザヤ書』の六・五〕

「主よ、わたしから離れてください。わたしは罪深い者なのです」〔『ルカによる福音書』の五・八〕

ヌミノーゼなものがイザヤとペテロに出会い、感じられる際に、二人はこう言っている。この二人の言い方で注目しなければならないのは、自己を無価値とするこの感情応答のほとんど本能的と言ってよい、直接的な自発性である。すなわちこの応答は熟考に基づいたり、規則に照らして起こるのではなく、心の直接の、故意でない反射運動のように、言わばびくっとするものである。このような直接的な、つまり犯した違反を自分で反省することから生じるのではなく、むしろヌーメンの感情と一緒に直ちに与えられる、そしてヌミノーゼなものに比べて、自分自身を自らの「民」ともども、そして本来は一切の存在するもの一般をも含めて無価値と見る感情の激発が、単なる道徳的な無価値観ではなく、そしてたぶんそもそも何よりもまず道徳的な評価ではなくして、全く独自の価値のカテゴリーに属するものであること、このことこそが直接に感じとられるべきである。「道徳法則」への違反が起こるときに、このような無価値感を同時に伴うことはしばしばあることであり、また自明なことでもあるが、この無価値感は絶対にこうした違反の感情ではない。それはむしろひたすら卑俗であるという感情(die schlechthinnige Profanität)である。

ii　しかしそれはまた何であろうか。――「自然的」人間はそれを知ることができないし、追感することもできない。ただ「霊の内にある」人だけがこれを知りまたは感じる。しかも穿つような鋭さときわめて強烈な自己無価値観をもって知るのである。そしてそういう人はそれをみずからの行為に結びつけるのではなく、一切の被造物を超えて存在するものに直面している被造物としての自己の存在そのものに結びつけるのである。[二] これに引き換え一切の被造物を超えて存在するものは、その同じ瞬間に同じ人により、「卑俗」という無価値のカテゴリーとはまさに正反対の、全く独特な価値で判断される。これはヌーメンにのみ、ひたすらそれにのみふさわしい価値で、「あなただけが神聖である」（Tu solus sanctus）と言われる価値である。この「神聖な」は「完全な」でも「美しい」でもなく、「崇高な」でも「善い」ですらない。他方においてそれはこれらの述語とはっきりと感じとられる一致点を持っている。それはまた一つの価値であり、さらに言えば客観的な価値であり、同時に全く値のつけようのない無限の価値でもある。それはヌミノーゼな価値であり、一切のありうべき客観的価値一般の非合理的な根源であり源泉である。

iii　高度に発達した敬虔さで、しかもそこで同時に道徳的な義務や要求が発展しておらず、またそれが神性の要求とも見なされていないような敬虔さは存在しない。しかしながら道徳的な要求によっていつでも明確に満たされていなくとも、神聖なもの（sanctum《サンクトゥム》）を深い謙虚な姿勢で承認することがあり得るのであって、それは無類の尊敬を強く求める人の承認であり、このような人はまたこの上なく妥当する最高度に客観的な、そして同時に一切の合理的な価値を越える純粋に非合理的な価値を心の奥底で承認するはずの人でもある。ただしあたかも神聖性（sanctitas）に対するこの畏怖がまたしても単純に、手も足も出ない圧倒的なものならびにその「畏るべき優越」（tremenda majestas）に対する「畏怖」、つまりそれに対して恐れて盲目的に従うほかないようなものに対する畏怖に過ぎないかのようだというわけではない。なぜならこの「あなただけが神聖である」は、恐れの発現ではなくして、怯えた称賛（Lobpreis）であり、ただ圧倒する力を口ごもりながら認めるだけではなく、あらゆる概念の及ばぬ価値に満ちたものを承認し、賛美しようとするものでもあるからである。このように称賛されるものは、力の要求のみを掲げ、強制するもっぱら力強きものであるにとどまらず、最高度の奉仕を要求する最高の権利をみずからの本質のうちに持つものでもある。つまりそれはただもっぱら称賛に値するがゆえに、称賛されるのである。「あなたこそ、栄光と誉れと力とを受けるにふさわしい方」［『ヨハネの黙示録』の四・一一］。

iv　qādosch や sanctus がもともと道徳的なカテゴリーではないことを理解した人は、おそらくそれを「超世界的」（überweltlich）と訳すだろう。この訳が一面的であることを私たちは先にとがめて、ヌミノーゼなものの幅広い叙述で補ってきたわけである。しかしこの訳語の最も本質的な欠陥に触れるのは実はここが初めてなのである。すなわち超世界性とは純粋に存在に関する表現であって、価値に関わるものでは全くないこと、そして超世界性は跪かせることはできても、承認しつつ尊敬するという気分にはさせないことが欠陥である。ヌミノーゼなもののこの要素、言い換えればその絶対的価値という性格を際立たせるためには、そしてそれと同時に神聖なものという絶対的価値の中の、単なる絶対的善とは違う非合理的な価値の横糸を峻別して論じるためにも、さらに特別の用語を導入することが許されるであろう。そのために提示されるのは augustum あるいは semnón である。「尊厳な」（augustum=semnós）は（sebastós「畏敬すべき」がそうであるように）、本来はただヌミノーゼな対象（たとえば神々の系統を引くあるいは神々と親戚であるような君主）にのみふさわしい。そして「魅惑する」はたぶん、ヌーメンが私にとって主観的な、つまり至福にする価値となるようなヌーメンの要素であろう。これに対してヌーメンがそれ自身において客観的な、尊敬を受ける価値である場合のヌーメンは「尊厳なもの」（Augustum《アウグストゥム》）であろう。（三）そしてこのような「尊厳なもの」がヌミノーゼなものの本質的要素であるので、宗教は本質的に、またあらゆる道徳的な図式化とも関わりなく、最も内なる義務（obligatio）であり、良心にとっての義務であるとともに、良心からの義務でもある。それは恭順であり奉仕であり、しかも圧倒的なものの単なる強制からなされるのではなくして、最も聖なる価値を認めて跪くことからなされるものである。

（一）把握することのできないものを幾分でも感じるように、私たちはこの言葉を引いたのだ

―と［中世の神秘主義的スコラ学者］サン・ヴィクトルのフーゴ［一〇九六―一一四一］は言っている。

（二）これこそが教会の説く「原罪」（Erbsünde）説の真理の要素である。この章全体については、私の『罪と原罪』、とくに第一章から第四章を参照してほしい。

（三）主観的価値と客観的価値との区別については、私の『西と東の神秘主義』の二六五頁および『神学と教会のための雑誌』（Zeitschrift für Theologie und Kirche）（一九三一年、第一輯）の私の論文「価値、品格および権利」（Wert, Würde und Recht）を参照してほしい。

保護と償い

i　ヌミノーゼな価値の反対は、ヌミノーゼな無価値（Unwert）ないし反価値（Widerwert）である。このヌミノーゼな無価値の性格が道徳的な過誤をも覆ったり、その中に入り込んだりあるいはそれに包含されることによって、単なる「違法」が「罪」となり[三]、無法（Anomia）が罪悪（Hamartia）となり、「邪悪」および「冒瀆」となる。そして単なる違法が心情に対して「罪」となることにより、自分の力を抑止したり拒むといったような、恐ろしいまでの重みを良心に対して持つことになる。「罪」が何であるか、は「自然的」人間には分からないし、単なる道徳的人間にも理解され得ない。したがって道徳的な要求そのものが人間を「挫折」へと追いやり、「最も深い苦悩」に追い込み、そうして救済を探させるのだ、という教義学の設定は明らかに正しくない。道徳的に真面目で、しかも立派な努力もするが、罪を全く理解せず、肩をすくめて受け付けない人がいるものである。そういう人たちは自分が欠点や欠陥を持っていることを十分承知しているものの、自制の術を知り、それを行使して、気丈でたくましくみずからの道を前進するのである。道徳的に優れたた古代の合理主義には、道徳法則の尊敬に満ちた誠実な承認も、それに則ろうとするまともな努力も、そしてまた自分自身の欠陥の認識も欠けてはいなかった。古代の合理主義は、「不正」の何たるかを知って、それを非難し、不正を認めて、真面目に受け止め、自分の欠点と勇敢に闘うことを教訓や講話で教えていた。けれども「挫折」も「救済の必要」もそれには無縁であった。なぜならその敵が非難したように、実は「罪」の何たるか、の理解を持っていなかったからである。たとえば断じて粗野ではないある心情の自己証言、すなわちウィリアム・ジェームズの『宗教的経験の諸相』の六六頁に引かれたセオドア・パーカーの証言を聴いてみるがよい。

　私は生涯においてたくさんの不正を働いてきたし、いまもなおそうである。的を射損じれば、再び試みる。……彼等（古代の古典学者）は怒り、酩酊あるいはその他の悪徳を知っていて、それと戦い、克服した。しかるに彼等は「神に対する敵対」を知らず、懐手をして、ありもしない災悪を嘆いたり悲しむようなことはしなかった。

このような言い方は素朴ではないものの、やはり、浅薄である。アンセルムス[*1]とも

＊1　カンタベリのアンセルムス（一〇三三―一一〇九）は「スコラ哲学の父」と称せられる。信仰と理性との関係や神の存在の証明などをめぐって独創的な思索をした。『モノロギオン』は日本でも広く読まれた書物である。

に、「罪はいかに重いものか」(quanti ponderis sit peccatum)を知るためには、非合理的なものの深層が揺り動かされていなければならないのである。

単なる道徳的な根底から発生するものは「救済」の希求ではなく、「聖別」や「保護」や「贖罪」といったような特別の事柄に対する希求でもない。本当は宗教の最も深い神秘であるこうした事柄は、合理主義者や道徳主義者には神話的化石でしかあり得ないであろうし、ヌーメンの息吹(afflatio numinis)に対する感受性を持たずに、こうした事柄を聖書の観念のもとで取り扱ったり、解釈しようとする人は、それと紛らわしいものを取り違えることしかできないであろう。(二) 仮にこれらの事柄が教義学そのものによってその神秘的・ヌミノーゼな領域から合理的・倫理的な領域へと移され、道徳的概念へと希薄化されることがなかったとすれば、その権利とキリスト教教義学におけるその妥当性をめぐる論争はもっと少なくなったはずである。救済や聖別などの事柄は、ヌミノーゼの領域においてこそ由緒正しく必然的なものであるのに対して、道徳の領域におけるそれらは聖書の外典のようなものである。

「保護」の要素はとくにヤハウェの宗教において、その儀礼と感情においてはっきりと現れている。しかし他の宗教にもおぼろげながら含まれている。この要素で真っ先に現れているのは「畏怖」である。言い換えれば卑俗なものはそのままではヌーメンに近づけないという感情であり、その「怒り」(orgē)に対して覆いや装備が必要だということである。そのような「覆い」が「聖別」である。すなわち「畏るべき優越」に近づく者に対して、それとの交信を可能にする手続きである。しかし聖別の手段、すなわち本来の意味での「恩寵の手段」はヌーメンそのものから付与され、導き出され、制定されるのである。

ii　そうだとすると、次の「贖罪」も一つの「保護」であるが、もっと深められた形のものである。それは先に詳しく述べた、ヌミノーゼな価値と無価値の観念に基づいてはじめて成り立つ。贖罪の場合には、単なる「畏怖」ならびに「畏るべき」ものから身を守りたいという単純な欲求が、卑俗なものは「尊厳なもの」に近づくに値しないという感情、それのみかみずからの完全な無価値が「聖なるもの」そのものを「不浄にする」のではないかという感情へと高まっていく。イザヤの召命の幻視は明らかにこの例である。カファルナウムの百人隊長の物語でも、和らげられてはいるが、全く明白に再現されている。すなわち

> わたしはあなたを自分の屋根の下にお迎えできるような者ではありません。〔『ルカによる福音書』、七・六〕

と百人隊長は言っている。これには二つのことがある。一つは、ヌミノーゼなものの「畏るべき」ものおよびその「絶対の近づき難さ」に対する、微かに身を震わす畏怖であり、もう一つは、それにもまして、卑俗なものがヌーメンの出現に際して感じ、それによりヌーメンそのものを損なうか汚すと思い込むこのような独特の無価値の感情である。そしてここにやがて「贖罪」の必要性と願望が現れ、そうして近づけば近づ

くほど、善および最高の善としてのヌーメンとの交わりとその永続的な所有が好まれ、乞い求められる。それは、被造物として、また卑俗な自然的存在者としての現存在とともに与えられたもので、このようにヌーメンとの間を引き裂く無価値を取り除きたいという欲求である。この無価値の要素は、宗教的感情が深まるにつれて、あるいは宗教が最高の段階に到達するにつれて無くなることはなく、逆にますます強くなりはっきりと刻み込まれていく。それは宗教の全く非合理的な側面に属しているので、最初に合理的な側面が力強く展開され、形成されねばならない場合には、目につかなくなることがあるし、とりわけ合理主義的な時代にあっては、他の要素の陰に隠れたり、次第に影が薄くなることもあるが、それも再び強力にまた勢いよく現れてくるためにそうなっているに過ぎないのである。

iii　キリスト教におけるほど贖罪の希求の「神秘」(Mysterium)が完成され、深められ、力強く表現されている宗教はほかにはない。そのことにより、そしてとくにそのことによって、他の形の敬虔に対するキリスト教の優越性が証明されるが、また純粋に宗教内部の視点から見てもそうである。すなわち宗教一般の中に素質として備わっているものが、キリスト教において「純粋現実有」(actus purus)となっているがゆえに、それは完全な宗教であり、他のものよりもいっそう完全な宗教なのである。こうしたキリスト教の繊細な「神秘」に対して広く行きわたっている不信は、宗教の合理的な面だけに注目する習わしからもっぱら説明される。これは、私たち学者と説教者と礼拝執行者と教育者の教化活動そのものに広く責任のある悪習である。しかしながらキリスト教教義学がキリスト教および聖書の宗教性を代表しようとするのであれば、この要素を放棄するわけにはいかない。すなわちそれは、キリスト教において「ヌーメンそのもの」が自己自身の伝達を通して、自己自身を贖罪の手段としていることを、キリスト教的な敬虔の感情体験を展開することによって、具体的に示さなければならないであろう。このような信仰の理念に関しては、ペテロやパウロや偽ペテロが償いや贖罪について書いたかどうか、また何を書いたか、それのみかそもそもこの問題が「書かれている」のかどうか、ということは、それほど法外に解釈者の決定に依存しているわけではない。仮に書かれていないとしても、今日でも書かれ得るはずである。しかしもしもこの問題が長い間書かれてこなかったとすれば、それまたまさに驚くべきことであろう。新約聖書の神が、旧約聖書の神に比べて、聖でないことはなく、むしろいっそう聖であり、被造物と神との距離が小さいのではなく、むしろ絶対であり、神に対峙するときの卑俗なものの無価値が低調なのではなく、むしろ高調なのである。それにもかかわらず聖なるもののほうがみずからを近づき得るようにしていることは、「愛の神」というムードに酔う楽天主義が考えるような自明のことではなくして、理解の及ばぬ恩寵なのである。キリスト教からこのような感情を奪うことは、キリスト教を平板化して訳の分からぬものにすることである。しかしそういう場合でも、このような深い洞察と「保護」および「贖罪」への希求はたちどころに現れる。そして最高の神聖者の自己啓示および自己伝達の手段である「ことば」と「聖霊」と「約束」と「キリストの人格」そのものが、人の「避難する」ところとなるとともに、人はそこを隠れ家とし、それらによって聖別され、また償われて、「聖なるもの」そのものに近づくために、自分をそれに「結びつける」のである。

iv 「ことば」や「聖霊」など先に記した事柄は、全く非合理的・ヌミノーゼな価値観および無価値観の領域にあり、もともとそれに対する眼を持ち、より適切に言えば、それに対して目を閉じない人にしか理解されないものであるが、二つの理由からそれに対する疑いが生じる。一つは、全くヌミノーゼな領域に属している要素を、理論の中で一面的に合理化するという理由である。単なる理性に基づけば、また愛が加味されはするものの、本質的には人格化された道徳的世界秩序として捉えられる神、それのみか単なる人格化された「要求」としてしか理解されない神（その前に完全に特殊な「聖なる」要求が理解されずに）を対象とする限りでは、前述の事柄など事実上許容されず、むしろ邪魔でしかない。いま問題にしているのは宗教的な洞察なのであって、それが正当か不当かをめぐっては、道徳のみを相手にして、宗教には関心を持たない人と論争することは難しいのである。そういう人はそのような洞察を全く評価することができないからである。けれども特殊に宗教的な価値観の独自性に触れて、それを自分の中で気づくようにすることのできる人なら、そうした洞察をその真理性に即して体験することができるだろう。二つには、もともともっぱら非合理的なものであるために、必然的に非理論的で理解不能であり、むしろ感情的な趣を持ち、厳密な「概念分析」を拒む前記の事柄を、概念的理論のもとで論述し、思弁の対象にしようと教義学が試みるという理由である。その結果として、これらの事柄は、神はその際に「分析的判断を下すのか、それとも綜合的判断を下すのか」といった学問的探究の対象となるばかりではなく、結局のところは「転嫁説」(Imputationslehre)[*2]というほとんど数学的な帳尻合わせとなってしまうのである。

（一）いわゆる「弁証法神学」ではそうしたことが起こっている。

（二）「罪」という宗教的な反価値の観念については、『罪と原罪』の一－六〇頁の詳論を参照してほしい［この注の番号は訳者が付けた］。

＊2　計算分野から借りた概念による隠喩で、神学的な貸方・借方の関係を表すもの。宗教改革時代に神学の体系化の試みの一環として論じられた。たとえば贖罪によってわれわれの罪のコストをキリストの口座に記入することになる、といった論法で帳尻合わせをした。

第十章　何が非合理的と言われるのか

〈一〉　ここからもう一度これまでの研究全体を振り返っておきたいと思う。本書の副題が示すように、私たちは神的なものの観念における非合理的なものを追究してきた。今日ではまるでこの語とともに一つの競技が行われているようだ。つまり実にさまざまな分野で「非合理的なもの」が追い求められているのである。その際にたいていは、非合理的ということで何を意味するのか厳密に示す労も執らず、千差万別のものをその語で理解しようとすることも稀ではなかったり、さまざまなものが理解されるように漠然とした一般性のもとでそれを用いる向きもある。たとえば法則に対する純粋に事実的なもの、理性に対する経験的なもの、必然的なものに対する偶然的なもの、演繹できるものに対する盲目的なもの、超越論的なものに対する心理学的なもの、ア・プリオリに定義可能なものに対するア・ポステリオリに認識されたもの、理性や認識および価値による規定に対する力や意志および恣意、洞察や反省および熟慮された計画に対する衝動や本能および無意識の暗い力、魂と人間性における神秘的な深みと働き、霊感、予感、炯眼、予知、そしてついには「オカルト的」能力、あるいはごく一般的に時代の不安な逼迫や激動、文学や造形美術における未聞のものや未見のものの模索などである。これらすべてが、そしてこれ以外のものも「非合理的なもの」であり得るし、近代的な「非合理主義」として、事情によって称揚されたりあるいは非難されもする。今日この語を用いる人は、それが何を意味するのか言っておく義務がある。私たちはそれを本書の最初の章で試みてきた。ここで念頭においている「非合理的」とは、まだ理性の支配を受けない間抜けで愚かなものとか、自分の衝動生活や世間の営みにおいて合理化を阻害するものなどではない。私たちが連想する語法は、たとえば何か奇妙で、その深さのゆえに常識的解釈が撥ねつけられる出来事に対して、「そこには非合理的なものがある」と言うようなものである。神的なものの観念において「合理的」と言われるのは、その中の私たちの概念による把握能力がはっきりと摑むことのできる部分、つまり信頼できる定義可能な概念の領域に入ってくる部分である。これを踏まえて次に、この概念的に明白な領域の周囲には秘密に満ちた暗い領域があって、これは感情を拒みはしないが、概念的思惟を拒むものであることから、「非合理的なもの」と呼ぶと主張したのである。

〈二〉　このことをもっとはっきりさせておきたい。たとえば私たちの心情が深い喜びに満たされつつも、そのときには喜びの感情の理由や関わっている対象がはっきりしないことがある。（対象と言ったのは、喜びもつねに対象連関的（Objekt-bezogen）であり、いつでも何かについての喜びだからである）。そのとき喜びの理由や対象はしばらくの間不分明である。けれどもそれに注意を向け、それを強く意識すると分かってくる。そうするとそれまでは不分明であった喜びの対象を特定の名で呼んだり、はっきりと眼で捉えることもできるし、いまや喜びで満たしたものが何であり、どのようなものか、を言うこともできる。この種の対象は、たとえ一時的に不分明で、明白な概念的把握には与えられず、感情にのみ与えられたものだとしても、私たちは非合理的なものとは見なさない。しかしながらヌミノーゼなものの「魅惑するもの」による至福の場合には事情が全く別である。注意力をこの上なく強く集中させても、至福をもたらす対象の正体と様相を感情の暗部から概念的理解の領域へ移すことには成功しないのである。それはあくまでも純粋に感情的な、非概念的な経験の解明不能な暗部にとどまっていて、わずかに説明のための表意記号（Ideogramm）［解釈の記号］を綴り合わせて暗示することができるだけである――しかし明示することはできない。こういうことこそが私たちにとっては、その対象は非合理的だということなのである。ところで同じことは発見されたヌミノーゼなもののすべての要素にもあてはまる。とりわけ「驚くべき」要素に関してそれが最も明瞭になる。つまりそれは「全く他のもの」として一切の言表の可能性を拒むのである。「畏怖」にも同じようにあてはまる。普通の恐怖であれば、私が恐れているものを概念で示すことができるし、それが何かを言うことができる。たとえば損害を受けるのが恐い、破滅が恐い、などである。道徳的な畏敬（Ehrfurcht）の場合でも、たとえば雄々しさとか性格の強さといったように、それを起こさせるものを言うことができる。けれども私が「畏怖」に際して怖がっているものとか、「尊厳なもの」として賛美するものが何であるか、をいかなる本質概念といえども言い表すことがない。それは「非合理的」であり、たとえば同じように一切の合理的分析や概念化を拒む音楽作品の「美しさ」が非合理的であるのと同列である。

〈三〉　しかしながらこの意味での非合理的なものはまた特定の課題ともなる。すなわちただそれを確認して満足し、いまや勝手気ままと饒舌に門戸を開くのではなくして、可能な限り非合理的なものの諸要素をできるだけそれに近い表意記号による表現で固め、単なる感情の不安定な現象の中に漂っているものを、このようなやり方で永続的な表示で固定化し、論議が一義的に普遍妥当的なものになるようにするとともに、「健全な理論」を作り上げること、言い換えれば十全な概念ではなくして、概念的象徴（Begriff-symbol）でしか操作することができないとしても、堅固な一貫性を持ち、客観的妥当性を追求する理論を形成することである。要は非合理的なものを合理化することではない。それは不可能である。むしろ非合理的なものを捉え、それの諸要素に即して確定すること、そしてそれによって、熱に浮かされたように勝手気ままに論じ立てる「非合理主義」に対して、安定した「健全な理論」を対置することこそが重要なのである。このようなやり方をすれば、私たちは次のようなゲーテの要求に応ずることにもなる。

明るいものから暗いものへ行こうとするか、それとも暗いものから明るいものへ行こうとするか、は大きな違いである。明るさがもはや私に約束されないときに、薄明で自分を包もうとするのか、それとも明らかなものは深く究め難い底の上にあるのだ、と確信して、つねに言い表し難いこの底から可能なものを取り出そうと考えるか、も大きな違いである。(一)

〈四〉概念的な理解の能力としての理性と対立させた、このような非合理的なものの使い方に関しては、「狂信」の疑いのない一人の人物、すなわちクラウス・ハルムス*1および彼の一八一七年の命題を根拠にすることができる。私たちが合理的なものと呼んだものを、彼は理性(Vernunft)と言い、私たちが非合理的なものと言ったものを、神秘的(mystisch)と呼んでいる。そして三六と三七の命題で次のように述べている。

三六、宗教の第一の文字、すなわち「聖」を理性で扱うことのできる人は私のところへ来てほしい。

三七、理性が半分は扱えるが、半分は扱えない宗教的な言葉を私は知っている。(二)それは「まつり」(Feier)である。「まつりをする」(feiern)を理性は「働かない」などと言い表す。ところがその言葉が「荘厳さ」(Feierlichkeit)に変ると、たちまち理性

*1 クラウス・ハルムス(一七七八―一八五五)はドイツのプロテスタント聖職者で、ルターの九五箇条文にならって、当時の合理主義的信仰論に対する抗議文を発表した。シュライエルマッハーの影響を受けた時期もあり、新しいルター派の正統的信仰の出発点となった。

には縁遠くなり、不思議過ぎ、高過ぎるものとなる。「清める」（Weihen）や「祝福する」（Segnen）も同じような語である。これらの語も、またその生命も、理性のみならず、身体感覚からも隔たったものに満ち満ちている。[三] これらに共通する領域は「神秘的なもの」である。宗教はこの領域の一部である――理性にとっては「知られざる世界」（terra incognita）である。

（一）最近発表されたオイゲン・ウォルフ（Eugen Wolf）の研究「ゲーテの生命感情における非合理的なものと合理的なもの」（Irrationales und Rationales in Goethes Lebensgefühl）（『ドイツ文芸学および精神史の季刊誌』（Deutsche Vierteljahrsschrift für Literaturwissenschaft und Geistesgeschichte）第四巻、第三分冊を参照してほしい。――ウォルフの二つの用語の使い方は、私たちの意味とかなり一致している。

（二）合理的なものによる非合理的なものの図式化ということである。

（三）まさに私たちの言う「非合理的なもの」である。

第十一章　ヌミノーゼなものの表現手段

一　直接的な手段

ヌミノーゼな感情がどのように外に表れ出るのか、またそれがどのように心情から心情へと渡っていくのか、もしくは移し替えられるのか、を考えてみると、その本質を解明するのに役に立つ。もっとも本来の意味では「移し替えられる」ということはそもそも起こらない。ヌミノーゼな感情は「教えることができる」ものではなく、ただ「魂」から目覚めさせられるだけのものである。宗教一般および宗教全体について、それは教えられるものだと主張されることがあるが、これは正しくない。宗教の中できわめて多くのものが教えられる、つまり概念のもとで伝えられたり、学校教育に持ち込まれることもできる。ただし宗教の背景や根底についてはそういうわけにはいかない。それはただ刺激され、揺り動かされ、目覚めさせられるだけである。そしてこれもおよそ単なる言葉によるのでは全くなく、他の場合と同じように、他人の心情に表れるものに対する追感や感情移入によって、感情や心情のあり方が移っていくのである。そしてその多くは、厳粛な態度や振舞いあるいは声の調子や顔つきとか、希有な重要性を持つ問題にぶつかったときとか、祈禱する人々の厳かな集会や礼拝などにおいて、それを表すために私たち自身が見つけ出した言葉や否定的な言い方によるよりもいっそう生き生きと表れている。言葉や否定的な言い方は決して対象を積極的には示さない。それが役に立つのは、何らかの対象を表そうとし、しかもそれとは違い、それを凌駕する別の対象と対比して表そうとする場合に限られる。たとえば目に見えないもの、永遠なもの（無時間的なもの）、超自然的なもの、超世界的なものといった表現がそうである。あるいはそれらは独特の感情内容そのものの表意記号に過ぎない。ただしその場合にその感情内容を理解するためには、あらかじめそれをすでに持っていなければならない。断然、良い手段は「聖なる」状況そのものであり、またそれを具体的に描写して再現したものである。それでも『イザヤ書』の六を読んでも、ヌミノーゼなものの何たるかに気づかないような人には、「鳴らしても歌っても言葉で言っても」どうしようもない。理論や学説においても、それのみか説教においてさえ、口のほうはそうした感情に浸っていながら、それが聴かれないために、何一つ分かってもらえないことがしばしばある。宗教を構成するもので、生きた声と生きた指導を続ける集団および人格的な関係ほど必要なものはまたとないのである。このような伝達についてゾイゼはこう言っている。

一つのことを知らなければならない。甘美な弦楽演奏を自分で聴いたときの甘美な響きが、それを誰かが口で言っているのを聞いたときのものとは比べようがないように、恩寵そのものの中で受け取られ、生き生きとした心胸から、生き生きとした口を通じて吐露された言葉は、死んだ古文書の同じ言葉とは比較にならないのである。……なぜならばどういうわけか私には分からないのだが、その言葉が冷たくなり、まるで折れた薔薇のように色褪せてしまうからである。またそのときには、ことのほか琴線に触れる好ましい有様が消え失せるからでもある。そして干乾びた心胸の荒野の中でその言葉が受け取られてしまうからでもある。（二）

しかしながら生きた声（viva vox）という形をとっていても、それを迎え入れる「心の霊」（Geist im Herzen）がなければ、あるいは受け取る側の親和性（Kongenialität）、ルターの言い方を借りれば、「言葉に即応している」ものがなければ、ただの言葉だけでは無力である。そして心の霊こそがそのために最良のことをするにちがいないのである。しかもそれがある場合にはきわめて僅かな刺激、外部のきわめて遠くからの衝撃でもすでに十分であることもしばしばである。驚くべきことは、霊がみずから最も強力に、また最も明確に動くようにするためには、言葉で語ることがいかに少なくて済むことか――それもしばしば全くぎこちないものや論理的に支離滅裂なものであってもそうだ――ということである。霊が「吹いている」ならば、言葉による告知の合理的表現も、それがたいていは一般の感情生活から借用したものであっても、多くの場合に心情を直ちに正しい調子に合わせる力を持ち、またそれで十分なことがしばしばある。そのようなときには、合理的表現がただ図式化するだけでしかないものがたちどころに目を覚ますのであって、後押しする必要はほとんどない。「霊のうちで」聖書を読む人は、ヌミノーゼなものの中で生きている。たとえその人がヌミノーゼなものについての概念や名称を持ち合わせていなくても、それのみか自分の感情を分析したり、かの横糸を分解して説明する力を備えていなくても、そうなのである。

（一）ゾイゼの『ドイツ語作品集』（デニフレ編）、三〇九頁。

二　間接的な手段

そのほかのものにあっては、ヌミノーゼな感情を描写したり刺激する手段は間接的なものであり、それと近縁もしくはそれと類似の自然的領域の感情を表現する手段である。このような類似の感情はすでに私たちの知るところとなっている。すなわち宗教がずっと昔から、またいたるところで実際にどのような表現手段を用いてきたか、を考えると、すぐに見つかるものである。

〈一〉最も原始的なものの一つは——これはやがて後になると、次第に不完全だと受け取られ、しまいには「下品」だとして非難されるようになるものだが——、全く当然のことながら、恐ろしいもの（das Fürchterliche）、身震いさせるものであり、それのみかぞっとするものでさえある。これにふさわしい感情が、「畏るべき」（tremendum）という感情に著しく対応しているために、それを表現する手段が、直接には表し難いこの「畏怖」の間接的な表現手段となる。今日の私たちにはしばしば反発したくなるように見える原始的な神々の映像や描写が、いわゆる未開の人々や素朴な人たちには、今日でも、ときには私たちにとってさえも、正真正銘の宗教的な畏怖の純然たる感情を揺り動かす効果を完全に持っているのである。（したがってこの効果はまた、想像や描写の中で恐ろしいものを産み出す最も強い刺激としても作用する）。古いビザンティンの、険しく厳粛な、ある意味では恐ろしいマドンナ（Panagia）の像のほうが、ラファエロの愛らしいマドンナよりも多くのカトリック教徒を誘って帰依させているのである。この傾向がとくに著しく認められるのは、インドのある種の神々の形姿においてである。ドゥルガー（Durgā）、すなわちベンガル地方の「大母神」の儀礼は、きわめて深い敬虔な畏怖の黒雲に取り巻かれることがあるが、教典が描くこの女神はまさしく悪魔の醜い姿である。とんでもない恐ろしさとこの上ない聖性とのこうした混合がありのままに研究されるのは、バガヴァッド・ギーター[*1]の第十一書をおいてほかにはない。ヴィシュヌはその信者に対しては慈悲そのものであるが、ここでアルジュナ

＊1　バガヴァッド・ギーターはインドの大叙事詩『マハーバーラタ』全十八巻の第六巻第二十五章から四十章に当たる「神・至福者の歌」。王位継承の争いに巻き込まれた勇者アルジュナが同族の間の戦争に悩んでいるのを見て、ヴィシュヌ神の化身クリシュナが哲学的・宗教的な教えを述べる。

に対しては、彼本来の神の崇高さにおいてみずからを示そうとする。作者の心情がそれを表す表現手段として抱いているのは、何よりもまず身の毛がよだつようなものである――もちろんそれとともに、すぐ次に述べる壮大なもの（das Grandiöse）の要素も織り込まれている[二]。

〈二〉この要素が織り込まれている理由は、まさしく一段と高い段階になると、恐ろしいものに代わって、壮大なものあるいは崇高なもの（das Erhabene）が表現手段として登場することにある。たとえば『イザヤ書』の六では、これを凌ぐものがない形で見られる。そこでの崇高なものは高い玉座や王の威容、神殿に拡がり満ちる衣の裾、周りを取り囲む天使たちの厳めしい廷臣ぶりである。――すなわち恐ろしいという要素が次第に克服されて、崇高なものとの結合もしくはそれによる図式化が確立し正当化され、宗教的な感情の最高の形式にまで到達している。このことは、ヌミノーゼなものと崇高なものとの間には、単なる偶然的な類似性以上の隠れた親和性や共属性が成り立っていることを示唆しているのである。なお、カントの『判断力批判』もそれについてささやかな証拠を与えてくれる。

〈三〉これまで述べたことは、私たちが「畏るべき」（tremendum）という語で具体的に示そうと思ってきた、ヌミノーゼなものの最初に見た要素に関するものであった。そして第二の要素は「神秘的なもの」あるいは「驚くべきもの」（mirum）であった。さてこれについても、あらゆる宗教の中に認められ、また宗教とはほとんど不可分であるように見える対応事象と表現手段に出合う。それは奇跡（Wunder）であり、これが宗教と不可分の関係にあることの理論をここで示すこともできる。「奇跡は信仰の最愛の子である」という［シラーの］言葉を仮に宗教の歴史が教えなかったとしても、私たちならすでに見つけ出した「神秘的なもの」という要素から、それをア・プリオリに構成することも予想することもできるであろう。なぜならば言い難いもの、言い尽くせないもの、全く他のもの、秘密に包まれたものといった宗教的な感情に対して、純粋に「自然的」なもので――どこでまたどのように出合うかは別として――、しかも［宗教的なものに］直接に対応するような理解できないもの、通常でないもの、謎に包まれたものなどは、自然的な感情の領域には絶対に見出されないからである。とりわけ強い力を持った理解できないものと畏怖を抱かせる理解できないもの、つまりヌミノーゼなものに対して二重の対応を内に含むもの、言い換えれば「神秘的なもの」という要素と「畏るべき」という要素に対して、それぞれの二重の面に即して対応するものを持つようなものは、自然的領域には見出されない。ところでそもそもヌミノーゼなものの感情が自然的な類似性によって刺激され、また後者そのものへと移し替えられることがあり得るとすれば、この二つの要素においてであるにちがいない。そして実際に人類においては至るところでそうであった。わけが分からず、人を驚かせながら働き始めたもの、自然現象や出来事、人間や動植物の中にあって奇異の念を起こしたり、びっくりさせたり、身動きできないようにしたもの、そしてとくに力や恐れに結びついた場合のそのようなものが、いつでもまず最初にデーモン的な［ヌミノーゼな］恐怖を引き起こし、次いで聖なる畏怖を目覚めさせ、またそれをみずからに引き寄せていったのであって、これがまた前兆（portentum）、予兆（prodigium）、奇跡（miraculum）ともなっていった。このように、またこのようにしてのみ奇跡は生まれたのである。そして今度は逆に、ちょうど先には「畏るべき」ものが空想や描写の刺激となって、恐ろしいものを表現手段として選んだり、創造的な発明をもたらしたように、「神秘的なもの」が素朴な空想の最強の刺激となって、「奇跡」を期待させたり、創出したり、物語にしたり、またお伽噺や神話、説話や伝説における無尽蔵な創作の飽くことなき衝動ともなっていったし、祭儀や儀礼にも浸透していった。今日に至るまで素朴な人々にとっては、物語や儀礼の中に宗教的な感情を生き生きと保つきわめて強力な要因があるのだ。しかしながら「恐ろしいもの」（das Fürchterliche）の原始的な図式が、高度な発展を遂げていくうちに締め出されて、崇高なものという真正な図式に取って替わられるように、「神秘的なもの」においても、実際には外面的な類似でしかないものが排除されていくのであって、たとえば一段と混合物が除去される段階になると、奇跡が色褪せ始めたり、キリストやムハンマドや仏陀が「奇跡を行う人」であることを揃って否定するとか、ルターが「外なる奇跡」を「手品の奇術」で、「子供にとっての林檎や胡桃」のようなものだ、とその価値を無視する場合などに、排除されるのである。

〈四〉　正真正銘の「神秘的なもの」は単に「理解できないもの」以上のものである

――と私たちは言った――が、両者の間には類似があって、最初は奇妙な外見を持つが、私たちが言う吸引の法則によってすぐ理解できるようになるある種の現象の中で効力を発揮する。たとえばハレルヤやキリエやセラといった祈禱語、さらにはまさに古臭くなって、もはや全く分からなくなった聖書や賛美歌の表現や「異様な」語り方とか、それだけではなく半分もしくは全く意味不明になった儀式用語でさえもが、敬虔の念を減少させるどころか、むしろ高めるのはどうしてだろうか。まさにそうしたものがとりわけ「荘厳で儀式にふさわしい」(feierlich)と感じられ、愛好されるのはどうしてなのか。「骨董趣味」なのか、さもなければ単なる因習へのこだわりなのか。断じてそうではない。それらを通じて「神秘」(Mysterium)の感情が目覚まされ、これがそれらに付着するからなのである。素朴なカトリック信者が本当に必要悪とは見なさず、むしろ特別に「聖なるもの」と感じているミサのラテン語やロシア正教の典礼における古スラヴ語、それに私たち自身の礼拝におけるルターのドイツ語なども これに属するものだし、それればかりか中国や日本の仏教法要におけるサンスクリット語やホメロスの供犠の「神々の言葉」やその他多くのものも同じである。さらにはギリシャ正教の典礼ミサ中の儀式やその他の典礼の、半ば公開され、半ば秘密にされているものもまたそれに属している。ルター教会の儀式でも見られるような、継ぎ接ぎされたミサの残滓も、確かにその構成が規則とか概念的秩序を持っているわけではないので、まさにそのためにかえって、まるで論文のように整理された枠組に基づいて、明確に構成された最近の実践家たちの雛型に比べると、はるかに多くの敬虔な要素を備えていることは疑う余地がない。最近のものには偶然的なものがないので、全く明快であり、意図的でないものが何一つないために、予想を抱かせるし、意識されない深層から上ってくるものもなく、そのために必然的に断章風となり、また、「配置」の統一性を破るようなものもないために、高い関連性を示すものとなり、プネウマ的なものもないために、通俗的で、まさに霊に満ちていることもないのだ。――そうしてみると、先に挙げたものが感動を呼び起こす理由はどこにあるのだろうか。それはまさしく、全く理解されないものではなく、全く異常なものでもないもの（それと同時に、時代を通じて尊重されているもの）が、神秘的なものそのものと対応しているからである。その対応を通してこれが神秘的なものを言わば具象化し、類似するものの想起（Anamnesis）によって活性化するのである。

（一）怒り（orgē）の非合理的な要素が最もよく研究されるのも、この第十一章をおいてほかにはない。それゆえに本書は宗教史の古典に属している。――付録のIの1を参照してほしい［付録の1の1には、「従来の版ではここに挙げておいたこの圧倒的なヌミノーゼ賛歌は、オットー、『気高い・崇高なものの歌』（Der Sang des Hehr-Erhabenen）、一九三五年の七五－八〇頁にバガヴァッド・ギータの翻訳を載せたので、ここでは省略する」とある］。

三　芸術におけるヌミノーゼなものの表現手段

〈一〉　さまざまな芸術において、ヌミノーゼなものの最も効果的な表現手段はほとんどつねに「崇高なもの」である。とりわけ建築に関してはそうである。また建築において最も早かったように思われる。すなわちこの要素が巨石時代にすでに目覚め始めたという印象を拭うことは難しい。あの巨大な岩塊を、手を加えずにあるいは切断して、また一つだけあるいは大きな輪にして立てることが、起源としては呪術的な方法でヌミノーゼなものを「力」としてそこに貯えて中身にし、定着させ、確保するという意味を持つことになっていたとしても、実際には動機の変化が立ちどころに強力過ぎるほど強力に誘発されて、すでに早くにそのような「呪術的な」現れ方をしなかったのである。厳めしく大きなものや卓越した崇高な挙動に対する重々しい感情は、まさにきわめて原初的で、「原始的」な人たちにもよく知られた感情なのである。そしてエジプトにおいてマスタバのオベリスクやピラミッドが建築されたときには、疑いなくこの段階に到達していた。崇高なものの感情、またそれに伴ってヌミノーゼなものの感情をも、ほとんど機械的な反射のように魂から沸き上がらせるこのような神殿やギザのスフィンクスの建築者たち自身がそのことを知っていて、それを求めたことはたぶん疑う余地がないであろう。[二]

〈二〉　さらに私たちは多くの建物について、またある歌謡や式文、一連の身振りや楽の音、とりわけ貴金属や衣装の装飾芸術の作品、ある種のシンボルや紋章、曲線や直線を描いたものなどについて、それらは「まさしく魔術的な（magisch）」印象を与えると言えるし、またさまざまな制約や条件のもとでではあるが、この魔術的なもののスタイルや特色もかなり確実に感じられる。そうした「魔術的」な印象が異常に豊富で深いのは、何よりも中国と日本およびチベットの道教や仏教に結びついた芸術であり、そこでは訓練を受けていない人でも容易にまた即座にこうした特色を感じることができる。これらの場所では、「魔術的な」という言い方は歴史的な観点からも正しい。なぜならそこの「魔術的な」様式言語は、実際もともと本来的に呪術的な表象や記号、方便や活動から出ているのだからである。しかしながらその印象そのものはこのような歴史的な関係の知識とは全く無関係である。そういう知識を全く持ち合わせていなくても、その印象は現れる。それればかりではなく場合によってはむしろそのほうが、この上なく強烈にまた屈折せずに現れることがある。中国や日本などの芸術が全く別種の印象、つまり「魔術的なもの」の印象を、反省を加えずに産み出す手段となっていることは全く疑いない。ところがこの種の「魔術的なもの」は、ヌミノーゼなものが抑えられ減殺された形であり、さらに言えば差しあたっては、やがて偉大な芸術において高貴にされ、輝かしいものになるものの素材の形なのである。偉大な作品においては、もはや「魔術的なもの」を話題にする必要がなくなってしまう。むしろヌミノーゼなものそのものが非合理的な力のもとで、また強力な旋律と調子のもとで、魅惑的な運動を伴って現れてくる。このようなヌミノーゼ的・魔術的なものがとくに感じられるのは、初期の中国美術の不思議に印象深い仏像であり、それは「概念なし」でも、言い換えればマハーヤーナ〔大乗〕仏教の教理や思弁について何も知らなくとも、見る者に働きかけてくる。それはまた同時にこのような仏像が表現している深い瞑想や完全な超俗性といった特色から言われる、崇高なものおよび精神化された卓越するものとも結びついている。しかしヌミノーゼ的・魔術的なものがそれ自身でこうした図式的表現をくまなく照らし出して、それを「全く他のもの」の透視図にしているのである。サイレン(Osvald Sirén)が、唐時代の龍門洞窟の大仏について次のように述べているのは正当である。

> この仏像に近づく人は誰でも、そのモティーフについて何も知らなくとも、それが宗教的な意義を持っていることを理解するだろう。私たちがそれを預言者と呼ぶか、神と呼ぶかは小さな問題である。なぜならそれは、見る者に対してみずからを伝達する精神的な意志で貫かれているからである。そういう像が持つ宗教的な要素は内在的なものである。それは定式化された観念というよりも一つの「現前」であり、一つの雰囲気である。それは知的な定義の彼方にあるので、言葉では述べられない。[二]

〈三〉　しかしながらいま言ったことは他のいかなる芸術よりも、唐朝と宋朝の古典的時代の中国の風景画と賢人画にいっそう、完全にあてはまる。これについてオットー・フィッシャー[*2]はこう述べている。

これらの作品は、人間の芸術がかつて創造したものの最も深く最も崇高な部類に属している。そうした作品に没入する人は、水や霧や山の背後に密かに息づいている原古の道(Tao)、すなわち最も内なる存在の盛衰を感じとる。これらの絵の中には多くの深い秘密が見え隠れしている。「無」の知や「空」の知、人間の心の道でもある天と地の道の知がその中にはある。こうしてそれらは永遠の運動を表しているにもかかわらず、まるで深い海に隠れて息づいているような深く、遥かなものや静寂なものにも見えるのである。(三)

〈四〉私たち西欧の人間にとって最もヌミノーゼな芸術と映るのは、まず何よりもその崇高さゆえに、ゴチック様式であるように思われる。しかしその理由だけでは十分でない。ゴチック様式の特殊な印象が崇高性だけによるのではなく、太古の魔術的なデザインが混入しており、相続されているからだ、ということを立証したのは、『ゴチック様式の諸問題』という著書におけるウォリンガー[*3]の功績であり、彼はこの点を歴史的に導き出そうとしている。このように彼にとってはゴチック的な印象は主として魔術的なものである。この点で彼が正鵠を射ていることは確かであるが、それは彼の歴史的な研究の正しさとは全く無関係である。ゴチック様式は印象の魔力を持っており、これは崇高なものの印象以上である。しかしながら他方において、「ドイツ

*2　オットー・フィッシャーは一八八六年に生まれ、シュトゥットガルト美術館長やバーゼル大学教授などを務めた中国の絵画に通じた研究者。

*3　ウィルヘルム・ウォーリンガー(一八八一—一九六五)はドイツの美術史家で、古典美と比較して東方の原始美術および中世のゴチック美術の特質を明らかにした。

南部の」ウルムの大聖堂の塔はもはや全然魔術的ではなく、ヌミノーゼなものである。そして単なる魔術的なものとヌミノーゼなものとの相違が何かは、ウォリンガーによるこの傑作の見事な写生によって感じられる。ともあれこの大聖堂に関してヌミノーゼなものという印象が生まれてくる様式あるいは表現手段を表すのに、依然として「魔術的」という語は有効であるかもしれない。そのような大きなものを見ると、誰しも十分に深くそう受け取るものだからである。

〈五〉 崇高なものは、それにまた単なる魔術的なものも、たとえ強力な効果を発揮するとはいえ、あくまでも芸術におけるヌミノーゼなものの間接的な表現手段であるに過ぎない。西欧の私たちのもとには直接的な手段は二つしかない。しかも二つとも著しく否定的なものである。つまり、暗さ（Dunkel）と沈黙（Schweigen）である。

主よ、あなた独り語ってください、
いと深き沈黙と
暗い中にいる私へ。

とテルシュテーゲンは祈っている。

暗さは必然的に、対比によって高められ、それによって一層知覚されるようなあり方をしている。つまり暗さそのものは必然的に、なお最後の明るさに打ち勝とうとするのである。薄暗さ（Halbdunkel）こそがはじめて「神秘的」である。そしてその印象は、補助要素としての「崇高なもの」と結びつくときに、完成する。

おゝ、高き威厳よ、あなたはそこに気高く（erhaben）住んでおられる。
静寂な永遠の中に、そして暗い聖所の中に。

崇高な聖堂の中や高い並木道の枝の下に薄墨色に拡がる薄暗さは、薄明かりの神秘的な動きによっていっそう奇妙に生気と活気を帯びて、いっそう心情に語りかけてきたし、寺院やモスクおよび教会の建築師たちはそれを利用したのである。

音声の言語で暗さに相当するのは沈黙である。

主はその聖なる神殿におられる。
全地よ、御前に沈黙せよ――〔『ハバクク書』の二・二〇〕

とハバククは言っている。私たちには、そしてたぶんハバククにも、この「黙っていること」が「歴史的・発生的」には、かつて「eufēmeía」、すなわち不吉な言葉を使うのではないかという不安から、それならむしろ黙っているほうがよい、ということから生まれたのかもしれない、ということについてもはや何も判らなくなっている。私たちは

神が前におられる。
われわれの内なるすべては黙せ。

と歌ったテルシュテーゲンとともに、それとは別の衝迫からの、そして全く独立した衝迫からの沈黙の強制を感じとる。私たちにあっては、それは「現前するヌーメン」（numen praesens）の感情そのものの直接的な作用である。この点についてもその「歴史的・

発生的」な連関は、より高い発展段階において現れるものならびにそこにあるものを解き明かしてはくれない。そこでいまや何といっても私たち自身、そしてハバククやテルシュテーゲンこそが宗教心理学にとっては、「eufēmía」［不吉を招かぬための沈黙］を実行する「未開の人々」に劣らず魅力的な対象なのである。

〈六〉 東洋の芸術は沈黙と暗さのほかに、強烈なヌミノーゼな印象の第三の手段を知っている。それは空間（das Leere）および広漠たる空間である。[四] 広漠たる空間とは、言わば水平線における崇高なものである。広々とした野原やどこまでも同じ地形のステップ草原は崇高であり、感情連合による刺激として、私たちのような人間のうちにさえヌミノーゼなものの反響を呼び起こす。中国の建築芸術は構成と建物の配列の技術であるが、それはこの要素を巧みに、きわめて印象深く利用している。それは天井の高い広間や人目を引く垂直線によっては荘厳なものの印象に達してはいないが、しかし用いられている敷地と建物と前庭の静かな広がりに勝る荘厳なものはないのである。風景全体の空漠たる広がりを構図の中に組み込んだ南京や北京の歴代皇帝の廟は、その最も勝れた事例である。なおいっそう興味を惹くのは中国絵画における空間である。ここにあるのはまさしく空間を描き、それを感じさせ、またこの特殊な主題を多様に変奏していく技術である。「ほとんど何も描かれていない」絵があるだけではなく、またそれがきわめて簡潔な筆致や方法で最も強い印象を産み出す様式に属しているというだけでもなく、きわめて多くの絵にあっては、それもとくに沈思黙考と結びついている絵においては、空間そのものが描かれる対象あるいは中心対象であるという印象を与えている。私たちが先に神秘主義者の言う「無」とか「空《くう》」ならびに「否定的賛歌」の不思議な魅力について述べたことを思い起こすときに初めて、それは理解されるのである。暗さと沈黙がそうであるように、この空間も一つの否定であるが、しかし「全く他のもの」が働くように、一切の「これ」とか「ここ」といった相対的な差異を取り去る否定なのである。(五)

〈七〉他の場合にはあらゆる感情に対してきわめて多様な音響を与えることのできる音楽も、聖なるものの表現の積極的な手段とはならない。ミサにおける最も聖なる、最もヌミノーゼな要素、すなわち聖変化（Wandlung）を、この上なく完璧なミサ曲でさえ沈黙することによってのみ、それも沈黙そのものが言わばおのずから鳴り出すように、完全に、かなり長い間一切の音を出さないことによってのみ表すだけである。こういうやり方以外では、この「主の前での沈黙」が与える圧倒的な敬虔の印象には近づけない。この点でバッハのロ短調のミサ曲を吟味すると教えられることが多い。その最も神秘的な部分は、ミサ曲の作曲法の定石通り、「受肉」（Incarnatus）である。この曲の場合の効果はフーガの技法によって、神秘的に語りかけるように低く、ためらいつつ音が次々に奏でられて、ピアニシモへと消えていく点にある。息をひそめ、フォルテを抑え、三度まで減和音していく、きわめて特異な沈み行くパッセージを持ち、恐れ驚く様を彷彿とさせるシンコペーションによる音の途切れと異様な感じを与える半音の上下運動も加わって、言葉で表されるよりもむしろ暗示によって、「神秘」(Mysterium)が憶測されるのである。これによってバッハは、サンクトゥスにおけるよりもはるかに見事に目的を達成している。なぜなら、サンクトゥスは確かに、「力と栄光」を有する「お方」を表す、無類の成功を収めた表現であり、完成された絶対的な王の栄光を表現する興奮を呼ぶ勝利の合唱がそうである。しかしながら曲に付けられている『イザヤ書』の六から採られた歌詞の調子からは――おそらくそれに即して作曲者により解釈されたに違いないのであるが――、サンクトゥスは全く程遠いものであるからだ。セラフィムが二つの翼でおのが顔を覆うというくだりは、この華やかな合唱からは聞こえてこない。これに引き換えユダヤ教の伝統は押さえ所をよく知っていた。

「高みにあるすべての力強きものは声低く、呟く、ヤハウェは王なり、と」[六]

と、ユダヤ教の新年の素晴らしい頌歌『メレク・エルヨン』(Melek eljōn)には歌われている。ベートーヴェンも『荘厳ミサ曲』の中の賛歌(Laudamus)、「あなただけが神聖なのですから」(Quoniam tu solus sanctus)の個所では、このことを理解していた。ここでは調子が低いほうに向かって一オクターブも急下降し、同時に最高のフォルテから最も静かなピアノにまで落ちていく。メンデルスゾーンも『詩篇』の二・一一の

畏れ敬って、主に仕え
おののきつつ、喜び躍れ。

に付けた曲ではこの点に良く気がついている。ついでに言えばベルリンの教会合唱隊がこの個所をよく理解して、見事に表現してくれることでも分かるように、ここでも事柄の表現は楽曲そのものの中にあるというよりも、ほとんど畏れつつ身を震わせると言ってよいような、弱音の出し方や抑え方にあるのである。

（一）絵画についてはオスカール・オレンドルフ（Oscar Ollendorf）著『絵画における敬虔』（Andacht in der Malerei）、ライプツィッヒ、一九一二年を参照してほしい。―― ヌミノーゼなものの音声表現に関しては、W・マッティーセン（W.Matthießen）著「教会典礼歌における言語の魔術的なもの」（Das Magische der Sprache im liturgischen Kirchengesang,Hochland,XV,Heft 10）を参照のこと。

（二）オスヴァルド・サイレン著『中国彫刻』（Chinese sculpture）、ロンドン、一九二五年、第一巻、二〇頁。

（三）オットー・フィッシャー（Otto Fischer）著「中国の風景」（Chinesische Landschaft）「美術新聞」（Das Kunstblatt）、一九二〇年一月号。同じ著者の詳細な著作である『中国風景画』（Chinesische Landschaftsmalerei）一九二一年をも参照してほしい。

（四）もちろん西欧においてもこの要素は周知のものである。ドイツの詩人もこう歌っている。

私はひとり広い野に立つ。
とても静かで、厳かだ。

（五）老子における「無」と「空」に関する、最近出版されたヴィルヘルムの精緻な著書『老子その心と生涯』（R.Wilhelm, Laotse, Vom Sinn und Leben）、ディートリッヒス社、イエナ、一九一一年、二十頁を参照のこと。

（六）付録の3を見てほしい［「おゝ王よ、わたしたちはあなたにお仕えします。至高の王なるかな――。王は強く、高く地を囲む壁にして濠です。その言葉は行いです。万物に天の高座をお授けになり、高く、高く持ち上げてくださいます。――そして時と永遠のもとに治められます。」（略）「ヤハウェは王であり、王であった。ヤハウェは永遠に王であろう。天の幕屋に住むものは、称賛の鐘を鳴らしてほめそやします。ヤハウェは王です。大地に住むものも、祝いの歌で祝います。ヤハウェは王であった。（略）」］

第十二章　旧約聖書におけるヌミノーゼなもの

そもそもあらゆる宗教の中で、非合理的なものやヌミノーゼなものの感情が働いているのであるが、とくにセム民族の宗教、なかでも聖書宗教においてそうである。それらにあっては、神秘的なものがデーモンや天使といった観念の中にもはっきりと生きて活動しており、「全く他のもの」としてのこのようなものによってこの世界が取り囲まれ、一段と高められ、染み込まれている。また神秘的なものは終末への期待と神の国の理想、すなわちある点では時間の上で未来のものであるが、ある点では永遠な、しかしいつも全く奇跡的で、「全く他のもの」として自然的なものとは対立する理想の中でも力を発揮している。さらにそれはヤハウェとエロヒムの性質の中にも刻み込まれている。この神はイエスの「天の父」でもあるが、そのようなものとしてみずからのヤハウェのあり方を失うのではなく、かえって「満たしている」のである。

〈一〉ヌミノーゼな感情がデーモン的な畏怖であるような低い段階は、預言者たちや詩篇の作者たちにあってはすでに克服されて久しかった。けれどもときにそれを思い起こさせるものがなくなってしまったわけではなく、とくに古い物語文学においてはそうであった。『出エジプト記』の四・二四の物語は[*1]、ヤハウェが「怒り」(orgē)のちに突然モーセを襲い、命を奪おうとするものであるが、これなどこうした性格をまだはっきりと帯びている。現在の私たちに対して、それはほとんど怪物かお化けの印象を与えるし、神への高度な畏敬の観点からすると、この物語やこれに類するものは、ここにあるのはそもそもまだ宗教ではなくして、宗教以前(Vorreligion)か低俗なデーモンへの畏怖だとかその類のものであるかのような印象をもたらしている。しかしながらそれは間違った理解である。「低俗なデーモンへの畏怖」は、たとえば「ゲルマンの民間信仰に出てくる」小妖魔であるコーボルトや邪霊(Quälgeist)や悪鬼(Unhold)などと同義で、したがって神(Theîon)とは対立する、語の最も狭い意味での「デーモン」とたぶんつながるものである。しかしこのようなデーモンは、宗教的な感情の発展系列の「正統な」通過点でも部分でもなかった。「お化け」もまた同様であった。お化けもこのようなデーモンも、ヌミノーゼな感情の空想的なイメージ化が産み出した傍系の子孫なのである。しかしはるかに一般的な意味での「ダイモーン(daímōn)」はこのようなデーモンとは区別されるべきで、それ自身はまだ神ではないものの、さりとて神の対立者(Gegengott)でもなく、むしろ「神以前のもの」(Vorgott)であり、ヌーメンのまだ束縛さ

*1　原書では「二六」となっているが、新共同訳の『聖書』に従った。

れ抑圧された低い段階であって、神はそこから徐々により高次の顕現へと成長していくのである。かの物語の中にあるのは、まさにこのような段階の余韻なのである。

さらに先に進むことにしよう。この点に関して真相を理解するためにはこれまでの二つの指摘が役に立つ。まず最初の一つは、恐ろしいもの(das Fürchterliche)がヌミノーゼな感情を引き寄せ、表現する力を持っていることについて、先に一三四頁で述べた指摘である。しかし第二は次のようなものである。音楽的に優れた素質を持つ者が未熟で初心者である間は、バッグパイプや手回しオルガンの切れ目なく鳴る音に酔い、しあわせになる。その人が音楽的に訓練を受けるようになると、二つの楽器は我慢できないものになるであろう。けれどももっと訓練を積んで過去の体験と現在のそれとの質的な面をよくよく考えるときには、実は両者においては自分の心情の全く同一の側面が働いていたこと、そして音楽感覚のより高い段階への向上に際しては、「別の段階への飛躍」といったものが起こったのではなく、私たちが発達とか成熟と呼ぶ出来事が起こったのだということ、そしてただその有様について多くのことが言えなかったということに気づくにちがいない。仮に今日私たちが孔子の音楽を聴くとしたら、それはきっと奇妙な雑音の連続にほかならないであろうが、実は彼は心情に与える音楽の印象についてすでに、今日の私たちでもそれ以上にはできないように述べているのであり、また私たちも承認せざるを得ないような音楽的感銘の諸契機に触れているのである。この点において最も注目すべきことは、多くの自然民族が西洋音楽を容易に理解する能力と才能を持っていることで、その音楽が耳に届くと、彼らは喜び、たちまち理解し、練習し、そして楽しむようになる。このような才能は、より成熟した音楽が彼らのもとに届いたときに、何らかの後成説か異種生殖あるいは他の奇跡によってはじめて彼らの中に入り込んだのではなく、彼らのうちに長い間生来の「素質」として現存していて、刺激が与えられると内から動き出した、つまり現存する素質から発達したのである。そしてこの素質は、同じものとしてすでに早くに、原始音楽として「原生」の形で働いていたのである。発達した音楽的趣味を持つ私たちは、このような「粗野な原始的な」形の音楽をしばしば真の音楽とはほとんどあるいは全く認めがたいが、実はその音楽もすでに同じ衝動、同じ心の契機の現れなのであった。ところでこれと全く対応しているのは、今日の「神の畏敬者」が『出エジプト記』の四章の記事〔主がモーセの杖を蛇に変えたりなどして驚かすこと〕の中に、自分の感情と同類のものを見つけにくかったり、あるいはそもそもそれを見損なう場合である。――これは、いわゆる「未開社会の人々」の宗教に関して、確かに慎重を要するが、実はもっと一般的に考慮されてもよい観点である。もとよりこうした見方からははなはだしく間違った結論が出されることがあるかもしれないし、発展段階の高低を取り違えたり、距離を縮めてしまったり、低いものの中に多くのものを見過ごすという危険も十分にあるであろう。けれどもそもそもこのような観点を排除することのほうがいっそう危険なのであるが、残念なことにそれがきわめて一般的になっている。(一)

最近の研究者は、厳格なヤハウェと族長的で親しみのあるエロヒムの特徴の違いを見出そうと試みている。この試みはなかなか啓発的なものを含んでいる。ゼーダーブロームの想定によれば、「その出発点（二）」は、ヤハウェの表象が「アニミズム的」表象から出発したことにあるとする。私は「アニミズム的」表象に異議を唱えないし、宗教の発展過程に対して持っているその意義にも異論はない。この点では、アニミズムを一種の原始的「哲学」としてしか説明できず、したがってそれを本来の宗教的な想像的イメージ化の領域から除外せざるを得なくなったゼーダーブロームに比べれば、私のほうが一歩進んでいる。アニミズム的な表象が形成されたときには、それが「刺激の連鎖」の中の重要な一分肢となり得たこと、すなわちヌミノーゼな感情から、その中に暗く潜んでいた「本質」の要素が解き放たれて、自由にさせられる一分肢であり得たことは、おそらく私自身の想定とよく一致するであろう。けれどもヤハウェがエロヒムから区別されるのは、ヤハウェが「精霊」（anima）だということによるのではなくして、そこではヌミノーゼなものが慣れ親しんでいる、合理的なものに勝っているのに対して、エロヒムにあっては逆に合理的な側面がヌミノーゼなものに勝っているということなのである。つまり一般的な神々のタイプの区別にもあてはまるような相違なのである。そして論議されるのはもっぱら、エロヒムにおいてはヌミノーゼな要素が一歩譲っているということだけであって、それが欠如しているということではない。燃える潅木の中で神が出現するというまさしくヌミノーゼな物語と『出エジプト

記』の三・六の典型的な一行

モーセは、神を見ることを恐れて顔を覆った。

はエロヒム的なのである。

古代イスラエルの神観念のこれに属する多くの個々の特徴は、ここでもなお提示することができるが、宗教学事典『歴史と現在の宗教』(Die Religion in Geschichte und Gegenwart)［第二版］の第二巻［一九二八年］の一五三〇頁以下と二〇三六頁にたくさん示しておいたので、ここではその参照を促すにとどめておく。

〈二〉やがてモーセの畏敬すべき宗教とともに、ヌミノーゼなものの道徳化と一般的な合理化ならびに本来の完全な意味での「聖なるもの」への充実の歩みが始まり、その度合いを高めていくようになる。この歩みは預言と福音において完成するが、まさにその歩みにこそ聖書宗教の特別の気高さがあることは確かである。そしてそれはまたこの宗教に、すでに［無名の預言者］第二イザヤの段階において正当にも普遍的な世界宗教の要求を掲げさせているのである。しかしながらこのような道徳化と合理化はヌミノーゼなものを克服したということではなく、その一面的な優位性を克服したということである。それはヌミノーゼなもののもとで行われるのであり、ヌミノーゼなものから囲まれているのである。このふたつの要素がこの上なく緊密に織り合わさっている事例はイザヤである。『イザヤ書』の六の召命の幻視［わたしは、高く天にある御座に主が座しておられるのを見た］の中で鳴り始めたものが、感情に訴える強い力でもって、彼の全告知を貫いている。そしてこれについて特筆すべき点は、まさしくイザヤにおいてこそ、「イスラエルの聖なる者」という表現が、神性の最も好まれる表現として確立するとともに、その秘密に満ちた力によって他の表現に勝っているということにほかならない。このことは「第二イザヤ」の書、すなわち『イザヤ書』の四〇から六六までの、イザヤを受け継いだ部分でも相変わらず同じである。どの点でそうなのかと言えば、第二イザヤに関しては、確かにに私たちは同時に概念的に明白な全能、善、英知、真実の神をも扱わねばならないのであるが、しかしこれらの述語は実は、「イスラエルの聖なる者」というその奇妙な呼び名を第二イザヤが十五回も繰り返す、しかもとくに印象的である個所で繰り返すような「聖なるもの」の述語なのである。

「聖なるもの」とともに用いられているヤハウェの類似の表現には、ヤハウェの「憤怒」、「嫉妬」、「怒り」、「焼き尽くす火」などがある。これらはみな報復する正義を意味するだけではなく、また気性の激しい活発な、強烈な「熱情」(páthē)のもとに生きている神を意味するだけでもなく、いつでもこれらすべてを、その非合理的な神的本質をなす「畏るべき」(tremendum)、「優越」(majestas)、「神秘」(mysterium)、そして「尊厳な」(augustum)といった要素で取り囲み、貫いているのである。このことはまた「生ける神」という表現にはとくにあてはまる。その生気活力は神の「嫉妬」と明らかに繋がるもので、そこに、また同じくほかのすべての「熱情」一般にも現れている。

次の個所を参照してほしい。まず『申命記』の五・二六*2の

*2　原書に「二八」とあるのを改めた。

一体誰が火の中から語りかけられる、生ける神の御声を我々と同じように聞いて、なお生き続けているでしょうか。

他に『ヨシュア記』の三・一〇〔生ける神があなたたちの間におられて〕、『サムエル記上』の一七・二六〔生ける神の戦列に挑戦するとは〕、三六〔彼は生ける神の戦列に挑戦したのですから〕、『列王記下』〔生ける神をののしるために〕、『イザヤ書』の三七・四〔生ける神をののしるために〕、一七〔生ける神をののしるため〕、『エレミヤ書』の一〇・一〇の「主は……、命の神、……その怒りに大地は震え、その憤りに諸国の民は耐ええない」。『エレミヤ書』の二三・三六〔生ける神である我らの神〕、『マカバイ記二』の七・三三〔我々の生ける主は〕、『マタイによる福音書』の二六・六三の「生ける神、戦慄すべき・恐るべきものに誓って我々に答えよ」。なお私の『罪と原罪』、第六章「預言者の神経験」、とくに六七頁以下を参照してほしい。

この神はその「生命」によって一切の単なる「世界理性」とは異なるし、旧約と新約のあらゆる預言者と使徒の意識の中に生きているように、一切の哲学化を拒む、最後まで非合理的な実在である。そして後に人々が「生ける」神のためにもしくは怒りと愛、つまり情動を持った神のために「哲学者の神」と戦ったときに、いつでも無意識のうちに聖書の神の概念の非合理的核心を一面的な合理化から守ろうとしたのであった。そしてその限りでは人々は正しかった。けれども「神の怒り」および「神の情動」ではなく、怒りおよび情動を弁護したとき彼らは間違った。言い換えれば、それらのヌミノーゼな性格を見落として、絶対性を付与された「自然的」述語と見なしてしまい、非合理的なものの表意記号による表示としてしか、つまり示唆するだけの感情のシンボルとしてしか効力を持ち得ないことを認識しなかったときに、間違ったのであり、「擬人論」に陥ってしまったのである。

〈三〉「驚くべきもの」（Mirum）に基づいて想像力を刺激し掻き立てる力を示しているのは、とくに『エゼキエル書』におけるヌミノーゼなものである。彼の夢と比喩、ヤハウェの本質とその宮廷の想像的な描写がそれにあたる。それらはその冗長さと意図的に常用される奇抜な表現からして、宗教的衝動が神秘化へと向かう、すでに傍系化していく動きや奇妙なもの、不思議なもの、奇跡的なものあるいは空想的なものへの性癖との混淆の序曲であり、こうした動きが奇跡好みや伝説、黙示録的、神秘主義的な夢世界への道を開いていくのである。もとよりこれらすべては宗教的なものそのものの放射ではあるものの、濁った手段のもとで台無しにされて、純正なものの代用品と化し、最後ははびこってしまい、「神秘」の混じりもののない感情自体を覆い隠し、その直接で純粋な動きを妨げている。

しかしながら「驚くべき」の要素が、同時に「尊厳な」（augustum）のそれとも結びついて、不思議なほど純粋に見られるのは、『ヨブ記』の三八においてである。この章はおそらく宗教史の中の最も注目に値するものに属しているであろう。ヨブはエロヒムに逆らって友達と論争したが、彼らに対しては正しく振舞った。彼らはヨブに対して沈黙せざるを得なくなり、神を「正当化する」試みは成功しない。そのときエロヒム自身がみずからを弁明するために姿を現す。そしてその弁明は、ヨブに対して、自分は負けた、それも本当に、正当に負けたのであって、単なる力の優勢に屈して黙らされたのではない、と告白させるようなものなのである。なぜなら

それゆえ、わたしは塵と灰の上に伏し、自分を退け、悔い改めます〔四二・六〕。

とヨブは告白するからである。これは心からみずからの非を認めさせられたことの証言であって、単なる優勢な力に対して無力で打ち砕かれたとか、断念したということではない。ここにあるのはまた、パウロがたまたま『ローマの信徒への手紙』の九・二〇の

造られた物が造った者に、「どうしてわたしをこのように造ったのか」と言えるでしょうか。焼き物師は同じ粘土から、一つを貴いことに用いる器に、一つを貴くないことに用いる器に造る権限があるのではないか。

で鳴り響かせている調子だけでも決してない。『ヨブ記』の文章をこのように理解する人があるとすれば、その人は誤った理解をしているであろう。神の義認(Gottesrechtfertigung)の断念あるいは不可能性が『ヨブ記』の三八で告知されているのではなくして、まさしく根拠の十分ある神義論(Gottes-rechtfertigung)こそが与えられているはずなのである。さらに言えばヨブの友達のそれに勝るものであって、しかもヨブのような人さえをも承服させるもの、単に承服させるだけではなく、懐疑に悩む彼の

魂を心底から鎮めることのできるものである。なぜならエロヒムの啓示によってたちまちヨブに与えられる奇妙な体験には、同時にまた彼の魂の苦悩の内的な緩和と平安もあるからである。そしてこの満足は、四二における「主はヨブを元の境遇に戻し、さらに財産を二倍にされた、という」ヨブの立ち直りがなくとも、『ヨブ記』の問題の解決としてはそれだけで十分である。後の部分はまさにヨブの本来の支払に対して神が後で手付金を払ったものに過ぎない。――けれどもここで神の正当化とヨブの和解を同時に果たすこの奇妙な要素は何だろうか。

　エロヒムが語った中には、私たちが事の次第からおのずと期待するもののほとんどすべてが鳴り響いている。すなわち召命とエロヒムの優越する力、その高さと大きさ、それに優れた知恵に言及したものである。この言及は、仮にそれが、たとえば「わたしの道はおまえの道よりも高い。わたしの行うことには、おまえには分からない目的がある」といった文で締めくくられたとすれば、たちまちヨブの問題全体のもっともらしい合理的解決を提示したことになるであろう――たとえば敬虔な人を試し、純化するのが目的だとか、それぞれの苦悩を抱えつつ個人が適応していかなければならない全体のための目的だなどである。合理的な理解からすれば、断然このような対話の結末が渇望される。けれどもその類のことは何一つ起こっていないし、その種の目的論的な吟味や解決がこの部分の主眼なのでも全くない。結局のところここは、合理的概念で尽くされるものとは全く違うものに基づいているのである。すなわち一切の概念および目的の概念さえをも超える全く不思議なことそのもの、純粋に非合理的な形の、さらに言えば「驚くべきもの」であるとともにパラドックスなものとしての「神秘」に基づいているのである。それを示す見事な事例がきわめてはっきりした言葉を語っている。岩の上に塒《ねぐら》を構え、岩角に立って周囲を見回しては、餌食を探し、その雛鳥も血を吸い、「死骸の傍らには必ずいる」鷲は、実のところ、すべてを「賢く聡明に仕上げる」、目的を意識した英知の事例などではない。むしろこの鷲は、その創造主自身の不思議さを表す奇異で驚くべきものである。それに三九・一三に出てくる謎に満ちた本能をもつ駝鳥も同じである。実際ここに描かれている駝鳥は、「合理的」な観察にとってはむしろ十字架であって、目的から言えばそこからは何も始まらない。

駝鳥は勢いよく羽ばたくが
こうのとりのような敬虔な羽毛を持っているだろうか。
否！　駝鳥は卵を地面に置き去りにし
砂の上で暖まるにまかせ
獣の足がこれを踏みつけ
野の獣が踏みにじることも忘れている。
その雛を自分のものではないかのようにあしらい
自分の産んだものが無に帰しても
平然としている。

神が知恵を貸し与えず
分別を分け与えなかったからだ。

同じようなものは三九・五および九の野生の驢馬と牛である。つまりその完全な「不用器官論」（Dysteleologie）［に見られる反目的性］が実に見事に描かれていると同時に、その秘密に満ちた本能や謎に包まれた挙動からすると、きわめて不思議で、暗示的であり、謎をかける動物である。それに、三九・一の岩場の山羊と雌鹿、三八・三七[*3]の雲の「知恵」もそうであり、不思議に往ったり来たりし、現れては消え去り、ゆっくり動くかと思うと、何かの形になる霧の「分別」もそうであり、天高くにある不思議なスバルやオリオン座ならびに北斗七星とその子星もまた同じである。――四一・一五以下の河馬［ベヘモット］や鰐［レビヤタン］の描写は後から挿入されたものと推測されている。たぶんそれが正しいであろう。しかしそうだとしても、挿入した人がこの部分全体の狙いをきわめてよく感じとっていたことは認めなければならない。つまり他の事例がみな言っていることを、その人もまたどぎつい表現にしているだけなのである。すなわち他のものが不思議なもの（portenta）を描いているのに、こちらは化け物じみたもの（monstra）を表しているのである。しかしこれもまさにどぎつい形の神秘的なものなのである。「目的」を定めるものとしての神の「知恵」にとっては、この二つの被造物は、一般に思いつかれるものでは最も不幸な事例かもしれない。けれどもこの事例が、また先に挙げたものやそもそもこの個所の文脈全体および意味が見事に表現しているの

＊3　原書に「三六」とあるのを改めた。

はまさしく、永遠なる創造の力が持つ、ただ一も二もなく驚異的なもの、ほとんどデーモン的なもの、全く理解できないもの、謎なぞ遊びのようなもの、計算の及ばないもの、「全面的に他のもの」、一切の概念的把握を嘲笑うもの、しかしそれにもかかわらず、心情の深層を衝き動かすもの、魅了するもの、同時に心底からの承認で満たすものなのである。つまり「驚くべきもの」(Mirum)が描かれているのであり、この部分全体の狙いもそこにある。そしてこの「驚くべきもの」は「魅惑するもの」であり、「尊厳なもの」でもある。なぜならただ「神秘」だけでは、これらのものは「全く理解できないもの」となってしまうだろうからである。ところがそれではせいぜいヨブをあっと言わせることができるだけで、心底から承認させることはできなかったはずである。むしろ言い表せない積極的な価値、さらに言えば理解できないものの客観的および主観的価値が感じられるのである。すなわち「驚嘆すべきもの」(admirandum)もしくは「敬うべきもの」(adorandum)と「魅惑するもの」である。この価値は、人間の理解力による目的や意味の追求の思想とは相容れず、それに同化されるものでもない。それはあくまでも秘められている。しかしその価値は感じられるがゆえに、エロヒムは正当だと見なされ、ヨブの心がおさまったのである。

このヨブの体験をまるで引き写したようなものが現代の作家に見られる。それは小説風の物語になっているが、とても印象深いものである。マックス・アイト(Max Eyth)は、「犂と万力の陰で」シリーズの小説『天職の悲劇』(Berufs-tragik)で、エノ湾（Ennobucht）河口に懸かる巨大な橋の建設工事を描いている。徹底的に考え抜いた設計と忠実な職業的勤勉さがこの橋を作った。有意義で合目的な人間の営為の奇跡であった。橋は果てしない困難と途方もない障害にもかかわらず完成する。それは波と風に耐える。そのとき大旋風が捲き起こり――そして橋も工事者も水底に沈む。無意味なものが最も有意義なものに勝利を収め、「運命」が徳と功労には目もくれずに歩み去っていくように見える。作家は、この悲劇の現場を訪れて帰ってきたことを次にように報告している。

「私たちがこの橋のたもとに着いたときには、ほとんど風はなかった。空は頭上に高く蒼く、気味が悪いほど澄みわたっていた。背後はと言えば、口を開けた大きな墓のように、エノ湾があった。生と死を司る者が静かに威厳に満ちて水面に漂っていた。

私たちはその者を、自分の手に触るように身近に感じていた。そして年老いた人と私は広々とした墓場と生死の主の前に跪ずいた」。

どうしてそうしたのか。なぜ二人は跪ずかなければならなかったのか。大旋風と盲目的な自然の暴力に対して、それのみか単なる全能者に対してさえ人は跪ずかない。全く理解を超えた、みずからを現しかつ現さぬ秘密に対して、沈黙せる魂に対して、その姿を感じつつ、跪ずくのである。そこにその正しさがあるのだから。

『旧約聖書』では、ヌミノーゼな感情のこの他の多くの特徴が指摘されるかもしれない。けれども千六百年前に別の人が、私たちが「非合理的なものについて」書いたのと同じ意味で、すでに見事に書き集めている。それはクリュソストモスである。後[の第十四章]で再び彼には出合うので、ここではあらかじめ触れないでおこう。「驚くべきもの」の要素はとくにルターにおいて、私たちが彼における「ヨブの思想系列」と名づける思想のもとで、独特の刻印を帯びて巡り会うことになろう。

(一) この点に関してはとくにマレットが重要な新しい知見を示している。
(二) あくまでも「その出発点」に過ぎず、完全なヤハウェの表象そのものではない。

第十三章　新約聖書におけるヌミノーゼなもの

〈一〉イエスの福音において、神の観念の合理化、倫理化および人間化の歩みが完成されたが、それはすでに古代イスラエルの伝統の最古の時代から、とりわけ預言者たちならびに『詩篇』において活発化していて、ヌミノーゼなものを明白で、深い合理的な心情の価値を表す述語とますます豊かに、また十分に混ぜ合わせていた。こうしてキリスト教が持っているような、他の何ものとも比べられない「神・父・信仰」が生まれたのである。ただしこの場合にも、もしもこの合理化はヌミノーゼなものの排除だと考えようとする向きがあるとすれば、それは大違いであろう。それは、今日のあまりに自明的に見える「イエスの神・父・信仰」という表現が導いていく誤解であって、この表現が最初の教団の雰囲気にふさわしくないことは確かである。そういう誤解が生じるのは、キリストの告知が徹頭徹尾、そもそもの最初から目指そうとしているということ、すなわち考えられ得る最もヌミノーゼな対象、つまり「神の国の福音」の告知ということをそれから除いてしまうからにほかならない。ところがこの「神の国」こそは——まさしく最新の研究が一切の合理主義的な骨抜きに反対して、断固として指摘していることであるが——ただもっぱら驚くべきもの（Wundergröße）なのである。言い換えれば「いまここにあるもの」すべてと対立するもの、「全く他のもの」、「天上のもの」であり、全く純粋な「宗教的畏怖」という要素によって仄暗く囲まれ、縁取りされており、「恐るべきもの」であり、神秘的なものそのものの「魅力」であり、「高貴さ」でもある。若いキリスト教は、「神の国は近づいた」というモットーを掲げて、「終末論派」として生まれた（やがて間もなく〔「別の助け主」を約束する〕「プネウマ派」ともなった）。世界の終末、審判および突然現れる天界に対する内心の不安と聖夜の期待に伴う至福の慄きとの混淆について、つまりこの「神秘」の「畏るべき」要素と「魅惑する」要素との混淆について、「正統派」の聖書解釈の立場からであれ、「自由主義」のそれからであれ、今日、私たちはたいてい誤った観念を作り上げているか、そうでなければ全く何も作り上げていない。ところが「神の国」およびそのヌミノーゼな本質からこそ、それに対する関係、すなわち神の国を告知したり、その準備をする関係に向かって、またその前提となる人生と行状に対して、さらにはそれを表す言葉に対して、そしてそれを期待し、それに至る教団に対して、色合いと気分と調子が降り注いでくるのである。つまりすべてが「神秘化される」のであり、一切がヌミノーゼとなるわけである。これが最も露骨に現れているのは、イエスに従う人たちのサークルの自己表示においてである。彼らは自分たち自身を、またお互いにヌミノーゼな専門用語で「聖なる人々」〔聖徒〕と名づけているのである。それが道徳的な完全者を言うのでないことはすぐに明らかであろう。むしろそれは「終末の時」の神秘に参与している人々である。それは、先に見られた「卑俗なもの」とは明らかに、全く誤解の余地なく対立するものを表している。それだからこそ後になって彼らはまさしく「司祭の民」、すなわち「聖別された」神聖集団を表す呼称を名乗ることができたのである。(二)

この国の主は「天にいる父」である。この言い方は私たち現代人には優しい響きを持っていて、「愛する神」と同じようにほとんど気のおけないものになることがしばしばある。ところがそうすると私たちは、主語としてであれ述語としてであれ、その聖書的意味を誤解することになる。この「父」は何よりもまずこの「国」の聖なる・崇高なる王なのであって、天の奥からヤハウェの怒り(emāt)そのものを携えて近づいてきて、怪しく脅かすのである。このような王が支配者なのであるから、王はその国に劣らず「聖」であり、ヌミノーゼであり、秘密に満ちており、qādosch《カードッシュ》、hagios《ハギオス》、sacer《サケル》もしくはsanctus《サンクトゥス》であり、むしろそれ以上にはるかにそうであり、絶対的な程度においてそうである。そしてまたこの主は、こうした面からすると、旧き絆〔旧約〕がかつて「被造物感」や「聖なる畏怖」あるいはこれに類するもののもとで持っていた一切のものを高めたものであり、満たしたものでもある。そうであればこそ「われらの父」

という呼びかけにすぐに「あなたの名が聖とされますように」という言葉が続くのであり、これは願いというよりも、おずおずと敬意を払う呼びかけなのである。

深い帰順に基づく「畏怖」のこの背景がイエスにおいては、ことさら特別の「教え」という形では現れていない理由は、〔本書で〕しばしば指摘されてきた事情にある。それ以外に、ユダヤの人々には誰にでも、とりわけ神の国を信じていた人たちにとっては、全くもって最も大事で、自明のこと、すなわち神は「イスラエルの聖なる者」だということを、どうして「教える」必要などあっただろうか。むしろイエスが教えたり告知しなければならなかったのは、自明ではないこと、つまり彼独自の発見および啓示だったものである。それはまさにこの聖なる者は天にいます「父」であるということであった。これが彼の「教え」のアクセントとならなければならなかった。しかも彼が身を置いていた反対の立場がまさにこの点を鋭く前面に出さなければならなかったこともあって、ますますそうならざるを得なかったのである。なぜなら福音をもって反撃に出ることになった歴史的な対立者は、律法の奴隷をもたらすファリサイ主義であり、神との関係を懺悔と禁欲によって理解したヨハネであったからである。この両者に比べると、〔神との関係は〕子であり父であるという福音は緩い軛《くびき》や軽い負担と見なされたし、これがイエスの比喩や語りや告知を必然的に満たしている。しかしながらその福音にはいつでも驚異が感じられるのであり、「われらの父」は「天にいます」のである。この二つの表現は決して同語反復ではない。われらの父は近づくのであり、天の父は遠のくのである。遠のくのは無限の高みに、であるのみならず、同時に一切の此岸的なものに対して「全く他のもの」の領域へ、でもある。この秘密に満ちた畏怖すべきもの、「天にいまして」近づくことのできないこの疎遠なものが、同時にまたそれ自身訪れ、近づいてくる恩寵の意志でもあるということ、つまりこのような峻厳な対立こそが、正真正銘のキリスト教の根本感情の調和を形造っているのである。そしてその調和の中にこの高められた最高音階がいつも鳴り響いているのを聞き漏らす人は、聞き方が間違っているのである。それだけではなくイエスの説教にすら、私たちが先に述べたような、超世界的なものの秘密に対する幾分かの奇妙な恐れと怖さ(Grauen)を感じさせる調子が時に鳴り響いていることがある。『マタイによる福音書』の一〇・二八はそうした個所である。

　むしろ、魂も体も地獄で滅ぼすことのできる方を恐れなさい。

この言葉の持つ暗く、戦慄に満ちた響きはおのずから感じられよう。しかしもしもそれを単純に審判者と最後の日における審判に結びつけるならば、それはすでに合理化である。『ヘブライ人への手紙』の一〇・三一の

　生ける神の手に落ちるのは、恐ろしいことです。

という言葉に完全に鳴り響いているのも同じ響きである。それにほかにも同書の一二・二九に

　実に、わたしたちの神は、焼き尽くす火です。

とあるのも同様である。

最後に、ここで取り上げた問題を把握し、追体験するには、このヌミノーゼなものの「神秘」と「畏るべき」要素に照らして、あるいはそれを背景にして、ゲッセマネの夜のイエスの苦闘をも見なければならない。魂の底（Seelengrund）にまで達するこの身震いと畏縮を引き起こすものは何か。この死ぬほどの悲哀と血の滴りのように大地に流れる汗を産み出すものは何か。普通の死の恐怖だろうか。一週間死を目前にしてきた人、まさに死を覚悟して弟子たちと最後の晩餐につく人にそのような恐怖などあろうか。否である。そこには死の恐怖以上のものがある。それは「畏るべき神秘」の前での、畏縮を伴う謎の前での被造物の身震いである。夜にヤハウェがモーセとその従者を「襲った」とか、朝まで神と格闘するヤコブの古い伝説は、解釈の並行例もしくは予言として私たちに浮かんでくる。「彼は神と格闘し、そして打ち負かされた」。それは「怒り」と「憤怒」の神であり、「ヌーメン」（NUMEN）であるが、しかし実はそれがまた「私の父」（MEIN VATER）でもあるのである。——確かに「イスラエルの聖なる者」は福音書の神のうちには見出せないと思っている人がいるであろうが、そもそも見る力があるならば、まさにこの点にこそ見つけるにちがいないのである。

〈二〉パウロにおける、雲のごとくに立ちこめるヌミノーゼな情趣については改めて語るには及ぶまい。［『テモテへの第一の手紙』六・一六には］「近寄り難い光の中に住まわれる方」とある。

神の概念と神の感情の「歓喜雀躍」(das Überschwengliche) の要素が、パウロにおいては神秘主義的(二)な体験へと導いている。彼にあっては一般にそれが、普通の熱狂的な高揚した調子の感情とプネウマ的な言葉遣いの中に生きているのであるが、この二つともキリスト教の敬虔の単なる合理的な側面をはるかに越えたところにある。このような感情生活の悲惨な結末や急激な転調、罪と罪過の悲劇、祝福の体験の火照りは、ただヌミノーゼな基盤においてのみ可能であり、理解され得る。パウロにとって神の怒り (orgē̌ theoŷ) が単なる懲罰による正義の反応以上のものであり、むしろ感情面でヌミノーゼなものの「畏るべき」ものによって貫かれているように、他方では彼の精神をその限界を越えて、第三の天へと赴かせる神の愛の体験の「魅惑する」ものもまた、単なる人間の自然的な「子」の感情の持つ絶対さ以上のものである。——パウロにおいて神の怒りが力強く生きているのは『ローマの信徒への手紙』の一・一八以下の圧倒する文章である。そこに私たちは旧約聖書の怒り嫉むヤハウェを再認識するのであるが、しかしいまやそれは、世界中に燃えさかる怒りをぶちまける恐ろしい威圧的な世界の神および歴史の神としてのヤハウェである。その際の、怒れる者が罪を罪人と一緒に罰するという直観はまさしく非合理的であり、それのみか身震いさせると同時に崇高でさえある。合理的な見方しかできない人には全く耐え難いこの思想をパウロは、三個所で繰り返している。

そのため、彼らは互いにその体を辱めました。[一・二四]

それで、神は彼らを恥ずべき情欲にまかせられました。〔二六〕
神は彼らを無価値な思いに渡され、そのため、彼らはしてはならないことをするようになりました。〔二八〕

このような見方の重みを理解するためには、現代の教義学や厳しさを緩めた信仰問答の気分を忘れ去って、ユダヤの人々がヤハウェの憤怒に対して、またギリシャの人々が運命（Heimarmenē）に対して、そして古代の人が一般に神々の怒り（ira deorum）に対して、それぞれに感じることのできた畏れを追感するように努めなければならない。

パウロに関しては、この問題に属するもう一つの事柄、すなわち彼の予定説（Prädestinationslehre）についても十分に注意する必要がある。予定の観念によってもっぱら非合理的な領域が考えられていることを、まさに「合理主義者」は最も直接に感じている。合理主義者はこの思想に対して最も応じ難いのである。それは全くその通りである。合理主義者の立場からすれば、予定の観念は不条理（absurdum）であり、躓き（skandalon）にほかならない。合理主義者は恐らく三位一体およびキリスト論のあらゆるパラドックスには甘んじることができるであろうが、予定説はいつでも最も硬い躓きの石となるであろう。

言うまでもなくこの予定説は、ライプニッツ[*1]やスピノザ[*2]の後を継いで、シュライエルマッハー以来今日に至るまで折りに触れて提示されているような流儀のものではない。すなわちこうしたものにあっては単に自然法則もしくは「第二の原因」（causa

＊1　ゴットフリート・ウィルヘルム・ライプニッツ（一六四六―一七一六）は近代ドイツ哲学の祖と言われ、『単子論』において、世界は非物体的で不可分な実体としての「単子（モナド）」から成り立っているとし、それに神の予定調和の説を結びつけた。彼の「神義論」もそれと関連している。

＊2　バルフ・デ・スピノザ（一六三二―一七七七）はオランダの哲学者で、デカルトに二元論を汎神論的一元論へと徹底し、「神即自然」と見た。

secundae）に降伏しているだけであり、人間のあらゆる決定や行為は衝動の強制に支配されており、したがって人間は不自由であり、衝動によって予定されている、という要求を現代の心理学に許容するものである。そのうえこのような自然による予定化が神の全能の活動と同一視されてしまい、とどのつまりは自然法則からは絶対に知られない、神の摂理の純粋に宗教的に深い直観が、普遍妥当的な因果関係という陳腐な自然科学的思想と成り終わっている。これほど聖書を逸脱した思弁もなければ、これほど徹底して宗教的な理解を誤解するものもあり得ない。合理主義者もそのような予定化に対して全く同調していない。この予定化自体も全く完全に合理主義的ではあるが、しかし実際にはそれと同時に予定という宗教的な観念そのものの完全な排除でもある。

　これに引き換え、この宗教的観念は二通りの現れ方をし、それ自体において二種類あり、それぞれが異なっている。そこでその別々の意味をはっきりと分ける名称で表さなければならないだろう。一つの観念は「選び」（Erwählung）のそれであり、もう一つは、本質的に別個の調子を持つもので、本来の予定の観念である。

　[*3]i「選び」の観念、言い換えれば神によって選ばれ、あらかじめ救いが期待されているという観念は、直接には宗教的な恩寵の体験の純粋な表現として出てくる。恩寵にあずかった人は、わが身を振り返るときに、自分の行いや努力によって現在ある自分になったのではなく、自分の意志と能力には関わりなく、恩寵がそうさせたのであり、それが自分を捉え、促し導いたのだとますます認識したり感じるようになる。そ

＊3　原書にはここに符号がないが、第十五版にはa)とあるので、これをiとした。

してその人自身の最も自由な決定や承諾でさえも、その人にとっては、自分がなしたこと以上の何かを体験したことになっていく。自分自身が行う前に、救いの愛が自分を求めて選ぶ働きをしているのを知り、その人は自分に対する恩寵の永遠の決定、まさにあらかじめ準備されたもの（Zuvor-versehung）である決定を承認する。この準備は正真正銘救いに対するそれである。この準備は恩寵の体験そのものを説明するものであって、いわゆる「両義的予定」（praedestinatio ambigua）、言い換えればあらゆる人間は救済に、さもなくば滅びにあらかじめ決定されているということとは全く何の関係もない。恩寵にあずかった人が自分を選ばれた者と知るときには、同時に神はある人を祝福へ、別の人を劫罰へとそれぞれ定めたと推論するにちがいない、という論理は的を射ていない。なぜならば「選び」は合理的な領域の事柄ではないからである。要は宗教的な直観なのであって、これはそれ自体で成り立ち、それ自体で妥当するのであって、図式化だとか論理的な演繹の全く及ばぬものである。そういうことを試みるならば、蹂躙されてしまうものである。この点についてシュライエルマッハーが『宗教論』で、

　いずれの（宗教的な）直観もそれ自身で成り立つ作用である。……それは演繹や因果連関には関知しない。

と述べているのは正当である。[三]

ii　次に、たとえばパウロの『ローマの信徒への手紙』の九・一八の

> 神は御自分が憐れみたいと思う者を憐れみ、かたくなにしたいと思う者をかたくなにされるのです。

に現れているような本来の予定の観念は、前述の、純粋に非合理的・ヌミノーゼな恩寵の体験から発する選びの思想とは区別されなければならない。これは予定(praedestinatio)であるが、実際には両義的予定であって、選びの観念とは全く別の源泉から出てくる観念である。確かにパウロにおいては強い「選び」の思想がここでも鳴り響いているのであるが、しかし九・二〇の

> 人よ、神に口答えするとは、あなたは何者か。造られた物が造った者に、「どうしてわたしをこのように造ったのか」と言えるでしょうか。

という考えは、選びのそれとは明らかに全く別の調子となっている。それは「選び」の思想系列には全くふさわしくない考えである。だからといって、ましてやツヴィングリ*4に見られるような、神は一切の原因であるという抽象的な理論的教説から生じているのでもない。彼のこの教説は「予定説」を産み出しはするものの、それは哲学的な思弁の専門的な構成物であって、直接的な宗教的感情から生じたものではない。ところが直接的な宗教的感情から生まれた考えも、独特の予定思想の根源として実際に存在しているのであって、疑いなく先のパウロの言葉の根底をなしているのである。そして私たちによって最初に見出され、これまで長々と論じられてきた、この宗教的感情を「畏るべき神秘」および「優越」に対する感情としてすぐに再確認するには、少

＊4　ツヴィングリ（一四八四―一五三一）はスイスの宗教改革者で、ルターと同じ改革思想を抱きながら、聖餐を象徴的に解釈し、予定説を立てるなど独創的な面もあった。予定説はカルヴァンに影響を与えた。

し考えてみるだけでよいであろう。つまり先のアブラハムの物語に見られたその特色が、この予定の観念にも再現されているわけで、ただこちらの場合には著しく強められ、極端になった形で現れているだけである。なぜならこの予定の思想はかの「被造物感」、すなわち超世界的な「優越」に対峙したときに、自分の力と要求と妥当性ともども自分自身が沈んでいく、「無になってしまう」という感じの自己表明にほかならないからである。ヌーメン、それも圧倒的に体験されたヌーメンがすべての中のすべて、要するに一切をひっくるめたものとなる。こうして被造物は、その存在も行為も、走ることも駆けることも、計画することも決断することも、存在することも妥当することも、一切を含めて無に帰するのである。ヌーメンに対したときの感情におけるこのような沈降と無化を説明する表現は、後者の場合には無力と自己の選択の空しさの告白であり、前者については全能と一切の決定と支配の告白である。

次にヌーメンの絶対的優越と内容的に等しいものとしてのこのような予定は――この点はいつも見落とされるのであるが――、差しあたっては「不自由」「自由なる意志」の主張とはまだ全く何の関係もない。むしろそれがまさしく被造物の「自由なる意志」を対極とし、それによって初めてみずからを浮き彫りにすることがきわめてよくある。「おまえが欲すること、できることを欲せよ。自由に計画を立て、選べ。しかしながら、すべてはそれがあるべきように、定められているがままに現れるにちがいない」。――この「しかしながら」もしくは「人間の」自由な意志にも「かかわらず」ということこそが、事柄のより真正で、本来の表現なのである。永遠なる力に対峙するとき、人間はみずからの自由な選択と活動と一緒に無に帰するのであり、この力は人間の意志の自由にもかかわらず、みずからの決定をやり遂げることによって、まさしく測り難いものとなるのである。

かの御方が人間に対して取りかかったことおよび持とうとすること、それはどのみち最後にはかの御方の目的ないし目標となるにちがいない。

まさに問題のこのような側面こそ、アッラーの決意の不撓不屈さを具体的に表そうとするイスラムの物語の多くの事例が誇張して描くものである。そこでは人間が計画し、選び、捨てることができる。しかしたとえ選んで実行するとしても、アッラーの永遠なる意志はどのみち、あらかじめ定められた通りに、日ごとに時間ごとに貫徹される。イスラムの物語でまず言われているのは、まさにすべてに及ぶ活動や唯一の働きではなくして、被造物のまだかなり強くかつ自由な活動に対する永遠なる選択と実行の絶対的な干渉なのである。たとえばコーランの注釈者であるバイダーウィー[*5]はこう述べている。

死の天使アスラエル（Asrael）がかつてソロモンの傍らを通り過ぎたときに、その家来のうちの一人に目を向けた。その家来は「この人は誰でしょうか」と尋ねた。「死の天使だ」とソロモンは答えた。家来は続けて言った、「あの人が私のほうを見たようなのです。風に命じて、私をここから連れ出し、インドで降ろすように

＊5　アル・バイダーウィー（一二八六年頃没）はシャーフィイー派の法学者で、そのコーラン注釈書は、現在でもスンニ派で重用されている。

してください」。ソロモンはそうした。すると天使は言った、「私が長い間彼を見つめていたのは、彼を変だと思ったからです。というのも、彼がカナーンで貴殿に仕えていたときに、彼の霊をインドから連れてくるように命ぜられていたからです」と。

これは自由な意志をまさに引き立て役として前提している予定である。人間が自由に計画を立てても、アッラーはいつでも抜け道を作るのである。

［ルーミーの］『精神的マスナヴィー』の詩はそれを次のように詠んでいる。

多くの人は危険を避けながら、危険に近づく、
蛇から逃げ出して、竜に出喰わす。
人は網を張るが、網が人を搦《から》め取る。
人が生と思い込むものが、その心臓の血を飲む。
敵がすでに部屋に入ってから、扉を閉める。
ファラオが不幸を逃れるために、
罪のない無数の幼児の血を流したとき、
彼が捜し求めたもの(四)が、自分の膝にいた(五)。

被造物感がいっそう昂まり、また過度に高められる（その際にはしばしば理論的な吟味も加わる）ことによって初めて、被造物の自己活動および自己選択を排除して、神性がひたすら一切を動かし、唯一の活動をするという思想が生まれてくる。そして

単に実行力だけではなく、本来の実在性や全くの存在そのものさえもが被造物には認められなくなり、一切の存在、一切の本質に満ちたものは、絶対に存在するものに帰せられるようになる。この絶対に存在するもののみが実在しているのであり、被造物のあらゆる存在はその存在の一機能に過ぎない——それが被造物を存在させる——か、それともそもそも仮象に過ぎない——被造物が自分の働きあるいは意志だと思い見なしているものはすべて、神的意志の通過点に過ぎない——か、のいずれかである。これと関連するものがとりわけはっきりと認められるのは、ゲーリンクス[*6]と機会因論者たちの神秘主義においてである。「あなたが何もできないときには、何ものをも欲するな」というのがその考えである。このような神秘主義的な主眼点がパウロにおいても、「神が一切の中の一切となる」ときにはあらゆるものの終わりが始まるという言葉に浮かび出ることがあるが、しかし先の『ローマの信徒への手紙』の九・二〇の方は予定の思想そのものまでしか届いていない。しかしこれは昂まった被造物感の表意記号(Ideogramm)にほかならないのである。

この最後の例は別のことを熟慮することによっても明らかにされる。ヌミノーゼなものの感情、すなわち「被造物感」としてのそれが本当にこのような予定の観念の根であるとすれば、神の観念における非合理的な要素によって最も規定されているような宗教的性格はまた最も予定説的な傾向を持っていると予想することができる。そし

＊6　アーノルド・ゲーリンクス(一六二四—六九)はオランダのデカルト派の哲学者で、物体の作用を機会(occasio)として全能の神の遺志が働くとする機会因論を唱えた。

て明らかにそのような場合がある。いかなる宗教もイスラムほど予定説的な傾向を持つものはない。しかしイスラムの特徴はまさに、神の観念の合理的な、とくに倫理的な側面が、たとえばユダヤ教やキリスト教におけるとは違って、初めから固定した明白な刻印を得ることができなかったという点にある。アッラーにおいてはヌミノーゼなものが断然勝っている。イスラムに対しては、道徳的な要求が「偶然的なもの」という性格を帯びていて、しかも神性の「偶然の意志」によって妥当性を持つに過ぎない、という非難が加えられている。この非難は正鵠を得ているのであるが、問題は「偶然」ということとは全く関係がない。むしろこの問題は、アッラーにおけるヌミノーゼな・非合理的なものが、その合理的なものに対して、まだはなはだしく勝っていること、言い換えればキリスト教に比べると、合理的なもの、この場合には道徳的なものによってまだ十分に図式化されておらず、程よく調合されていないことから説明される。そしてまたこのことから、この宗教の「熱狂的」傾向とよく言われる点が何であるかも理解される。合理的な要素による調合を受けていないヌーメンの強い興奮と「熱中」を引き起こす感情、まさにこれこそが、「熱狂」（Fanatismus）という語を現代の世俗化された、「零落した」意味ではなく、根源的な意味で用いる限り、まさしく正真正銘のその本質なのである。根源的な意味での熱狂は激情とか激情に駆られた主張一般を言うのではなく、ヌミノーゼな「熱心さ」が情熱的だということなのである。(六八)

以上のことから予定の思想についての価値判断も下される。この思想は、そのものとしては、根本的に概念では解き明かし得ないものを概念的に表そうとする試みである。創造主と被造物との全く非合理的な根源的関係（Urverhältnis）、したがってまた全く非理論的であると同時に、意志およびそのあり得るかもしれない自由とか不自由についての合理的な理論の領域には引き入れることのできない関係を表意記号で示唆するものであり、また無限なものの中にある一つの点を示唆するものである。そういうものとしてこの思想は、秘密に満ちた解釈上の名称としては全く不可欠であるし、完全な権利を持っているのである。ただし類似性によってしか暗示されないものを見誤って、表意記号ではなく本来の概念と見なすならば、ましてや理論化できるものと解するならば、たちまちこれはこの上ない不当（summa injuria）となってしまう。そうなると回避策を用いてこの思想を無害なものにしようとしても、キリスト教のような合理的宗教にとってはまさに命取りになり、忍びがたいものになるであろう。

iii　予定の思想と同じように、パウロの観念のもう一つの要素もヌミノーゼなものの中に根を下ろしている。それは「肉的なもの」（das Fleische）の価値の完全な切り下げである。パウロにおいて「肉」とは、被造物という所与性一般にほかならない。四五頁と一一一頁で見たように、ヌミノーゼな感情は、超世界的なものと比較して、この所与性の評価を存在と価値の両面で切り下げる。すなわち存在に関しては、「塵あくた」、「無」、非自立的なもの、脆弱なもの、はかないものおよび死ぬものとして、また価値の点では、卑俗なもの、不浄なもの、聖なる価値とその接近を受け入れることのできないものとして、それぞれ切り下げられる。パウロの「肉」の観念にもまたこの二つの無価値観が認められる。この点におけるとくにパウロ的な特徴は、この無価値観の強さ、徹底ぶりである。この価値切り下げの強さをパウロはどこから手に入れたのか、「二元論的」な環境の刺激からか、それとも彼自身からか、はそれ自体一個の問題である。歴史的な由来や関連からの推論は問題の本質と真理と価値について何も決定してくれない。少なくとも主張できることは、すでに旧約聖書的なヌミノーゼな敬虔の最も純粋な昂まりの中に、このような刺激に対する強い出発点があったということである。旧約聖書においても「Bāsār」、すなわち「肉」は、すでにして「塵あくたである」ことの原理であったし、「聖なるもの」に対する被造物の「不浄性」の原理でもあったのである。

〈三〉　パウロと同じく、ヨハネにおいてもヌミノーゼなものの横糸は著しい。ヨハネにあっては「畏るべき」(tremendum)ものは確かに鳴り止んでいる(ただし全く消えてしまったのではない。リッチュルは認めないが、ヨハネにおいても「ménei hè orgḗ」(怒りは続いている)からである)。それだけに「神秘」(mysteriosum)と「魅惑する」(fascinans)ものがより強い。ヨハネにおいて、キリスト教はみずからと張り合う諸宗教から「光」(fôs)と「生」(zōḗ)を吸い取っている。[七]これは正当なことである。なぜならこの二つはキリスト教の中で初めて故郷へ帰るものだからである。しかしこの両者は何だろうか。それを感じることのない人は、木偶坊である。けれどもそれを言葉で言い表すことは誰にもできない。ヨハネですら全く何も言っていないのである。それは非合理的なものが過剰になったもの (das Überschwängliche) である。

そしてまたこれと同じことは、合理主義者たちが好んで引き合いに出すヨハネの言葉、すなわち『ヨハネによる福音書』の四・二四の「神は霊である」にもあてはまる。この言葉があるゆえにヘーゲルはキリスト教を最高の宗教と見なした。なぜならば「神が霊として」、言い換えれば彼にとっては絶対的理性そのものとして認識され、告知されている真に「精神的」な宗教と見なされたからであった。しかしながらヨハネが「霊」について語る際には、「絶対的理性」を考えているのではなく、プネウマ、すなわち一切の「世俗世界」、つまり「肉」と対立するものを考えているのである。それは全くの天の存在、奇跡的な存在、「自然的」人間の悟性と理性を越えた全くの謎と秘密に包まれたものである。彼が考えている霊は、

「思うままに吹く。そのざわめきをあなたは聞くが、どこから吹いてきて、どこへ吹いていくのか分からない」。

のであるから、それゆえにこそガリジムにもシオンにも結びつかず、それ自身「霊と真理の内にある者たち」からのみ敬われるだけである。まさしく見かけは全く合理的なこの言い方こそが、聖書的な神の観念を最も強く示しているのである。[八]

（一）「神の国」の意味と本章全体に関しては、最近書いた私の『神の国と人の子』(Reich

Gottes und Menschensohn）（一九三四年、ミュンヘン）を参照してほしい。

（二）ただし神秘主義の本質的な性格特徴として私が提示した、神秘主義は、非合理的な要素が一面的に優位を占めていて、それが歓喜雀躍へと極度に凝集した宗教である、という定義は十分なものではないかもしれない。——ある宗教性がそのような傾向を持つ場合には、「神秘主義的な色合い」を持つ。この意味で言うと、パウロとヨハネ以来のキリスト教は神秘主義ではないが、しかし神秘主義の色合いを帯びた宗教ではある。

（三）シュライエルマッハー『宗教論』（オットー編、第五版、一九二六年）の三七－三八頁を参照してほしい。

（四）幼児のモーセのこと。

（五）この二つの文については、G・ローゼン『ジェラール・エッディン・ルーミーのマスナヴィー』の一六六頁および一七一頁を参照してほしい。

（六）ヌミノーゼな熱心さについては、本書一五七頁を参照してほしい。

（七）そしてキリスト教はまた同時にその宗教をも、強者の権利に基づいて、吸収し尽くしている。その後これらの要素はキリスト教そのものに同化され、不可分のものとなる。なぜなら、

強い霊の力が諸要素を自分のもとに寄せ集めたときには、
いかなる天使も、堅く結びついたものの
一つになった二つのものの性質を分かつことはなかった。——

からである。ましてや文献学的批判が分けることはなおさらできない。

（八）聖書における「霊」と「肉」の対立が持つ、ヌミノーゼな性格もしくは本来の意味、つまり道徳的な価値・無価値の判断とは異なる意味について、また今日の流行神学が肉と罪

と原罪を利己心やその他の道徳的な欠陥と同一視することから浮かび上がってくる、純粋な宗教的直観の間違った道徳化についても、詳しくは『罪と原罪』の第二章を参照してほしい。——宗教的な予定の観念を全く誤って、意志に関する合理的、経験心理学的な理論とごちゃまぜにする誤謬は、アウグスティヌスからスコラ学全体を貫き、ルターもその最も「熱のこもった」著書である『奴隷的意志について』においてこれを犯していて、彼の本来の宗教思想そのものを非常に損なっている。この点についても同書の第三章第三節「ルターの『宗教哲学』」を参照してほしい。

第十四章　ルターにおけるヌミノーゼなもの

〈一〉カトリック信仰(Katholizismus)においては、ことに儀礼、サクラメントの象徴、正典以外の形の奇跡信仰と伝説、教義の背理性(Paradoxie)と神秘性、観念形成におけるプラトン的・プロティノス的またディオニシウス的[*1]な特色、教会としきたりの厳めしさ、敬虔と神秘主義との密接な感応といったものの中にヌミノーゼなものの感情が生きている。ただしカトリック信仰においても正式な教義体系においてはそれははるかに少ないし、これまで述べられた理由からしてそうである。とりわけかの大いなる「新人たち」(Moderni)〔オッカム主義者〕が、アリストテレスとアリストテレス的な学問のやり方を教会教義学に結びつけ、それで「プラトン主義」に取って替って以来、著しい合理化が起こったが、実際には慣習と感情生活そのものがそれについて行かず、それと合致しなかった。その際に「プラトン主義」と「アリストテレス主義」として互

＊1　ディオニシウス・アレオパギタは一世紀頃のギリシャの人で、パウロの感化によってキリスト教に改宗し、アテネ教会の初代の司教に叙階されたと伝えられる。新プラトン主義によってキリスト教の神秘的経験を解釈した彼の著作は後代の偽作と見なされている。

いに闘ったものや近代神学一般に対する長い間続いた抵抗は、かなりの部分において、キリスト教の非合理的要素と合理的要素相互の格闘にほかならなかった。（アリストテレスおよび近代神学に対するルターの抗議の中にさえ、同じ対立がはっきりと認められる）。

当時の人々は、プラトン自身についてもきわめて不十分にしか知らず、アウグスティヌス、プロティノス、［五世紀のギリシャの哲学者］プロクルス、アラビアの哲学者たちとディオニシウスを通してプラトンを解釈していた。けれども人気を惹くための対照が標語として「プラトン」と「アリストテレス」を選んだときには、正しい感情に導かれていた。確かにプラトンその人は、宗教を合理化するのに大いに有力な助けとなった。彼の哲学によれば、神性は善のイデアと同一であったし、それゆえ神性は全く合理的なものもしくは概念的なものとなったからである。しかしながらプラトン的な思考様式の最も特徴的な点は、本来は彼にとって哲学や学問が、人間の精神生活を包括するには狭過ぎるということである。本来プラトンは全くいかなる宗教「哲学」も持っていなかった。彼は概念的思考の手段とは全く別の手段によって、すなわち神話という表意記号を用いて、熱狂、純粋愛（Eros）および心酔（Mania）によって宗教的なものを把握するのである。そして宗教的対象をエピステーメー（認識）、言い換えればラチオ（理性）の対象にして、認識作用の一つの体系にあてはめようとする試みを断念する。これにより彼にとっては、この対立が小さくなるのではなく、むしろ大きくなり、このようにして彼においては、対象の全く非合理的なものが、感情にとって最も生き生きとしてくる。そして感情だけではなく、表現においても同じく生彩を帯びる。神が一切の理性を越えていること、しかも理解することができないものであるのみならず、捉えることができないものとしてもそうであることを、この思惟の達人ほど明言した人はほかにいなかったのである。

> 創造者を……見つけることは困難であり、そしてそれを見つけた人が、すべての人にそれを知らせるのは不可能である。

とプラトンは言っている(『テマイオス』五、二八c)。彼はまたこの深い言葉を長い手紙の中で次のように書いている。

> 私はそのことについて書かなかったし、決して書かないであろう。なぜならそれは学問研究の対象のようには扱えないからである。学問はそれを言い表すことができない。没頭していた長い思索の後に、火花がきらめくときのように、魂の中に突如として火が燃え上がる。そしてその火はおのずから燃え続けていく。文字による伝達の試みはごく少数の人にしか理解されないであろう。しかしそういう人には、そのもの自体を見つけるためにちょっとした目配せが役に立つ(一)。

アリストテレスは、プラトンに比べると随分と神学的であるが、雰囲気から言えばはるかに宗教的ではなく、その神学においては本質的に合理主義的でもある。そしてこの両者の対照は、それぞれを信奉する人々の間にもまた見られる。

非合理的なものに関して、教会教義学は最も古い教父時代から、神性のアパティア(apátheia)（超然たる無感情）に関する古代の学説の伝統により、もう一つの鈍化させる影響を蒙った。[二] ギリシャの、とくにストアの神観の神は、みずからの熱狂や情動を克服し、無感動(apathés)となる「賢者」の理想の上に打ち立てられていた。人々はこの神と聖書の「生ける神」とを調停しようと試みた。しかしこれに対して間もなく別の立場から戦いが起こった。そしてその戦いの中でも、神的なものにおける非合理的要素と合理的要素との対立が無意識のうちに働いていた。とりわけラクタンティウスは『神の怒りについて』の中で、このような哲学の神と闘っている。彼はそれ自体人間の感情生活の全く合理的な要素によって、つまりこれを高めることでもって戦うのである。彼は神から、言わば掻き立てられ、あるいは掻き立てられた活気のもとでの巨大な心情(Kolossal-Gemüt)を作り上げるわけである。しかしこのように「生ける」神のために戦う人は、それと気づかずに、世界秩序や道徳的秩序、存在原理あるいは目的意志などの理念には解消されない神の内なる神的なものを守るために戦ってもいるのである。そして彼の表現の多くはもっと高い意味で把握し、理解している。プラトンを引きつつラクタンティウスはこう述べている。

> そもそも神が何であるか、と問うてはならない。神を見つけることも、言い表すこともできないのだから。[三]

クリュソストモスも同じであるが、ラクタンティウスもまた一般に、神の「捉え難さ」

(incomprehensibilitas)を好んで強調する。

人間の精神は神を見積ることはできないし、死すべき舌は神を語ることができない。人間の思考ないし言葉が捉えるには、神は高過ぎるし、大き過ぎる。(四)

彼は神の「優越」(majestas dei)という表現を好み、哲学者たちは神のこの「特殊な優越」を誤って判断していると非難する。神は「怒る」と彼が主張するとき、優越の「畏るべき」(tremendum)要素を感じているのであり、また、

こうして、宗教と崇高と畏敬は恐れに基づくことになる。誰も怒らないときには、恐れはない。(五)

と言うときには、宗教の根本特徴として「畏怖」を要求しているのである。怒ることのできない神はまた愛することもできない。この二つともできない神は動かないもの(immobilis)であって、聖書の生ける神(deus vivus)ではない、とも彼は言っている。

クリュソストモスとアウグスティヌスにおける非合理的なものに関しては、別の「論文」(六)で詳しく論じておいた。中世になると、「哲学の神」に対するラクタンティウスの旧い戦いが、「存在」の神と「認識」に対して、宗教自体における「意志」の神および「意志」の妥当性を守る[十二—三世紀の神学者]ドゥンス・スコトゥスの戦いで復活する。そしてこの場合にはまだ休眠している非合理的な要素が、やがてルターのある独特の思想系列の中で完全に破り出てくるのである。

〈一一〉 ルターにおけるこの要素は後になると暗黙のうちに排除されて、今日ではよ

く「傍流のもの」あるいは「唯名論的思弁のスコラ学的残滓」などとして扱われたりする。ただ奇妙なのは、そうなってもこの「スコラ学的残滓」がルター自身の心情生活の中で、それとしてはっきり分かるような力を持っていたことである。彼の非合理的な要素を扱う際の大事な問題が、実際には何かの「残滓」ではなく、彼の敬虔の全く根源的であると同時に、全く秘められた、暗い、ほとんど不気味なと言ってよい人格的な背景にあることは全く疑いようがない。そうして彼の恩寵の信仰が持つ明るい至福と歓喜そのものをその完全な力と深みに即して評価しようとするのであれば、まさにこのような背景から、またそれを引き立て役として初めてそれが正しく浮き彫りにされ、見られなければならないのである。[七] その誘因がどこから来たにせよ、すなわち「唯名論」からであれ、ルターが学んだ修道会の教義学の伝統からであれ、彼にとって重要であるのは、私たちがすでに学び知った本質的な諸要素に即したヌミノーゼな感情の全く根源的な活動そのものなのであって、それはもともと彼自身の心情から破り出ているのである。

i　彼の敬虔が初めは強く、次第に弱く、しかし全く消えることなく神秘主義と結びついている多くの糸については、ここでは触れない。また彼の聖餐論の中にカトリックの儀礼のヌミノーゼな性格が生き残っていることも同じく触れないことにする（この聖餐論は彼の赦罪論からは、そして「聖書に書いてある」ことにして彼が従ったことからも、完全に導き出すことはできない）。私たちが目を向けるのは、『奴隷的意志について』で述べられていることで、「神の顕らかにされた顔」（facies Dei revelata）とは異なる、神における「顕らかにされないもの」についての、つまり神の「恩寵」と対比された「神の優越」もしくは「神の全能」についての彼の「特異な思弁」（mirae speculationes）である。ルターがその「教え」をどれだけスコトゥスから受け継いだのかを追究してもほとんど解決にはならない。それはルターの最も内面的な、最も固有の宗教生活と密接に結びついたもので、そこから全く純粋に、本源的に破り出ているのであり、そういうものとして吟味されなければならない。彼自身はこういう事柄を学問の論争として、また哲学的な論法としては教えず、それはキリスト教徒の敬虔に属するものなのだから、キリスト教徒は信仰と生活のために知らなければならない、ということを強く確信している。こういう問題は少なくとも「民衆」には知らせるべきではない、と考えたエラスムスの抜け目のない用心をルターは非難し、公けの説教（『出エジプト記』のファラオの躓きに関する）でそのことを説教したり、アントワープのキリスト教徒宛の送り状の中にも書いている。そして死ぬ前にも、その問題が記されているみずからの著作『奴隷的意志について』に関して、自分の最も固有のものと認めるものであると告白している。

「神を持つことは、心から神を信頼することにほかならない」——と確かにルターは大教理問答で述べている。そして彼にとって神は「みずからを純粋な善で満たしている」神である。しかしながらその同じルターがまた心を怯《ひる》ませる神性の深淵と深層をも知っているのである。すなわちその前で彼が、あたかも兎が岩の裂け目に逃げ込むように、「ことば」に避難するような、またサクラメントや免罪へ、ポメラヌス博士[*2]の慰めを与える職務上の告知へ避難し、またそもそも慰めと約束を与えてくれる言葉、すなわち『詩篇』や預言者の約束へと避難するような深淵と深層がそれである。しかしながらルターが、しばしば繰り返される魂のびくびくした不安な状態のもとで、そこから逃れようとするこの恐るべきものは、単なる正義を要求する厳格な審判者ではない。なぜならこの審判者はまさにまた「啓示する神」でもあるからだ。それと同時にその神はまた、「神であること」自体の持つ恐るべき優越のもとにたえずいる「啓示することがあり得ない」神でもある。言い換えれば、律法の違反者として初めてその前で震える神ではなく、被造物そのものがみずからの「隠れなき」被造物性を知って震える神である。それのみならずルターは大胆にも、この神の内なる恐るべき非合理的なものを「神それ自身」(deus ipse)(それみずからの本性と優越のもとにあるがゆえに[ut est in suā naturā et majestate])とさえ言い表している(――実際には危険で間違った考えである。なぜならば神性における非合理的側面は合理的側面から、あたかも後者は前者よりも本質的にふさわしくないかのように、区別されるものでは決してないからである!)。

この点に関する文言は、ルターの著作『奴隷的意志について』からよく引かれる。けれどもこのヌミノーゼな感情のほとんどデーモン的な面に気づくためには、とくに『出

＊2　ポメラヌス(ブーゲンハーゲン)(一四八五―一五五八)はドイツ・プロテスタント宗教改革者で、ルターと親交を結び、彼の聖書のドイツ語訳に協力した。ウィッテンベルク大学で神学を教えた。

エジプト記』の二〇に関する彼の説教（八）の次の文章が直接に働きかけてくるようになってもらいたい。ルターは自分のテキストの身震いする要素を描き切ってはいないし、十分に効果あらしめてもいないからである。

それのみか、世間にとっては、神などまるでただ口を開けて大きな欠伸をしている者か、さもなくば寝取られた男が、他人が妻と寝ていていても見ていないふりをするお人好しの男と見えるであろう。

ところが、

神はそういう男に絡んでいって、嫉妬と怒りから、悪い者を食い殺すことを快楽としている。一度そういうことにでもなれば、神は収まらない。……そういう時になって、神が焼き尽くす火であり、二つの面として一切を造るとともに、一切に嫉妬するものであることをわれわれは学ぶのである――それは食い殺し、食い尽くす火である（九）――そしてあなたが罪を犯すならば、神はあなたをすっかり食い尽くしてしまうだろう（一〇）――なぜなら、神は食い殺し、食い尽くし、嫉妬する火であり、火が家を焼き尽くして、灰と塵にしてしまうように、あなたを滅ぼしてしまうからである（一一）。

そして別の所ではこう言っている。

自然でさえもこのような神の優越の前では怖がるにちがいない（一二）。まことに神は悪魔以上に恐ろしく、むごたらしい。なぜならば神は威力をもってわれわれを扱い、われわれと付き合い、苦しめ、責めさいなみ、そうしてわれわれを大切にしないからである。[一三]――優越する神は焼き尽くす火である。[一四]――なぜなら地上のいかなる人間もそれを止めさせるわけにはいかないからである。人間が正しく神のことを考えるならば、心は身体の中で肝を潰し、たぶん世界から逃げ出すであろう。まことに、神が名を呼ぶのを聞いたとたん、恐れて身体が震えることだろう。[一五]

これは、ドゥンス・スコトゥスの場合のような、「意志」の神とか「偶然」の神に過ぎないものではない。ここには近代神学の学徒よりも、むしろ農民の息子や農民層の宗教を推測させる基層的な根源感情が波打っている。太古の「気味が悪いもの」も働いている。すなわちそれはヌーメンそのものであるが、この場合にはもっぱらその「畏るべき」ものと「優越」の側面から感じられる。そして実は私が先にヌミノーゼなものの一つの側面を表現するのに、「畏るべき」と「優越」を導入したとき、まさにルターの用語を思い起こしていたのである。すなわちルターの「神の優越」（divina majestas）および「恐るべき意志」（metuenda voluntas）から借りたのである。これらは私が初めてルターを研究したときから耳に残っていたものであった。[一六]それだけではなくヌミノーゼなものとそれの合理的なものとの相違の理解も、旧約聖書の qādosch や宗教史一般における「宗教的畏怖」の要素にそれを再び発見するずっと以前に、すでにルターの『奴隷的意志について』を手がかりにして形成されていたのである。

しかしながら同一の人物が、他方においてキリスト教のすべてを信頼としての信仰に置こうとするのはどういうことか、を初めて理解するためには、どうしてもこのような深層と深淵を見ておかなければならない。私たちが福音書の敬虔や神・父信仰の不思議について述べたことは、ルターの敬虔な体験においても確認されるが、それはかつてないほどに先鋭化されている。近づき難いものが近づき得るようになり、聖なるものが純粋な善となり、「優越」が親しいものとなる、といった対立・調和こそが、ルターの宗教における核心である。後のルター派の教義学において、聖性そのものにほかならない「怒り」(orgē)の神秘性が善によって定型化され、そればかりか一面的に神の正義へと引き伸ばされてしまうと、この核心はきわめて不明瞭にしか表現されなくなってしまうのである。

ii　ヌミノーゼな感情が一度動き出すと、それはひとまとまりのものであるから、その要素の一つが現れるのに伴って、別の要素も現れることが容易に予想される。事実これはルターの場合にもそうで、まず何よりも、私が彼の「ヨブ的」思想系列と呼びたい要素において見られるのである。すでに見たことであるが、ヨブ記においてはヌーメンの「畏るべき優越」よりも、「驚くべき優越」(mira majestas)のほうが重要である。すなわち狭い意味での非合理的なもの、つまり「驚くべきもの」、理解し難い・パラドックスなもの、「理性的なもの」もしくは理性的に予想されるものと対立するもの、理性にとってはぞっとし、そうして最後には内的二律背反にまで高まるものが重要である。単なる合理的な有神論の立場からすると醜怪に映るにちがいない、「娼婦・理性」

に対するルターの激越な罵倒も、そもそもすでにこのことに結びついているのである。けれどもルターにおいてしばしば全く典型的に繰り返されているある種の定型表現もやはり、特別の意味においてこれに属している。すなわちこの問題を、神の示す道は私たち人間には高過ぎる、ということで収まるような、まるで小銭で商売するような通俗的な信心開発のやり方で表す文ではなく、強烈なパラドックスに訴えるきわめて重要な文をここでは言っているのである。彼は、「私たちの神は風変わりな御方である」、世間と同じような仕方で神は計算したり、見積ったりはしない、神は低いものや劣ったものを基準に測る、神は不思議な指導の仕方で私たちを鍛えるなどと、確かに通常の説教の語り口で全く飾り気なく語ることもできる。しかしこのような表現がルターにおいては、彼に典型的な仕方で強められていく。彼にとってそもそも神は「その秘密と審判において究め難い」。神は――ヨブにおいても同じであるが――みずからの「真の優越」(vera majestas)を「恐るべき奇跡と理解不能な審判のもとで」啓示する。神はその本質において一切の理性に対して全く隠れている。神は尺度も法則も目的もなしに、全くパラドックス的に活動する。

このように信仰に余地があるためには、信じられるもののすべてが隠されなければならない。

そしてこのような理解できないパラドックスをただ認め、それに膝を折るだけではなく、そういうものが神的なものの本質をなしており、まさしく一切の人間的なものとは異なる神の認識上の目印でもあることを洞察すべきだとも言うのである。

なぜならばもしかりに神の正義が、人間の認識能力から正しいと認められるような性質のものだとすれば、それは全く神的ではないし、人間の正義と区別されなくなるであろう。ところが神は真実であり、一なるものであるから、それにまた徹頭徹尾理解できない、人間の理性の近づけないものでもあるから、神の正義も理解できない、とするのが適切であり、むしろ必然的でさえある。(一七)

このような「ヨブ的」な思想系列のきわめて特異で感動を覚えさせる表現は、『ローマ書講義』一五一五～一六、Ⅱ、二一九頁の

私たちにとっての善は隠されており、しかもその反対のものの下に隠されているほどに深く隠されている。つまり私たちの命は死の下に、正義は罪の下に、力は無力の下に隠されている。そして善に対する私たちのいずれの肯定も広くその否定の下に隠されており、こうして信仰もまた、否定的本質であり否定的善であり否定的知恵であり否定的正義である神の内にその場を持っていることになろう。(一八)神は私たちの一切の肯定的なものの否定による以外に所有もされず触れられもしない。このように私たちの生もまたキリストとともに神の内に隠されており、私たちにより感じられ、持たれ、理解されるものすべての否定の内にある。

にも見られる。次の文章

なぜなら神はみずからの本性においては計り知れず、理解できず、無限であるが、

　人間の本性にとっては神は耐え難いものだからである。(一九)
は、おそらくクリュソストモスの『神の理解し難さについて』から取られたのであろう。そして私たちの性質や存在とは全く無縁であり、全く別のものとして、私たちが「不同性」(das Dissimile)、「理解できないもの」と名づけただけではなく、「捉えることのできないもの」と呼んだものが、(二〇)ここでは「人間の本性にとっては耐え難い」という表現のもとに、きわめて厳密で犀利に表現されている。

　神における絶対的な偶然の意志という不都合な説がしばしば、神の観念における非合理的なものの要素を表し、認定する神学的な方便となっているが、これが実は神を「気ままな独裁者」とすることにもなる。このような説はイスラム神学においてとくに強く現れている。それが神性における非合理的・ヌミノーゼなものを表現する苦肉の策だ、という私たちの主張、またこのことがまさにイスラムにおいて支配的だ、という私たちの別の主張が正しいとすれば、それは即座に理解できることである。ところがこのような問題連関において、私たちはルターにも同じものを直ちに見出す。(二一)しかしながら実情は、倒錯した危険な表現にもかかわらず、「神は理解できないものだという」正しい事態が念頭に置かれていたということであって、そこには同時に、それ自体、実際は神を冒瀆する罰あたりな恐ろしいことに対する謝罪が意図されているのである。*3 つまり「イスラム神学において」このような戯画へと導いたのは、鋭敏な反省の不足と表現手段の間違いであって、倫理性(Ethos)の絶対性の軽視ではなかったということで

*3　この箇所は第十六版で加筆されている。

ある。

iii　前述の観点からすれば、当時にあっては、このような根本感情には必ず予定説が相応せざるを得なかったのであり、ルターの場合、この両者の緊密な結合については、パウロのそれとは違って、全く解明するには及ばない。むしろそれは彼の著作『奴隷的意志について』で手に取るように明らかである。この著作においては、一方と他方とは全く明らかに相関しているのであって、しかもこの著作がまさしくそうした類似現象を解く心理的な鍵となるほどにはっきりとした本質連関をもって相関しているのである。——ただしルターの宗教的な感情のこのような純粋にヌミノーゼな要素が、この本の場合のように強く現れることはそうあることではない。しかし絶望(desperatio)もしくはサタンとの闘い、しばしば繰り返す破局的な精神状態と憂鬱、ときに心の病ぎりぎりのところまで彼を追い込むこともあった恩寵をめぐる再三の格闘などにおいても、「神」として表すことさえほとんど拒む、深く非合理的、超越的対象の非合理的な体験が働いている。そしてこういうことこそ、ルターの全信仰生活の引き立て役をなしているのである。彼の説教や書簡や卓上語録の数え切れないほど多くの個所で、それが認められる。そしてこのような基盤に立って初めて、神の「ことば」に対する高い評価や「ことば」とそれによって「啓示される」神に、ほとんど発作的にしがみつく点も理解されるし、この暗部と戦慄には無暗に入り込むな、というつねに繰り返される警告も理解されるのである。彼の卓上語録の中でもとりわけ神の探究し難い優越

性を扱った個所を参照してほしい。[二二]

> 私は一度（だけ）でなくそれで死の危険に晒されるほど悩まされた。（それについて）私たち貧弱で哀れな人間がとつおいつ思案しても、まだ神の約束の光を（一度も）信仰によって捉えることができないでいる。それでも私たち弱き者にして無知な者は（その方のほうへ）無理やり引っ張られ、神の奇跡の捉え難い光の捉え難い優越を追い求め、理解しようとするのである。その方が、人間の至り得ない光の中に住み給うことを私たちは知らないとでも言うのか。それでも私たちはそこへ行こうとする。それのみかそこへ行けると思い上がってさえいるのだ。……私たちが優越を求めるのであるから、栄光のほうが不意に訪れたり、上から降ってきても、何の不思議があろうか。
>
> 神の究め難く、理解し難い意志について確かに教えるべきではある。けれども敢えてそれを理解しようとすることは、きわめて危険で、首を折って命を落とすことになろう。

そのうえルターは、この文が証言するものよりもはるかに恐るべきものを知っている。すなわち「栄光が不意に訪れたり、上から降ってくる」ことが、こちらから出しゃばって行ったり、近づいたせいではなく、全くおのずから起こること、つまり「畏るべき」ものが、まるで悪魔そのものがするかのように、人間を襲う恐るべき時を知っているのである。そしてルターは、それでも人は「そのことを教えるべきだ」として引き下がらない。なぜならばそういうことがないとしたら、まさに神は神でないし、隠れた神(deus absconditus)がいなくては、啓示する神はただの「大きく開けた口」に過ぎず、「畏るべき優越」なしには、恩寵もこのように魅力的とはならないであろう。そしてルターが審判や罰や神の厳しさについて、合理的な表現でしか語っていない場合でも、ルター的な聞き方をしようと思うならば、このような「宗教的畏怖」の非合理的な要素も一緒に響かせながら、聞かなければならないのである。

iv　こういう事情はいまや私たちをもっと先へと導いていく。啓示しない神や「畏るべき優越」を表す表現の中で繰り返されているのは、明らかにヌミノーゼなものの要素のうちの、私たちが二七頁以下でヌミノーゼなものについて最初に見つけた例のものだけであり、とくに「畏るべき」、拒否的(abdrängend)な要素だけである。それならばルターにおける「魅惑する」ものはどうなのか。それがないのだろうか、あるいは信頼に値するものとか愛といった合理的述語やそれに対応する心情の要素、つまり信頼としての信仰がその代わりをしているのだろうか。疑いなく否である。彼においては、「魅惑する」ものが合理的述語の中に完全に織り込まれ、その中で同じく表現され、現れ、鳴り響いているというだけのことである。それが強く感じられるのは、彼の神体験のまさしくディオニュソス的な、ほとんどはしゃぎ出すような至福においてである。

キリスト教徒は幸せな民であり、心の底から喜び、褒め称え、騒いだり、踊ったり、飛び跳ねることができる。私たちが神を誇り、胸を張り、喜ぶときに、神はそれを気に入り、私たちの心を柔和にしてくださる。このような贈り物は、私たちがもはや喜んで踊ったり、飛び跳ねるのを止められないような純粋な火と光を私たちの心の中に点してくれるはずである。

それを称賛し、言い尽くそうとする人があろうか。それは語ることも理解することもかなわない。

あなたがそれを本当に心に感じるならば、あなたにとってそれについて語るよりも、沈黙するようになるほどに大事なものとなるだろう。[一三]

この点に関しては、先に一三二頁で合理的なものと非合理的なものの絡み合いと合理的表現の深まった意味について述べたことも考慮すべきであろう。厳格さと罰と正義の神の中にヌーメンの恐れを引き起こす面が織り込まれていたように、みずからを「純粋な善で満たす」神には、至福にする面も織り込まれているのである。

v　ヌミノーゼな要素がルターの信仰概念そのものに含まれていることは言うまでもないことで、さらに言えば彼の神秘主義的な面でそうである。この点からしてもルターと神秘主義との関係は見落とすことはない。確かにルターに関しては、「信仰」が「認識」や「神の愛」に取って替わる度合いが次第に強くなっていくのであって、このことは神秘主義の立場に対する彼の宗教的立場の強烈な質的変化を意味している。しかしそうした変化があるにしても、彼が神秘主義的な魂の働きに親しいことを示すとともに、ルター派の教義学の「信仰」（fides）の合理的な一義性や程よい平衡性からルターをはっきりと区別する、全く明確な特徴を彼の信仰が持っていることは明らかである。「認識」や「愛」と同様に、彼にとっては信仰もつねに最後まで「奇跡と神秘」（mirum ac mysteriosum）との関係であり、人間を神と一つにする「神への固着」（adhaesio Dei）の不思議な魂の力であり続けているのである。そして一つになることは神秘主義的なものの標識である。そして信仰は人間と神を「一つの菓子」にする、とか、「指輪が宝石を摑んでいるように」（sicut annulus gemmam）信仰もキリストを摑む、とルターが言うとき、比喩で語っているのではなく、タウラー[*4]が愛について同様のことを言っているのと同じ語り方をしているのである。ルターにとっても信仰は、合理的な把握では汲み尽くせない何かであって、それを表すのにこのような「比喩」が必要となるようなものなのである。彼にとっての信仰は魂の隠れた中心であって、神秘主義者たちにとっては、一体化が起こるこの中心こそが魂の底（Seelengrund）であった。そして信仰はまた同時にプネウマ的な認識力でもあり、超感性的真理を受け取り、承認するための人間精神の神秘主義的ア・プリオリであり、この点で「心の内なる聖霊」（spiritus sanctus in corde）と一つのものでもある。[二四] さらに信仰は私たちの内で「働く、力強い、創造的なもの」であり、「情熱」（enthoysiázesthai）にきわめて近い激しい情動である。信仰そのものが、パウロ以来あらゆる情熱家がいつでもプネウマに帰してきた機能を継承しているのである。なぜなら信仰は「私たちを内から変えて、新しく産み出す」ものだからである。

＊4　ヨハンネス・タウラー（一三〇〇—六一）はドイツの神秘主義思想家で、エックハルトに師事したが、後に恩寵を強調する正統なカトリックに傾いて師と袂を分かった。ドイツ語の著述により国語の発展にも寄与したと言われる。

この点ではそれは「神秘的愛」（amor mysticus）と全く同じ種類のものである。もっともそれぞれ内に含む情趣から見ると両者は違うけれども。そして信仰が捕まえる「救済の確かさ」（certitudo salutis）の至福の中には、それにルターの神の子の信仰（Kinderschafts-Glauben）の高揚した情趣の中にも、パウロの神の子の感情が、弱くなってはいるものの、再現している。パウロのそれは、単なる精神の慰めや心の沈静あるいは単なる安心の気持以上のものである。ヨーハン・アルント[*5]からシュペーナー[*6]そしてアルノルト[*7]に至る後代の「神秘主義思想家たち」は、ルター的な「信仰」（fides）のこの側面を、同じ精神のもとに、たえず自分自身と親しいものと感じ、祝福を受けたルターの関係文書を念入りに収集して、合理主義化したルター派の教義学からの攻撃を防ごうとしたのであった。

〈三〉　そういうこともあって、宗派の教義学の合理化にもかかわらず、カトリックならびにプロテスタント両陣営における西欧の神秘主義の遅咲きの中にも、非合理的な要素が生き生きと保たれている。その中に、また最初の運動以来のキリスト教神秘主義一般の中に、これまで論じられた非合理的なものの諸要素を再確認することも容易である。さらに言えば「畏るべき」ものは後退したり、弱められているのに対して、とくに「神秘」と「魅惑する」もの、「尊厳な」ものと「優越」の要素は保持されている。

「畏るべき」ものは、キリスト教神秘主義では弱まったとはいえ、それでも決して全くなくなったわけではない。それはまだ生きている。すなわち魂が赴かねばなら

*5　アルント・ヨーハン（一五五五―一六二一）はドイツのプロテスタント神学者で、中世神秘主義の影響を受けて、信仰の内面的・情緒的な面を重要視し、生活の聖化に努めた。

*6　フィリップ・シュペーナー（一六三五―一七〇五）はドイツのプロテスタント神学者で、敬虔主義の父と言われる。ハレ大学の創設もその思想に基づいていた。

*7　ゴットフリート・アルノルト（一六六六―一七一四）はシュペーナーの感化を受けて、敬虔主義に身を投じた学者で、とくに異端者をも扱ったユニークな教会史の研究をした。

ない「暗さ」(caligo)、「深い沈黙」(altum silentium)、深淵、夜、神性の荒野の中に、また魂がとどまらざるを得ない孤独の苦悩、無味乾燥、退屈の中に、そして自己喪失(Entselbstung)や驚愕あるいは滅亡(annihilatio)の恐怖と戦慄の中に、「この世の地獄」(infernum temporale)の中に、である。ゾイゼはこう言っている。

神をも越えた「ところ」(「実体的な高さを越えた神の優越」)のこの理解し難い山地の中に、純なる魂には感じとられる自由自在な本源の深淵がある。そしてそこは(魂が)隠れた無名の状態および驚嘆すべき隔離の状態へと赴くところでもある。そしてまたそこは、一切の被造物にとっての底無しの深い根拠である、……魂はそこで死ぬ――神性の奇跡にすべて生かされながら。(二五)

そしてまた彼はときにこういう祈りもするのである。

あゝ、悲しい。あなたの怒る顔はとても怖い。あなたの不機嫌な後姿はとても耐えられません。私は悲しい。あなたの刺を含んだ御ことばはとても激しく、心と魂をずたずたに引き裂くほどです。(二六)

後代の神秘主義者たちもこの調子をよく知っている。十字架上のヨハネ[*8]は次のように述べている。

このような神の平穏さが、魂を飼い慣らすために暴力で襲いかかるので、脆い魂は、言わばすべての力と呼吸が消えてしまうほどに苦痛を味わい、そうしているうちに、感覚と精神はまるで測り難い不気味な重量の下にいるかのようになって、

＊8　十字架上のヨハネ(一五四二―九一)はスペインの神秘主義者で詩人でもあった聖人。カルメル修道会に入り、改革運動に参加し、弾圧を受けたりした。『カルメル山登攀』、『愛の生ける焔』などの著書がある。

軽くなり元気になるなら魂は死を選びたくなるように悩み、言わば死の不安にさいなまれる（二七）。

そしてさらに

魂の四番目の種類の苦痛は、……神の優越と栄光が……原因であるとも述べ（二八）、最後にこう言っている。

それゆえに神は魂を破壊し、砕き、深い闇の中に沈め、そうしてあたかも魂が溶けて、その貧弱さのために精神の恐るべき死によって破滅させられるかのごとくに感じるようにさせられてしまう（二九）。

しかしながらヌミノーゼなものの非合理的な・恐るべきもの、それのみかデーモン的でさえあるものがこの上なく生き生きとしているのは、ヤーコプ・ベーメの神秘主義においてである。ベーメはそれ以前の神秘主義の動機を吸収しているのと同じくらいに、彼の思弁と神智学（Theosofie）においてはそれとは異なっている。彼は思弁によって神そのものを、また神から世界をそれぞれ構築し、理解しようとする。これはエックハルトも望んだことであった。ベーメにとっても、思弁の最初の発端は根源的根底（Urgrund）であり、むしろ無底（Ungrund）、理解し難いものおよび言い難きものである。しかし彼にとってこういったものは、存在や超存在であるよりも衝動や意志であり、善や超善（Übergutes）であるよりも善悪の非合理的な無差別もしくは同一性である。つまり両方の可能性、すなわち善にもなり得るし悪にもなり得るものが見出され、それと同時にまた神性そのものの二重の形態、すなわち善および愛として、また憤怒および怒りとしての可能性も見出されるはずのものである。(三〇)ベーメにおいて神の化学・物理学的な物語が創作される構成や類比は滑稽であるが、その背後にある宗教的な感情による特異な見方は重要である。それはヌミノーゼなものの直観であり、ルターのそれと親類関係にある。この場合にも非合理的な「生気」と「優越」が「意志」として理解され、具象化されているが、もとより「優越」の「畏るべき」ものが理解されているわけである。そしてベーメにおいてもこの要素は、道徳的な高さや正義の概念とは根本的に無関係であり、差しあたりは善なる行為にも悪なる行為にもまだ規定されていない。むしろそれは「激怒」であり、「火のような怒り」である。——何についてなのかは分からない。分かるのは怒りそのものであり、現実の、概念的なあるいは理解可能な怒りという意味で真面目に受け取るならば、全く無意味になるような特質のものである。それが単に「畏るべき」という非合理的な要素に過ぎず、「怒り」、「火」、「憤怒」はそれを表す純然たる表意記号(三一)であることがすぐに分からないような人がいるだろうか。このような表意記号を十全な概念そのものだと見なすと、ラクタンティウスや神話の擬人論が生まれるのである。またこのような概念から思弁が行われると、ベーメやその他の人たちに見られる、神智学という見かけの学問が現れるのである。なぜならば感情の類比的でしかない表現が合理的な概念と取り違えられ、これがやがて体系化されて、神の学問という妖怪が紡ぎ出されるということこそ、あらゆる神智学の特徴だからである。そしてこの妖怪はいまや、エックハルトの場合のようにスコラ学の学術用語で打ち立てられようと、ベーメにおけるようにパラケルスス[*9]の錬金術的な実体および混合物でなされようと、あるいはヘーゲルにおけるようにアニミズム的な論理学のカテゴリーでなされようと、はたまたベサント夫人[*10]の場合のようにインド的な美辞麗句で打ち立てられようと、あくまでも等しなみに妖怪的である。ベーメが宗教哲学の上で重要であるのはその神智学のためではなく、ヌミノーゼなものの生き生きとした感情が価値ある要素としてその背後で働いていて、この点で彼が、ルター派の中では失われてしまった彼自身の遺産を守ったからなのである。

〈四〉なぜならルター派そのものはキリスト教の神概念におけるヌミノーゼなものを正しく理解しなかったからである。すなわち神の聖性と「怒り」を道徳主義的な解釈により一面化してしまったからである。すでにヨーハン・ゲルハルト[*11]以来ルター派は「超然たる無感情」(apátheia)説を再び採用した。また礼拝式からは本来の瞑想的で、とくに「敬虔」な要素をますます取り去ってしまった。言葉で表現できないもの、ただ感情の中でのみ生きているもの、教訓としては伝承され得ないものに対して、概念的なもの、教理的なもの、「教説」という理想が優位を占めていた。教会は学校となり、その知識・情報は、事実上ティレル[*12]が言い表しているように、ますます「悟性という狭い裂け目を通じて」心情に達することになった。

キリスト教の礼拝、キリスト教の告知、キリスト教の教義学の課題は、キリスト教

＊9　テオフラストゥス・パラケルスス（一四九三―一五四一）はスイス生まれのルネサンス時代の神秘主義哲学者で医者および錬金術師でもあった。錬金術から化学への道を拓き、「化学のルター」とも言われる。

＊10　アニー・ベサント夫人（一八四七―一九三三）はイギリスの女流神智学者で、神智学協会の会長を務めた。インドの独立運動を支持し、インド国民会議の議長にもなった。

＊11　ヨーハン・ゲルハルト（一五八二―一六三七）はルター派の神学者で、正統主義を体系化した『神学綱要』がある。

＊12　ジョージ・ティレル（一八六一―一九〇七）はアイル

の神の観念における合理的なものを、その非合理的な要素の土台の上でたえず育み、よってもってその深みを確保することの一事となるであろう。

（一）ウィラモーヴィッツ・メレンドルフ（Willamowitz-Moellendorf）著『プラトン』の一、四一八および六四三を参照のこと――また、Plato, Ep.II, p.312 D; 314B, C をも参照してほしい。

（二）たとえば、アレクサンドリアのクレメンスの冷たい言い方（『雑録』（Stromateis）二、一五、七二、一頁以下）を参照のこと。

（三）『神の怒りについて』（フリッチェ編）二七七頁。

（四）同書　一一六頁。

（五）同書　二一八頁。

（六）最近『超世界的なものの感情』に収められた。その第八章、「クリュソストモスの akata-lēpton としての全く他のもの」（二三二頁）と「アウグスティヌスにおける Aliud valde としての『全く他のもの』」（二二九頁）である。［「非キリスト教とキリスト教の神学および思弁における全く他のもの」のEとDに配列されている］

（七）最近出版された書物であるゲアハルト・リッター（Gerh.Ritter）著『ルター』、一九二五年の中で、私は自分のルター理解が初めて歴史家からも裏づけられるのを見る。歴史的なルター研究の課題は、スコラ学的思弁とルターとの関連を辿るのではなく、生きた民衆の宗教、とくに農民の宗教の基層的な根本感情――その痕跡はルターの場合にはほかでも見られるが――との関連を追究することだと思われる。『奴隷的意志について』における暗い全能の神はまさに農民の宗教が直観的にかつ教会の教理問答とは無関係に知

ランドのカトリック神学者で、急進的な近代主義を唱えたためにイエズス会を追われ、ピウス十世の回勅をも批判して破門されたが、自説を曲げなかった。

るところのものである。

(八)『ルター著作集』(エアランゲン版)三六、二一〇頁以下。

(九)同書二二二頁。

(一〇)同書二三一頁。

(一一)同書二三七頁。

(一二)ブラウンシュヴァイク版、一八九一年、第五巻、五〇頁。

(一三)エアランゲン版、三五、一六七頁。

(一四)同書、四七、一四五頁。

(一五)同書、五〇、二〇〇頁。

(一六)私の『ルターにおける聖霊観』(一八九八年)の八五頁に、「そして神の信仰は単純なものではなく、……人間を超えたものおよび永遠なるものに対する、それ自体によってのみ定義可能な根本感情の……」と書いた部分を参照してほしい。——当時私はこの処女作を、神秘主義に対する私の姿勢からして容易に認められるように、まだ全くリッチュルの影響のもとで書いた。しかしルターのみならず、あらゆる正真正銘の神の概念における非合理的・ヌミノーゼな刻印は私にははっきり分かっていた。そこから時とともに神秘主義に対する別の評価が現れざるを得なかったし、また聖霊の問題は本来、八六頁の文に含まれているという認識も持たざるを得なかった。その文とは、「そのためには別のものが必要である。すなわちすべての「ことば」と……漂いつつも、平らかな感情の安らけきうねりの中で」である。
(一七) ワイマール版の一八、七八四およびエアランゲン版の八五、一六六の詳しい文をも参照のこと。
(一八) この「negativa」という語はそれ以下の四つの述語すべてにかかる。
(一九) 『ガラテア書講義』(エアランゲン版)一、四八頁。
(二〇) 私の『超世界的なものの感情』の二三四頁を参照してほしい。[「捉えることのできないもの」は「大き過ぎる」ことからではなく、「ヌーメンの全く他のもの」から、つまり神における他者性と遠さから、唖然とさせる神秘(mysterium stupendum)から噴出する」]
(二一) エアランゲン版三五、一六六頁を参照のこと。
(二二) 『卓上語録』(ワイマール版、六、六五六一。マンスフェルトの牧師アクィラム宛にマルティン・ルター博士が書いたもの)
(二三) エアランゲン版十一、一九四頁。
(二四) ルターにおける「霊」と「信仰」との同一性については、私の『ルターにおける聖霊観』を参照してほしい。なお、抜粋したものは、『罪と原罪』四四頁以下の「ルターの救済経験の心理学」にもある。
(二五) 『ドイツ語作品集』(ダニフレ編)二八九頁以下。
(二六) 同書三五三頁。
(二七) 十字架上のヨハネ著『カルメル山登攀』(Joannes a Cruce, Aufsteigung des Berges Carmel)(モーデストゥスのドイツ語訳、一六七一年)四六一頁。
(二八) 同書四六五頁。
(二九) 同書四六二頁。

(三〇) べーメにとっては、憤怒が「キリスト教の魔王」ルシフェルの「起源」であり、この者のもとで単なる悪の可能態が現実態となる。そこでルシフェルこそ基体としての「憤怒」(orgē)であり、「畏るべき神秘」を引き起こし、同時に戦慄すべき神秘(mysterium horrendum)へと高まるものだ、と言うこともできるであろう。そして聖書的なものもしくは古代教会的なものには少なくともその根はある。宥和、買い戻し、apolýtrōsis(身代金による贖い・解放)は神の怒りとともに、サタンにも向けられている。「堕落天使」の神話の合理主義は、サタンの怖さや『ヨハネの黙示録』の二・二四の「サタンの深さ」(bathéa toŷ satanâ)、それに『テサロニケの信徒への第二の手紙』の二・七の「不法の秘密」(mystérion tês anomiās)をば満足させない。むしろこの怖さはヌミノーゼな性質を秘めているのであって、その対象は、表すとすれば、否定的・ヌミノーゼなものとなるであろう。

(三一) ヤーコプ・ベーメに学んだヨーハンネス・ポルダーゲが次のように書くとき、その感情を抱いている。

あなたがたが私の次の文の中に、私が神に対して無愛想、辛辣、怒り、火、……などを献じているのを見ても、怒らないように希望したい。というのは、ヤーコプ・ベーメも高い神の感じを言い表す別の言葉を見つけなかったからである。したがってあなたがたはすべての(こうした)語り方を、不完全さを度外視して、高い神を理解するものと受け取らねばならない。

第十五章　発　展

この合理的なものの深みとその深まり――それはその混濁や減少となってはならない。なぜなら合理的な要素、とりわけ明白な道徳的要素がなければ、聖なるものはキリスト教の聖なるものではなくなるからである。私たちが主として新約聖書に見出し、いまでは私たちの宗教的な語感にとってもっぱら既定のものとなった「聖なる」という語の完全な響きからすると、聖なるものは決してもはや単なるヌミノーゼなもの一般ではなく、またその最高の段階にあるものでもなく、つねに合理的な、目的設定的な、人格的な、そして道徳的な要素によって完全に貫かれたもの、あるいは満たされたものである。そこで以下においては「聖なる」という表現を、このような［両要素の］結合した意味のもとで堅持して使用する。ただ歴史的な発展を明確に理解するために、次の点をもう一度はっきりさせておきたい。

原始的な宗教的感情が最初に「デーモン的な畏怖」(dämonische Scheu) というふうに捉えるもの、次いで宗教的感情にとってさらに展開し、向上し、洗練されていくものは、まだ合理的なものではなく、道徳的なものでもなく、その体験に対して心情がこれまで記述してきた特殊な感情反応をもって独特に応答するまさに非合理的なものである。この非合理的な要素の経験は、すでにより早い段階で始まった合理化および道徳化の現象とは別に、それ自身の内部で固有の発展経過を辿る。(一) すなわち「デーモン的な畏怖」は、それ自体は多くの段階を通過しつつ、「神々の怖さ」および「神の怖さ」の段階へと高まる。ダイモニオン (daimónion) はテイオン (theîon) となる。畏怖は敬虔 (Andacht) となる。ばらばらに脈絡がなく起こる感情は religio《レリギオ》[宗教的感情] となる。身の毛もよだつ恐怖が聖なる戦慄となる。ヌーメンへの相対的な依存感とヌーメンのもとでの至福が絶対の依存感となる。間違った対応や結合が解きほどかれたり、押し退けられる。ヌーメンは神となり、神性となる。そうしてまさにこのような神や神性にふさわしいものが、もっぱらそして絶対にヌミノーゼなものを表す最初のあるいは直接的な意味での qādosch, sanctus, hagios, heilig といった述語である。――まず初めに全く非合理的なもの自体の領域ですでに起こっている発展が最初の主要な要素で、これを追究するのが宗教史および一般宗教心理学の課題である。

　次に、この最初の要素と同格のものとして追究されなければならないのは、最初の発展と、全くではないが、ほとんど同時に、ヌミノーゼなもののもとで合理化と道徳化がどのように起こるのか、ということである。私たちはこの現象をもやはり宗教史のさまざまな分野と段階で辿ることができる。ほとんど至るところでヌミノーゼなものは、義務や正義や善といった個人的ないし社会的な理想を引き寄せている。こういったものがヌーメンの「意志」となり、ヌーメン自身がそれらの番人、管理人、制定者となり、その根底もしくは源泉となる。これらのものがますますヌーメンの本質そのものの中に入り込んでいき、ヌーメン自身を道徳化する。「聖なるもの」は「善」となり、「善いもの」はまさにそれゆえに「聖」となり、「神聖にして不可侵」となり、やがて二つの要素がもはや不可分に融合するまでになり、いまや善であるとともに神聖でもある、「聖なる」の完全な複合的意味が生まれるに至る。すでに古代イスラエルの宗教について特筆すべきことは、まさしくこの両要素が密接に相伴って現れていることである。イスラエルの神ほどもっぱら聖なるものそのものであるような神はほかにはない。また他方においても、ヤハウェの律法ほど単に善であるのみならず、同じく「聖なる」ものでもあるような律法はほかにはない。――ヌミノーゼなもののますます明白な、ますます強力な合理化と道徳化は、それ自体、私たちが「救済史」と呼んでいるものおよび神的なもののいよいよ増していく自己啓示と見なされるものの本質的な部分である。しかしながらそれと同時に私たちに明らかになることは、「神の観念の倫理化」は決して他の何かによるヌミノーゼなものの排除や代替ではなく――もし仮にそういうことにでもなれば、いかなる神でもなく、代用神となってしまうだろう――、新しい内容によるヌミノーゼなものの充実であるということ、言い換えれば倫理化はヌミノーゼなもののもとで起こるということである。

（一）純粋にヌミノーゼそのものの内部でのこのような諸段階は、［第四章で述べたように］たとえば神秘（Mysterium）の要素に関して言えば、驚くべき（mirum）、パラドックス的および二律背反的という諸段階として私たちに現れてくる。

第十六章　ア・プリオリなカテゴリーとしての「聖なるもの」第一部

そういうわけで、私たちにとっては語の完全な意味での「聖なるもの」は合成されたカテゴリーである。それを合成する要素はその合理的な構成部分と非合理的なそれである。しかしながらこのカテゴリーはともに二つの要素からして――これはあらゆる感覚主義（Sensualismus）や進化主義（Evolutionismus）に対して断固として主張しなければならないことだが――、純粋にア・プリオリなカテゴリーなのである。

一方からするとこういうことである。すなわち絶対性、完全、必然性および本質性といった合理的な観念ならびに客観的な価値としての善の観念とその客観的拘束の妥当性の観念は、［第八章で論じたように］いかなる種類の感覚知覚からも「進化する」ことができない。そして「後成説」（Epigenesis）や「異種生殖」（Heterogonie）は、それにそのほかの妥協や苦し紛れの表現がこの点について何を言ったとしても、ただ問題を覆い隠すだけである。しばしば見られるギリシャ語への避難も、この場合は自分の至らなさの告白に過ぎない。この点について私たちはあらゆる感覚的経験を全く度外視して、一切の「知覚」から独立して、「純粋理性」の中に、精神そのものの中に、その最も根源的なものとしてすでに具わっているものに立ち帰るように指示されるのである。

　他方においてはこういうことである。すなわちヌミノーゼなものの諸要素およびそれに応答する感情は、合理的な、完全な純粋理念や純粋感情と全く同様なのであって、カントが「純粋」概念や尊敬（Achtung）という「純粋」感情に対して示している特徴は、それらにも最も厳密に適用されるのである。『純粋理性批判』〔第二版の序論〕の有名な冒頭の言葉はまさに次のように言っている。

> 　われわれの一切の認識が経験とともに始まることは全く疑いがない。もしもわれわれの感覚に触れる諸対象によって、認識の能力が目覚めさせられて働くようになるのでないとしたら、そもそも何によってそれが起こるのだろうか。……しかしたとえわれわれの一切の認識が経験とともに始まるとしても、それだからといって、すべての認識が経験から発現するわけではない。

そして経験的認識に関してすでにカントは、私たちが感覚の印象から受け取るものと、より高次の認識能力が、感性的印象によって単に促されて、これに付け加えるものとを区別しているのである。

ヌミノーゼなものの感情はこの高次の認識能力の類のものである。それは「魂の底」

(Seelengrund)、すなわち魂そのものの最も深い認識の根底から破り出てくる。しかも疑いなく日常世界的あるいは感性的な出来事や経験による刺激や誘発に先立って、それなしに出てくるのではなく、それらの中で、またそれらの間で出てくるのである。しかしそれらからではなくして、ただそれらを通じて現れ出るのである。日常世界の出来事などは、ヌミノーゼなものの感情そのものがおのずから動き出すための刺激や「きっかけ」である。——すなわちこの感情がおのずから動き出し、初めはすぐに日常世界的・感性的なものそのものと素朴に、直接に絡み合ったり、それに織り込まれるが、次第に純化していく中でそうしたものを突き放すようになり、最後にはそれをみずからと全く対立させるようになるための刺激なのである。ヌミノーゼなものの感情の核心をなすものが、純粋にア・プリオリな認識能力だという証明は、批判的な自己省察によって導き出される。すなわち私たちはヌミノーゼなものの感情の中に、種類からして「自然的」な感覚知覚が与えることのできるものとは異なる確信と感情が具わっているのを見つけるのである。そういう確信と感情はそれ自体が感覚知覚ではなく、最初は感覚知覚に与えられるものの特異な解釈(Deutung)あるいは評価(Bewertung)であるが、やがてより高次の段階になると、次のような形をもつ対象や存在物を定立するものとなる。すなわち明らかに空想の産物なのであるが、それ自体は決して感覚知覚の世界から借りられたものではなく、むしろ感覚知覚に対してもしくはその上に想像によって付け加えられる「非合理的な」独特の感覚内容を伴う形をした対象や存在物である。しかもそれは感覚知覚そのものではないように、感覚知覚の「変化」なのでもない。感覚知覚に関してあり得る唯一の「変化」は、知覚一般の明白な具体的内容が抽象的な思考形式に移行することだけであり、これは決して知覚のある部類が質的に別の実在の部類に変化することではない。こうしてヌミノーゼなものの感情の中にある確信と感情は、カントの「純粋悟性概念」［すなわちカテゴリー］ならびに道徳的および美的理念や評価がすでにそうするように、心情そのものの中に感覚的経験から独立した表象や感情の形成の隠れた自立的な源泉――すなわち最も深い意味での「純粋理性」――を指し示すのである。しかもこの理性は、その内容が溢れるばかりであるので、純粋理論理性よりも、また純粋実践理性よりもなお高く深いものとして区別されるべきものである。私たちはそれを名づけて「魂の底」と言う。

宗教という現象を説明しようとする点では、今日の進化論といえども十分な権利を持っている。なぜならそれは実際、宗教学の課題だからである。けれども説明し得るためには、説明の根拠となる第一所与を持たねばならない。無からは何ものも説明されない。自然は、第一所与である自然の根本力とその発見が重要である自然の法則から初めて説明され得る。その根本力や法則をもう一度改めて説明しようとするのは無意味である。しかるに精神的なものにおいては、説明の根拠となる第一のものは、その素質、力および法則を具えた精神そのものであり、それは前提されなければならないのであって、そのものとしては説明され得ない。精神がどのようにして「作られる」

か、は説明できないことである。ところがどうも後成説は結局それを試みたいようだ。人類の歴史は人間とともに始まるのである。人類の歴史を人間から理解するためには、人間を前提する。その際に素質と能力から見て私たち自身と十分に相応する存在者としての人間を前提する。なぜならば〔ジャワ島で発見された化石人類〕ピテカントロプスの心情生活に浸り切ることは望み得ない仕事だからである。動物の心の動きでさえも私たちは、発達した精神そのものとの程度を落とした比較やそれを後戻りさせることで初めて説明することができるのである。ところが発達した精神を逆に前者から理解したり、導き出そうとするのは、言わば鍵に合わせて錠前を作ったり、闇で明るさを照らすようなものである。死せる物質のもとで意識を持つ生命が初めて閃いたということこそが、すでにして明らかにできない単純な事実である。しかしながらそこで閃き出るものはすでに一定の性質を備えた多様性であり、私たちはそれを胚種（Keim）と比較できる素質（Veranlagtheit）として、すなわち身体組織の向上とともにますます成熟した能力がそこから現れ出るものとして解釈しなければならない。そして人間以下の心の全領域は、私たちがそれをもう一度、発達した精神そのものの素質のための「素質」として、つまり後者に対して胎児の関係にあるものとして解釈して初めて、何がしかの光明を得るに過ぎないのである。しかし「素質」が何を意味するかは、必ずしも全く不明なわけではない。なぜなら私たち自身の精神への目覚めとその成熟への成長に際して、素質が成熟へと、種子が樹木へと展開するのを、私たち自身の中である程度

辿るからである。その場合の展開は変化でもなければ、単なる新しいものの添加でもないのである。（一）

私たちはこの源泉を、刺激によって目覚め、活発になっていく人間の精神の隠れた素質と名づける。あるものにとっての素質は、それが高まった形になると、あるものにとっての才能（Talent）となる。あるものにとっての「天分」としての素質はまた同時に、目的論的に決定されたものでもあり、体験や経験あるいは振舞いを方向づけるア・プリオリ［先立つもの］でもある――つまりあるものへとア・プリオリに［先立って］定位されていることである。宗教にとってのこの種の「天分」もしくは宗教への先行規定が存在していて、それが自発的に本能的な予感や欲求となり、休むことなき手探りや憧れとなり、言い換えれば宗教的な衝動となり、そうしてそれはそれ自身について明確になり、みずからの目的を見出すときに初めて、安らぐに至るということは、人間やその性格の研究に真面目に携わっている人なら決して否定することができないであろう。そこから出てくるのが「先駆的恩寵」（vorlaufende Gnade）の状態である。ゾイゼはそれを巧みにこう記している。（二）

> 私の心情は、少年時代から急《せ》き立てられるような渇きを覚えつつ何かを求めてきたが、それが何かはまだ完全には理解できないでいる。主よ、私は長い間それを熱心に追い求めてきたが、それの何たるかを正しく知らないために、まだ本当に私のものになっていない。だが、それは私の心と私の魂を引きつけ、それがな

いとどうしても本当に安心できないものである。主よ、私は少年時代の最初の頃は、（他人が）私の前でするのを見た通りに、被造物の中にそれを求めようとした。そして求めれば求めるほど、私はますます見失ったのである。そして近づけば近づくほどに、ますます私はそれから遠ざかっていったのである。……いまや私の心は狂ったようにそれを求める。それが好きなのだから。……あゝ、悲しい。……このように私の中で隠れん坊をしているのは何だろうか、またどのようなものなのだろうか。

また、アウグスティヌスも『告白』第十巻二〇節で、

彼らがそれほどまでにそれを追い求めることを、どこから知るのだろうか。彼らがそれを愛することをどこから知ったのだろうか。私はどういうわけか知らないが、私たちはそれを持っているのである。

と述べている（『告白』の第十巻全体をも参照してほしい）。これは、天分として希求となり衝動となる素質を言い表したものである。

さてしかしながら個人の形成の段階や契機はその類にまで立ち戻って解釈される、という「生物発生の根本原則」が実際にあてはまる余地があるとすれば、まさしくここである。人間の精神が、人間という類が歴史の中に登場する際に一緒に持ち込んだ素質は、人類にとっての天分となり、一部は外部からの刺激により、一部は内部からの自己圧力によって衝迫、すなわち宗教的衝迫となった。そしてそれは手探りの動き

の中で、空想的な表象を求め、また形成しつつ、いつも前向きに理念を産出しながら、それ自身を明らかにしようとし、またそれ自身の発生源であった暗秘な(dunkel)理念の根底の開展によって明らかにされていくのである。[三] そしてこのような動きや表象の欲求や理念の産出や自己開展が、歴史における宗教の発展に対して縦糸を与えるのである。なおそれに加わっていく横糸については後に［次の章で］論じたいと思う。

(一) このような精神の諸関係に対応するのは、物理学では潜勢エネルギーと運動エネルギーの関係である。言うまでもなくこのような関係を精神の世界に想定することが許されるのは、そもそも世界における一切の精神の究極的根拠として「純粋現実有」(actus purus)としての絶対精神――ライプニッツの言い方からすれば、一切の精神がその「放射」(ellampatio)であるようなもの――を想定しようと心に決めることのできる人に限られる。しかしながらすでにアリストテレスが示したように、他の場合と同じく、この場合にも一切の可能的なものは、その可能性の根拠として純粋現実有を前提していないであろうか。してみると世界においてみずから発展する精神は、その可能性の根拠として絶対精神を前提しているのである。そして物理学の世界においては、純粋現実有を貯えられたエネルギーの体系と見なし、それが運動エネルギーに移行したものがまさにこの諸世界の運動であるとして、このような純粋現実有を出発点として要求する――実際に行われていることであるが――のは、論理的に矛盾することになるけれども、しかし精神の世界においてはそうではない。

(二)『ドイツ語作品集』(デニフレ編)三一一頁。

（三二）カントが心理学講義（ライプツィヒ版、一八八九、一一頁）で、「暗秘な表象の領域にあって、われわれが到達することのできない人間の認識の深い深淵をなしている財宝」について述べていることを参照してほしい。この「深い深淵」は、まさしくゾイゼにおいて働いている「魂の底」である。［なおオットーが巻末に本章全体に関わる補注をつけているので、ここに訳出しておく。「「カテゴリー」と「素質」に関しては概略次のように言うことができる。私たちは「カテゴリー」という表現をばその最初の意味で使う。すなわち「根本概念」（Grundbegriff）という意味であり、概念一般がそうであるように、対象そのものに即した客観的な目印を意味する。「素質」とは、認識を獲得するために具わっている、ということである。私たちの場合にはこの認識は何よりもまず「感情による認識」であり、「暗秘で、明示されない認識」であり、したがって認識の獲得とは、そのような認識を最初に感情によって所有すること、をいう。この意味での「素質」は、自らを明示していく認識の出発点もしくは「源泉」あるいは「理念の根底」ということになる。最後に、この理念の根底も、それが感覚知覚から得られるものではなく、また得られ得るものでもなく、「感覚知覚的なもの」には全く還元されないという点で、ひとつの（感情による）「ア・プリオリな」認識である。」］

第十七章　素質の歴史的表出

以上のような想定に基づいて初めて、宗教の歴史的な成立と発展が理解される。まず認めなければならないのは、宗教の歴史的発展の発端には、今日の意味での「宗教」からするとほとんどそうは見えないようなある奇妙なものがあることである。それは宗教にとっては、言わば家の前庭（Vorhof）のように先行しているが、その後になっても宗教の中に深く入り込んで作用し続ける。たとえば死者信仰や死者祭祀、霊魂信仰や霊魂儀礼、呪術、お伽噺や神話、恐ろしいあるいは驚嘆すべき、有害なまたは有用な自然の事物の崇拝、不思議な「力」の観念（オレンダ）[*1]、呪物崇拝（Fetischismus）やトーテミズム、動植物の崇拝儀礼、デーモン信仰（Dämonismus）や八百万《やおよろず》のデーモン崇拝（Polydämonismus）がそれである。これらのものがどれほど互いに違っていても、また真の宗教からは懸け離れていても、そこには明らかに感じとして十分に捉えることので

＊1　オレンダはマニトゥやポクントなどとともに北米のイロクォイ、アルゴンキンなどの先住民族で信じられていた「力」の観念である。

きる共通の要素、つまりヌミノーゼな要素が出没しており、そしてこの要素によって（さらに言えばもっぱらそれによってのみ）それらは宗教の前庭なのである。それらはもともとヌミノーゼな要素から発生したのではなく、たぶんそれぞれには、素朴な太古の時代の原始的な想像の全く「自然的」な産物にほかならなかった前段階があるのであろう。けれどもその段階にあってもこれらは、明瞭な独自の種類の横糸を保持していて、それによって初めて宗教の歴史の前庭となるとともに、この横糸が初めてこれらを固定した形のものにするのであり、とりわけあらゆる場所の歴史が示すような、心情を支配する途方もない力をそれらに付与するのである。私たちが試みるのは、この横糸を捉え、それをヌミノーゼな統一性のもとで確認することである。

〈一〉　まず呪術から始めることにしよう。あらゆる時代に、また今日でもまだ「自然的」呪術がある。それは単純な見かけの行動もしくは類似の行動で、全く無反省のままに、いかなる理論にもよらずに行われ、願望に基づいて何らかの出来事に対して、仮にそれ自体がその行動の範囲の外にあっても、影響を及ぼそう、それを統御しようとするものである。そういうことは、たとえばボウリングにも見られる。それをする人は球を投げる。その人は狙いをつけ、それが板に沿って真っ直ぐに走り、標的の「ピン」をいっぺんに跳ね飛ばそうとする。そして球の走る道を緊張して見守る。頭を傾け、上半身を横にして、片足でバランスを取り、球筋が危うく外れそうになると、手まね足まねで反対側に戻そうとし、最後に「それいけ」ともう一押しする。こうして標的に届く。つまり危ない橋を渡った後に球はうまく走っていくわけである。——一体その人は何をしているのだろうか。球が走るのを追いかけてまねたのではなく、その走りを先走って描こうとしたのである。しかもこれは明らかに自分の滑稽な行動を反省しながらやっているのではなく、また「アニミズムの主張者が考えるように」「一切が霊を持っているという未開社会の人々の確信」、したがってこの場合には、球が霊を持っているという確信を抱いているわけでもなく、あるいは自分の「霊」の力と球の霊との共感的関係を確信しているわけでもない。その人はただ特定の願いを達成するための素朴な類似行動を行っているだけなのである。——多くの「雨乞い師」の仰々しい振舞いや、太陽や月の運行あるいは雲や風に影響を与えようとする天気占い師の試みも、しばしばこのような素朴な類似行為と異ならないし、またたぶん一番初めはどこにおいてもそうだったであろう。しかしはっきりしていることは、それらがそういうものでしかない限りでは、それは断じて本来の意味での呪術ではないということである。そういった事柄が本当に呪術であるべきだとすれば、新しい特殊な横糸が加わらなければならない。すなわち通常「超自然的」な作用の仕方と言われるものがそれである。しかしながら、これらの事柄は当初はまだ「超自然的」ということとは全く関わりがない。この表現はあまりに堂々とし過ぎていて、素朴な人たちには過重な負担を背負い込ませることになる。「自然」という概念は、「法則に基づく事象の連関」と定義するにせよ、あるいはほかに「自然」をどのように規定するにせよ、抽象化るときに遭遇する最も難しい究極のものである。そしてまた自然の否定、すなわち「超自然」が現れ出ることが可能であるべきなら、自然の概念はすでに見出されているか、さもなくば少なくとも予感されていなければならないだろう。また［アニミズムの主張者］ヴントの意図とは違って、「霊的」力によっても何一つ説明されない。その理由の第一は、呪術は精霊信仰から独立しており、たぶんそれよりも先にあっただろう、ということが一般に認められている点にある。理由の第二は、呪術の眼目は、呪術的な効果が引き起こされるのは、どのような部類の力によってであるか、つまり「霊的」なものか、それとも別のものか、ということではなく、どのような性質の力によってなのか、ということだという点にある。しかしながら呪術的と称される力の作用に添えられるこの性質は、その力が強いか弱いか、非日常的であるか全く平凡であるか、その行使が精霊によるか非精霊によるか、には関わりなく、私たちがすでに述べた「全く他のもの」の独特の感情要素によって、そしてこの場合には何よりもまず「気味が悪いもの」(das Unheimliche)として現れるものによってしか提示されない。つまり気味の悪い力もしくは気味の悪いものこそが呪術に宿っているのである。そしてそういうものが消えてしまうと、もはや呪術はなくなって、技術あるいは技能だけになってしまうのだ。

〈二〉　死者祭祀(Totendienste)についても事情は同じである。それは、未開社会の人たちは生命のないもの、したがってまた死者も生きていて、影響を及ぼすことができると考える「精霊観」(Beseelung)の理論から出てくるのではない。言われるような、万物が霊を持っているというこの学説そのものは机上の産物にほかならず、そればかりかそれとは全く別の「霊魂信仰」とずさんな形で混ぜこぜにされ、繋ぎ合わされてもいる。そうではなく死者が心情にとって意味を持つのは、それが「ぞっとするもの」となるときに、そしてただそのことを通じてのみである。ところでそのようなことは素朴な人々のもとで、また素朴さを脱した人々においてさえ、一般には自明のものと受け取られがちな、直接に感情に迫るものを伴って起こるので、そのために何かを「ぞっとするもの」と判定する際には、完全に独立した、全く特別の種類の、そしてまた単に死んだという事実からは絶対に説明できない感情内容が現れるのだ、という「肝心な」ことが全く注目されなくなってしまうことにもなる。死んだものに対する「自然的」に与えられる感情の反応は、明らかに二種類のものに過ぎない。一つは、腐っていき、悪臭を放つ不快なものに対する嫌悪である。二つには、死の恐怖であり、自分の生きようとする意志が脅かされ阻害されるという感情としての驚愕であり、死者、とくに身内の死者の姿に直接に結びつく驚愕である。けれどもこの二つの感情的な要素はそれ自身がもっぱらすでに「ぞっとさせる秘訣」なのでは決してない。この秘訣は「自然的な嫌悪や死の恐怖にはない」新しいものであって、私たちのお伽噺が正しく語っているように、「習い覚えられる」のである。言い換えればその秘訣は、そのほかの「自然的」な嫌悪や驚愕の感情機能そのものと直接一緒に現存していたり、それから分析によって得られるのでは全くないのである。それは完全に独自な様相を持つ「畏怖」である。そしてこの畏怖に関しても、それが「民族心理学的」な要素、言い換えれば民族の自明な感情として、至るところで初めから前提されるべき普遍的なものと関係がある、といったことは否定されるべきである。この「秘訣」を誰もが直接に持っていたわけではなく、今日でもまだ誰もが持つに至っているわけではない。むしろこの独特の畏怖の感情を現実に所有していて、表現を通じて他人にも目覚めさせたのは、何よりもまず疑いなく特殊な天分を持っていた人であったであろう。死者への畏怖ですら、そしてまた死者祭祀も〔そのような人物による〕「創唱」(Stiftung) なのである。

〈三〉 次に「霊魂」の観念が成立するために、アニミズム論者が語る空想に満ちた媒介など必要ではなかった。これに対して、死者がもはや余計者もしくは単なる厄介者として取り除かれるのではなく、「気味が悪い」として扱われるようになったときには、確実にある画期的な要素——最初の道具の発明や火の発見よりも画期的な要素があったにちがいない。一度それについて長いこと考えて、それを原則的にはっきりさせるようにしてもらいたいものである。そうすれば「気味の悪いもの」がおのずから動き出すことにより、この「気味の悪いもの」自体がまさしく最初の「原生」の様相にほかならないような全く新しい領域への扉が、人間の心情に開かれたことを追感するであろう。しかしこの問題の核心はそもそも「霊魂」という観念的なものの成立なのでは全くなく、再び霊魂と関わる際の質的な感情の要素なのである。この要素は、霊魂が身体に比べて薄いとか見えにくいもしくは全く見えないとか、空気のようなものだということには左右されない。霊魂はしばしばそのようなものであるし、しばしばそのようでないものでもある。たいていはそうであることもあれば、そうでないこともある。「霊魂」の本質は空想や概念が作り上げたものにあるのではなく、何よりも、そしてもっぱらそれが「妖怪」(Spuk)である、さらに言えば先に記したような「畏怖」を引き起こす面からみた妖怪だという点にある。しかし妖怪も「自然的」な感情からは明らかにならない。そのうえ、つねにきわめて鮮明に畏れられる、この出没する「何ものか」(これは、それに本当に与えることのできる唯一の概念的な核心部分である)が、後になると積極的に崇められ、愛されるものになったり、それがまた精霊や英雄、〔サンスクリット語で言えば〕祖霊(pitri)やデーモン、聖者や神々へと高まりもするという、その後の発展もやはり自然的感情からは説明されないのである。

〈四〉「力」(オレンダ)にはきわめて自然的な前段階があり得る。人が植物や石あるいは自然の事物の中に力を観察して、それらを持つことで力を獲得したり、動物や人間の心臓や肝臓を食べて、その力や活力を手に入れることは、宗教ではなくして科学である。現代の医療も同じような処方を用いている。仔牛の甲状腺の力が甲状腺腫や精神障害に効くとしても、蛙の脳味噌やユダヤ人の肝臓が何かに効くなどということは聞いたことがない。この場合にいずれも観察に基づいているのであって、この点に関して言えば、現代の医療と呪医のそれとの違いは、前者がより正確であり、実験の手続きを踏むということにあるに過ぎない。「力」は宗教の前庭において現れるのであって、その獲得が「交信儀礼」(Kommunikations-rite)や「サクラメント」などと言い習わされているものになるのは、「まじない」、「呪術」、「超自然なもの」といった観念、要するに再び「全く他のもの」の観念がその中に差し挟まれるときに限られるのである。

〈五〉 火山や山頂、月や太陽や雲が素朴な人々によって生きていると見なされるが、それは「万物に精霊あり」という理論や「汎神論」によるのではなく、私たち自身が、自分自身のこの生きた自己の外に、外部にある生きているものを認めるや否や、それにあてはめるのと全く同じ目印によるのである。すなわち火山や山頂などに働きや振舞いが認められると信じる——それが正当であるか不当であるかは、これまた観察の正確さの問題に過ぎない——ときに、またその限りにおいて用いる目印である。この目印から見ると、素朴な観察者にとっては、そのような自然の事物は生きているものとなり得るのである。けれどもそれはまだ神話や宗教に全くそのまま通じるのではない。生きているというだけでは、山も太陽も月もまだ全然「神々」ではない。そればかりか人々が願いごとや頼みごとをするといった態度をとっていてさえ、それは神々とはならない。なぜならば頼むということはまだ祈ることでも信頼することでもなく、宗教的とは言えないからである。ヌミノーゼなものというカテゴリーが適用されて初めて、それらは宗教的となるのである。そしてそういうことが起こるのは、まず最初にヌミノーゼな手段、つまり呪術によって火山や山頂などに影響を及ぼそうと試みるときであり、そして次にそれと同時にそれらの働きの種類をヌミノーゼなものと見なすときである。「霊があると考えられた」ものとしてではなく、「ヌミノーゼと感じられた」ものとして、自然の事物は宗教の前庭の中に登場してくるのであり、そうしてやがて自然神（Natur-gottheiten）として本当の宗教の対象となるのである。

〈六〉「お伽噺」（Märchen）は空想や物語や娯楽などの「自然的」な衝動とその所産を前提している。けれどもお伽噺そのものはいつでも、「驚くべきもの」の要素、奇跡や奇跡的な出来事あるいは作用によって、つまりこれまたヌミノーゼな横糸によって初めて一つの語り物となる。そして同じことが神話にはなおさら妥当する。

〈七〉これまでに述べた諸要素は宗教的な感情の前庭にほかならず、ヌミノーゼなものが混合状態のもとで最初に動き出したものである（これは感情連合の法則によるもので、個々の場合について個別に例示しようと思えば可能である）。本当に独立した始まりは「精霊」、デーモン（まだ「善いデーモン」とも「悪いデーモン」とも区別されない意味での）の観念の成立を待つ。その最も本来の形は例の奇妙な「古代アラビア」の神々にまだ残っている。いわゆる場所のヌミナであるが、もとは「女性形のデーモンを「彼女たち」という代名詞で呼ぶような」指示代名詞の意味変化＊2にほかならず、たいていは神話を持っていないので、「神話によって作られた」ものではなく、「自然神から発展した」ものでもなく、「霊魂から出てきた」ものでもないが、それでも強力な影響を及ぼし、きわめて生き生きと崇拝されているヌミナである。それはヌミノーゼな感情そのものの純粋な客体化である。そしてそれについてきわめて明瞭なことは、それ

＊2　巻末の補注によれば、ロマンス語の権威レオ・シュピッツァーが、「ルーマニアでは女のデーモンのことを"Jelele"と言うが、文字通りには「彼女たち」（女性を表わす代名詞の複数形）ということだ」と書いてくれたという。オットーは、ヌミノーゼな対象を示す最初の試みは指示代名詞によるものだったと考える。

が民衆の空想の普遍的な創造力、つまり「民族・心理」から生まれたのではなくして、予言者的特質を持った人の直観の所産であったということである。なぜならこのヌミナにはいつも「予見者」（Kahin）、すなわち原始的な古いタイプの予言者が付随しているからである。そういう者のみがヌーメンといったものを原初的に体験するのである。そしてまたこのようにして言わば「啓示され」た場所で、またその時に初めて儀礼と儀礼による交信が成立する。ヌーメンには予見者が付随しており、これがないといかなるヌーメンも存在しないし、逆もまたそうである。

〈八〉「浄」と「不浄」とは、自然的な意味でも存在している。自然的な強い嫌悪の感情が引き起こすもの、つまりむかつくほど嫌なものが不浄であるのは自然である。未開の段階にあっては、嫌悪の感情が人間に大きな力を揮う。「農夫は知らないものを食べない」（watt de Buer nich kennt,dat itt hei nich）という言葉もある。それはきっと自然の育みが与えてくれた賜物そのもので、このような嫌悪の感情とともに成長していく人に対して多くの重要な生命機能の本能的な確保が与えられたのである。（やがて文化が嫌悪の感情を別の対象に転嫁し、自然の人たちが嫌悪する多くの事物からそれを取り去って、彼等にとって「嫌い」でない多くの事物に移して、この感情を「洗練していく」。この洗練は、強さの程度に関して言えば、むしろ緩和でもある。いわゆる「未開人」が持つようなたくましく、強力にして強烈なエネルギーのもとに嫌悪することは、もはや私たちにはない。この点に関しては、今日でもドイツの田舎の、もっと素朴な住民と都会の洗練された住民との間にも明瞭な差が認められる。私たち［都会の人］は、田舎の人々には無害な多くのものを忌み嫌う。しかし田舎の人々の忌み嫌い方は、都会の人々以上に徹底している）。ところで強い嫌悪の感情と「ぞっとするもの」の感情との間にもまさしくきわめて著しい対応があり、その点から対応する感情同士が互いに引き寄せ合うという法則に照らしてみると、「自然的」な不浄がヌミノーゼなものの領域の中に入っていって、そこで成長したに相違ないこともすぐに理解される。問題の鍵である、かの対応とこの法則とを把握するならば、事柄の実際の生成の歩みをまさにア・プリオリに構成することもできるのである。また今日私たち自身も血を嫌悪する時にその事柄を全く直接に体験もする。流れる血を目撃すると、嫌悪の要素と鳥肌の立つ恐ろしさのそれのいずれが強いのか、は言い難いという具合に、私たちもそれに反応するのだ。

やがて後になって「畏怖」の発達した要素が現れて、デーモン的なものや神的なもの、sacer もしくは sanctus といった、より高度な表象が形成されたときには、「自然的」な不浄が先行していなくとも、またそれが出発点になっていなくとも、事物は「不浄」、つまり消極的・ヌミノーゼとなり得た。そしてこの場合に「感情の対応」の作用にとって示唆的なことは、いまや逆にヌミノーゼ・不浄なものの感情もまた直ちにそして容易に自然的な嫌悪感と結びつくということである。言い換えれば最初は全然嫌うべきものではなく、初めからヌミノーゼなぞっとするものであった事物が、忌み嫌うべきものになるということである。それればかりではなくそのような嫌悪の感情が、それを呼び起こしたかつてのヌミノーゼな畏怖そのものがとうの昔に弱くなってしまった後でも、依然として長い間にわたって自立的に保持されることさえあり得る。ここから場合によっては、社会的な忌避の感情、たとえばカースト感情も説明されるであろう。この感情にはかつては純粋にデーモン的な根があったが、その根がすでに消滅してしまってもなおそれが残るのである。

〈九〉これまでの一から八までの事例は、「宗教以前」(Vorreligion)と呼ばれてよいものだ。しかしあたかもそれによって宗教や宗教の可能性が説明される、という意味で宗教以前なのではない。むしろそれ自身は宗教的な根本要素、すなわちヌミノーゼな感情の最初の生起によって初めて可能になるとともに、それから初めて説明されるものである。そしてこの感情は一つの心的な原素(Urelement)であって、あくまでもそれみずからの特性のもとで捉えられることを要求し、他のいかなる要素からも「説明される」ことのできないものである。そして他のあらゆる心的原素と同じように、それもまた人間の精神生活の発達の中で、時宜を得て現れ、そうしてその後は単にそこにあるだけである。その際にある種の条件が満たされるときに初めて、それが現れることは疑いない。すなわち身体器官の発達、敏感さと自発性の能力、他の心的能力、一般的な感情生活、内外のものに対する感受性と体験能力などである。しかしこのような条件はあくまでも条件であって、原因とか要素ではない。そしてこの事実を認めることは、問題を空想的なものや超自然的なものへとすり替えることを意味するのではなく、私たちの心的なものの他のすべての原素について妥当することを、ヌーメンの感覚（sensus numinis）についても主張したに過ぎないのである。快と苦痛、愛と憎しみ、光の感覚、音の感覚、空間感覚や時間感覚といった感覚知覚の能力、さらにより高次の認識能力や心の能力なども――疑いなく諸法則に基づきまた一定の条件のもとで――発展に即してそれぞれ時宜を得て現れるが、しかしそれぞれのものはそれ自体としては新しいもの、導き出されないものであって、私たちがそれぞれの発達の根底をなす、潜勢力豊かな精神的素質を想定する場合にのみ、「説明する」ことができるのである。その精神的素質はそれらのものの中で、身体器官や脳の発達の諸条件が与えられる程度に比例してますます豊かになっていくのであり、ヌミノーゼなものの感情についても事情は同じである。

〈一〇〉　しかしながらヌミノーゼなものの感情の自発的な生起の最も純粋なケースは、七番目に述べたもののように思われる。それが宗教の発展にとってとくに重要である理由は、この場合には宗教的感情が自然の事物を誤ってヌミノーゼと見なして、初めからその方に（感情連合の刺激によって）屈折するのではなく、ちょうど「パニック的な驚愕」におけるように、表象による客体化を伴わない純粋な感情のままであるからであり、あるいは宗教的感情の空想的な産出のもとでその暗秘な関係点［つまり対象」を象徴化しているからである。まさにこの七のケースは、私たちの追感や洞察がまだ何ほどか迫ることのできるものであり、単なる感情からその開展(Auswicklung)もしくはみずからの表象形態の産出への移行も追感されるのである。生き生きとした「ヌミノーゼな」感情を持っている人なら、それがかつてある時にあるいはある場所でまさしく「気味が悪い」と感じられたことがたぶんあるであろう。もっと正確な心理学的洞察を行える人なら、このような心情状態について次のような点を認めるであろう。すなわち第一に、この心情状態の種別的な特殊性もしくは他からは導き出されない性質である。第二には、この心情状態の外部の誘因がまことに少なく、それだけでなくそのことについてほとんど報告することができないほど少なかったり、あるいはその誘因が印象の強さそのものとは全く関係がなかったり、つまりその際に当の「印象」についてはほとんど語ることができず、せいぜい刺激や誘因についてしか語れないということがしばしばあるという特異な事態である。そういう場合には感情体験そのものが、力と押し寄せる迫力という点で、ある時ある場所のそれぞれの具体的状況が印象として与える一切のものをはるかに凌いでいるということなのである。この気味の悪いものへの戦慄ないし身震いは、むしろ刺激や誘因がそこまでは全く届かない心の深層から突然破り出てくるのであり、破り出てくる力もまた単なる外部からの刺激に勝り、その突発が、全く自発的ではないにせよ、ほとんどそうであるほどに強いのである。これによって第三の点がすでに言われたことになる。すなわちこのようなことが起こる際には、独特の自立的な表象内容が、たとえ全く暗秘で萌芽のようなものであるにちがいないとしても、揺り動かされ、呼び覚まされるということである。そしてこの表象内容こそが、戦慄という心情の動きの本来の根底なのである。なぜならそのような表象内容があらかじめ与えられていないとしたら、いかなる心情の動きも起こり得ないからである。――さて上述の心情状態は――第四に――純粋に「感情」のままでもあり得る。すなわちその暗秘な思惟的内容を開展することがなく、そのままの心情状態で経過することもある。そのように言葉に開かれないままに捉えられるときには、「何と気味が悪いことか」とか「この場所は何と恐ろしいことか」といった叫びとなるだけである。しかしその心情状態は開展することもあり得る。「ここはどうも怪しい」というようなことを口にするや否や、それは単なる消極的な表現ではあるものの、最初の開展なのである。たとえば英語で“This place is *haunted*”(ここには何かが出る)と言うときには、すでに積極的な表現へ移行している。ここには暗秘な観念の根底がすでにもっとはっきりと露呈しており、ヌミノーゼな性格を持つ彼岸的な何ものかやある存在者の性質もしくは作用するある実在の、まだ全く漠然として流動的な表象としてみずからを具象化し始めている。そしてこれがやがて一段と発展していくうちに、場所のヌーメンとして、「精霊」として、デーモンとして、エル(el)として、バアル(ba'al)として、あるいはその他の具体的な姿をとるようになるのである。

ヤコブは『創世記』の二八・一七で

ここは、なんと畏れ多い場所だろう。

これはまさしく神（Elohim）の家である。と言っている。この句は宗教心理学的にまことに興味深いものである。すなわちこれまで述べたことの明瞭な事例としておもしろい。この句の前段は、明らかにまだ反省を経ない直接性のもとにある心情の印象そのものを伝えており、一切の感情の自己開展ないし自己明示を伴っていない。つまりヌミノーゼな原初の畏怖（Urschauer）のほかには何も含んでいない。そしてこのような原初の畏怖は、まだ全く暗示的な感情ではあるが、多くの場合には疑いなく「聖なる場所」を表示し、恐る恐る崇める場所として目立たせるのに十分であったし、それだけではなく、たとえ必ずしもこの恐るべきものの印象を、そこに住む具体的なヌーメンの表象［場所のヌミナ］に変換するまでに至らなかったり、ヌーメンが名称を持っていなかったり、あるいはその名称があっても、代名詞以上のものでなかったとしても、そこにおのずから発展する崇拝（Kult）を生み出すのにも十分であった。ところがヤコブの後段の言葉はもはや単に原初の体験そのものだけを言っているのではなく、反省された具体的な体験の開展あるいは解釈を言い表している。

ドイツ語の'Es spukt hier'（ここには何かが出る）という表現もおもしろい。この表現は本来まだ何らのしかるべき主語を持っていない。少なくとも「何かが出る」の「何か」については何も言い表していない。そこにはまだ私たちの民族神話が「お化け」や「精霊」、死者の霊や霊魂について描く具体的な表象は、それ自体としては何一つない。

むしろこの文は紛れもなく気味の悪いものの感情そのものの表現に過ぎないのであって、ほかならぬこの感情こそが初めて、最初にみずからを暗示する際に表象を、すなわちヌミノーゼな何ものか一般の、彼岸的な存在者の性質の表象を自己自身から解き放とうとするのである。残念なことは、この「出る」を表すもっと品のある、もっと一般的な用語がないことであり、またこの表現でねじ曲げられて、たちまちヌミノーゼな感情の「迷信的」で、不純な傍系の世界が作られてしまうことである（二）。しかしながらたとえそうであっても、私たちは依然としてこの「何かが出る」の感じと、例の「気味が悪い、という」ヌミノーゼな原初的な体験との親縁関係を追感することができる。かつてもまたまさしくこの関係を通じて、「戦慄すべき」、「聖なる」、ヌーメンの所有になる場所、そしてこのような特定の場所での崇拝の出発点およびそこで崇められたエルの誕生地が、予見者の経験を介して発見されたのであった。このような原初の体験の余韻は『創世記』の二八・一七や『出エジプト記』の三にある。モーセやヤコブがここで描いている場所は、正真正銘の「haunted places」（何かが出る場所）あるいは「es spukt」（何かが出る）場所であり、「ここはどうも怪しい」場所である。ただしこの「何かが出る」という感じは、お化けについての私たちの今日の感情が持つ落ちぶれた、品の下がった意味を持つのではなく、純然たるヌミノーゼな原初の感情のきわめて豊かな潜勢能力や発展の可能性を依然として保持しているものである。つまりここでは高尚で上品な妖怪が問題なのである。疑いなく現代においても、私たち自身の今日の

聖所における静寂や薄暗がりの中で私たちを捉えるかすかな戦慄が、

　そしてポセイドンの松林の中に、

　　彼は敬虔なる恐れを抱いて足を踏み入れる。

とシラーが詩の中で詠んだものとの究極の親縁関係をまだ保っているだけではなく、全く純粋な妖怪の感じとも同じ関係を持っている。つまり今日聖所で感じる心情の状態に伴うかすかな身震いが、先にその本質を精査した「身の毛もよだつ怖さ」と究極の親縁関係を持っているということである。アニミズムが「霊魂」から強引に精霊やデーモンおよび神を導き出そうと努めるとき、間違った点に目を向けている。霊魂は「妖怪のようなもの」であると主張するなら、少なくとも正しい道を歩むであろう。

　このような点を部分的に証明してくれるのは、かつては「高尚な妖怪」の原初的な恐れに適用されていて、そのために後になると「畏怖」の最低の形態の表示となったし、反対に最高の表示ともなり得たいくつかの古代の術語である。サンスクリット語の謎めいた語「asura《アスラ》」もこのような術語である。これは後になるとヒンディ語で、低い段階の妖怪で、お化けのごとき、デーモン的なものを表す専用の表現となる。しかしながら最も古い時代にあっては、「インド最古の神々の賛歌である」リグ・ヴェーダのあらゆる神々の中の最高の神、すなわち気味の悪い・高いヴァルナ（Varuna）の添え名であったし、ペルシャの「アフラ・マツダ」においては、それが唯一の永遠なる神性そのものの名前となっている。(二)

「adbhuta《アドブタ》」（驚異）という［同じくサンスクリット語の］術語も同様である。a-dbhuta とは、arrēton、すなわち言い難きもの、捉え難いものを言う。それは何よりもまさしく私たちが言う呆然とさせる神秘（mysterium stupendum）である。「空家に居ると、adbhuta を体験する」と、ある古い定義は言っている。そうするとそれは、荒れ果てた空き家で私たちを襲う「身の毛もよだつ恐ろしさ」（Gruseln）の体験である。しかし adbhuta はまた、全く超世界的な驚きとその「魅惑する」ものをも表す名称でもあり、そればかりか［宇宙の根本理法である］永遠なるブラフマンとその救いそのもの、すなわち「一切の言葉を超えるもの」を表すものでもある。[三]

asura と adbhuta について言われたことは、おそらくギリシャ語の theós（神）にもあてはまるであろう。その語幹はたぶん中世ドイツ語にも見られ、妖怪（Spuk）やお化けを意味していた ge-twás のそれと同じものであろう。この theós の場合も、もともとはヌミノーゼな気味悪いもの（高尚な妖怪）を表す古い語が、一方では神を表示する位階へと上昇するとともに、他方ではお化けに過ぎないものへと落ちぶれたように見える。——それだけではなくヘブライ語でも発展はおそらく同じだったであろう。なぜならばエンドルの口寄せの巫女がサウルのために立ち上がらせるサムエルの「霊」、つまり死者の幽霊（『サムエル記上』の二八・一三）が、神格そのものと同じく、エロヒムと呼ばれているからである。

〈一一〉最後に感情のア・プリオリな理念の根底という私たちの想定に基づくと、

アンドリュー・ラング[*3][四]が正当にも注目した例の［至上神の観念という］興味深い事象の説明も見つかる。この事象は「原始一神教」（primitiver Monotheismus）という仮定を裏付けるものではない。この仮定は聖書［『創世記』］の第二章［の天地創造と人間誕生の物語］を救うつもりで、しかし実はその際に、夕涼みに庭を散歩するヤハウェに出合って近代的羞恥を感じる宣教師の護教論の産物なのである。むしろこの事象は、アニミズムや汎神論もしくは宗教の自然主義的な基礎づけからは全く謎のままに残り、それゆえに強引な仮説で片づけられてしまうことにもなる事柄を指し示しているのだ。すなわち［オーストラリアやアフリカなどの］いわゆる未開な諸民族の多くの神話や伝説には、彼等のその他の儀礼や慣習の程度の高さを全く超えるような横糸、すなわち大いなる神々（Großgöttern）［至上神］の表象が見られる。人々は実際の生活ではしばしばそれと全く関わらないが、それでもそれに対してほとんど意図しないまま、他の一切の神話的な群像に勝る尊厳が認められており、それは最高の意味での神的なものの響きを持っている。このような大いなる神々が神話的な過去を卒業してしまった、と認められることもあれば、そうでないこともある。この神々の特徴をなし謎をなしているのは、他の水準を抜きん出ていることである。宣教により有神論的宗教の説教が持ち込まれたところでは、この大いなる神々は容易に、またしばしば神として再認識され、宣教師の説教の足掛りとなっているが、改宗した人々はその後になって、神のことはよく分かったが、崇めなかったと告白している。——この種の現象が時には、高度な有神論的

＊3　アンドリュー・ラング（一八四四―一九一二）はイギリスの歴史家、民俗学者、詩人で、宗教関係では一神教を宗教の起源と見る説を立てた。

宗教が以前に影響を及ぼしたからだとか、それに引きずられた結果であると説明されることがあり、確かにそれは正しいし、かの高い存在者に付けられた名前によってそのことが証明されることもある。けれどもこのような形をとったとしても、この現象はきわめて不思議である。他の点では全く異質な、いわゆる粗野な迷信の環境にいる「未開の人々」自身の心情の中にもともとこのような「持ち込まれた」表象に対する素質（Disposition）がないとしたら、すなわちそのような表象を逃すことを許さず、むしろそれを少なくとも保持しつつ、興味を持ち続け、あるいはまた自分の良心の中でそれに対する証言を感じ、承認するように強制する素質がないとしたら、彼らがそのような表象を受け入れ、また堅持するように仕向けるのは一体全体何だろうか。しかしながら他面からすると、この持ち込まれたという想定は、このような現象の多くにとっては疑いなく不可能であり、無理をして初めて結びつけられるに過ぎない。そこでこの場合に私たちが問題にしなければならないのは明らかに、先へ先へと急ぐ予感あるいは先取りの作用なのであるが、それは理性内部で強く働く理念の根底の圧力のもとにあって、決して意外なものではなく、むしろ時折起こるものとしてまさに予想することができるし、自然的なものである（自然的だというのは、たとえばロマと言われる人々が、他の点では劣悪な文化環境にありながら、強い音楽的な自然の素質の圧力のもとで、高い音楽演奏をするようなものである）。しかしこのような予感や先取りは、理念の根底を欠くときには、全くの謎となってしまうであろう。

この点について、また他の例でも自然主義的な心理学者たちは、実は少なくとも心理学的には興味深い事実を見逃しているか、さもなければ圧殺している。すなわち鋭敏な自己観察をすれば、自分自身において認めることのできるもので、宗教的な理念に対する自己の心情における自己証言（Selbstzeugnis）がそれである。これはもちろん再び素朴な人々において、素朴さを脱した人々におけるよりもたくましいのであるが、素朴さを脱した多くの人も冷静に客観的に自分自身の、たとえば受堅者の頃を思い出そうとすれば、自分のうちに再認識するであろう。しかしながら心情はみずからが「証言」するものを、恵まれた事情のもとでは、予感の動きの中でおのずと押し出すことができるのである。——他方において原始一神教説を主張する人も、同じようにこの事実を著しく無視している。なぜなら前述の事象が歴史的な伝承や「歴史的な太古の啓示」のはっきりしなくなった記憶以外の何ものにも基づかないのであれば、自己承認という要素を備える、このような内からの証言もやはり存在し得ないことになるだろうからである。[五]

（一）そういったものを表すのに、やや技術的な言葉であるが、「ここには幽霊が出る」（Es geistet hier）あるいは「この場所は幽霊でも出そうなところだ」というのがある。この「幽霊」は、低次元の妖怪ではないヌミノーゼな出現である。そして必要とあらば、『ハバクク書』の二・二〇を敢えて次にように翻訳することも許されるであろう。

ヤハウェはその聖なる神殿に出没する（Jahve geistet im seinen heiligen Tempel.）。全

地よ、御前に沈黙せよ。

英語の to haunt は、ドイツ語の'spuken'よりも高尚である。そこで

Jahve haunts his holy temple.

と言っても瀆神とはならないであろう。このような「出没する」は、しばしばヘブライ語の schākan である。そして『詩篇』の二六・八の文、「あなたの栄光の宿るところ」を、「あなたの優越が出没する場所」と訳すと、いっそう満足にぴったりと感情に訴えるようになる。――「Schekīnā」は、まさしく本来は、エルサレムの宮にヤハウェが「出没すること」なのである。

（二）このような意味の変化ははるかな古代に生じたばかりではなく、全く同じようにわれわれ自身の言語においても最近起こっている。「schauerhaft」という語は、十八世紀においてもまだ全く神秘的な・ヌミノーゼなもの一般を意味していて、畏れかしこまった畏怖という意味でもそうであった。今日の言葉で言えば、schauervoll（ぞっとする、怖い）といった意味であった。その後になって初めてそれは落ちぶれて瀆神的で、不敬なもの、消極的なヌミノーゼを表すものとなってしまい、平板化して、取るに足りないものとなり、いまやそもそもヌミノーゼな意味や響きさえ失い、今日では人を畏怖させるものをほとんど意味せず、腹立たしいものを表すだけになってしまった。たとえば「いまいましい天気だ」（Es ist schauderhaftes Wetter）」などは「落ちぶれた」典型的な例である。この問題については、『超世界的なものの感情』の第九章、「上昇するヌミナと沈下するヌミナ」を参照してほしい。

（三）私の『ニヴァーサのディーピカー、インドの救済論』（一九一六年）の四六頁を参照してほしい。――adbhuta（驚異）（および āścarya）は、私たちのいう「numinos」が、「wunderbar」

（奇跡的な・驚嘆すべき）という語も同じだが、もしも多くの世俗的な平板化を被っていないとすれば、この語の正確なサンスクリット語訳となるであろう。——ついでに、M・リンデナウ（M.Lindenau）著『古代インドの情趣論に関する論文集』（Beiträge zur altindischen Rasa-Lehre）ライプツィヒ、一九一三年に収められた、バラタ・ムニ（Bharata Muni）における戦慄すべきもの、英雄的なもの、恐るべきものおよび嫌悪すべきものの感情と区別される adbhuta の感情に関する詳細な研究を参照してほしい。

（四）『神話、儀礼および宗教』（Myth, Ritual and Religion）（第二版）一八九九年、『宗教の創造』（第二版）（The making of Religion）一九〇二年および『呪術と宗教』（Magic and Religion）一九〇一年。——なおP・W・シュミット（P.W.Schmidt）著『オーストラリア諸部族の宗教と神話の比較概説』（Grundlinien einer Vergleichung der Religionen und Mythologien der austronesischen Völker）ウィーン、一九一〇年（in: 'Denkschriften der Kaiserlichen Akademie der Wissenschaft' in Wien. Phil. hist. Klasse. Bd.53）参照のこと。

（五）本章に関して、アルフレート・フィアカント（Alfred Vierkandt）の論文『未開宗教における聖なるもの』（Das Heilige in den primitiven Religionen）（Zeitschrift: Die Dioskuren）一九二二、二八五頁以下を参照してほしい。本章の論述に対して、この研究において与えられたもの以上の喜ばしい専門的研究の側からの裏づけはほかにはなかった。

私は、インド学者にして宗教史学者J・W・ハウエル（J.W.Hauer）著『諸宗教、その生成、意味、真理』（Die Religionen, ihr Werden, ihr Sinn, ihre Wahrheit）の第一巻「低い段階における宗教体験」（Das religiöse Erlebnis auf den unteren Stufen）シュトゥットガルト、一九二三年という重要な著作の中にもまた、私がこの章で述べた根本的な見方の更なる裏づけを見出したことを喜んでいる。

「霊魂信仰」の成立に関してはシュマーレンバッハ(Schmalenbach)の論文「霊魂概念の成立」(Die Entstehung des Seelenbegriffs)(Logos, Bd.16, Heft 3, 1927)三一一頁―三五五頁を参照してほしい。

本章の十については、私の『アーリア民族の神と神々』の中の、十六頁以下のルドラ・タイプに関して述べた個所、とくに第四節「ヌミノーゼな現前感情からのルドラの発祥」を、さらには『超世界的なものの感情』、第六章「王ヴァルナ、ある神の生成」をも参照してほしい[この注の番号は訳者が付けた]。

第十八章　「原生のもの」の要素

他のものからは導き出されない特質とア・プリオリな性質とは、宗教の歴史また歴史的な発展の端緒にある、かの「デーモン的な畏怖」の原始的で、「原生」（roh）な最初の働きにも完全にあてはまる。宗教はそれ自身とともに始まるのであり、その前段階である神話的なものやデーモン的なものの中にすでにそれ自身活動している。原始的なもの、「原生のもの」はここでは以下のような事情にあるものを指す。

i　それは、ヌミノーゼなものの個々の要素がただゆっくり次々と浮かび上がってくるもしくは目覚める中にある。なぜならばそれがみずからの完全な内容を後から後へと開展していくのはただゆっくりと、そしてきわめて長い間にわたって次々と起こる刺激の連鎖の中でのことだからである。しかし全体がまだない場合には、別々に目覚めた端緒もしくは部分の要素は、もとより異様なもの、理解し難いもの、それのみか時には醜怪なものという面を持っている。このことはとりわけ人間の心情生活において最初のものとして目覚めたかに見える、まさしく宗教的な要素、すなわちデーモン的な畏怖にあてはまる。それ自体として個別的に見るならば、当然のことながら、その感情は宗教そのものというよりも宗教の反対のように見えるにちがいない。その感情に付随する要素をばらばらにするならば、宗教が関わる事柄というよりは、恐るべき自己暗示、一種の「民族心理学的」な夢にうなされることに似ているように見え、そこで人々が相手にしているものは、一種の迫害妄想にかかった病的な原始的空想が産み出した妖怪の姿であるように見えるであろう。多くの研究者が、宗教はかつては悪魔（Teufel）を祀ることから始まり、悪魔はつまるところは神よりも古いと真面目に思い込んだのもうなずける。――ヌミノーゼなものの個々の側面や要素がこのように段階的に次々に目覚めるために、類と種による諸宗教の分類がきわめて困難となり、それを企てる人ごとにいつも違った結果になるということも起こってくる。その理由は、ここで分類されるべきものはたいていの場合同じ類の中のさまざまな種のような状態には全くなく、したがって分析的な統一性［すなわち多くの表象をみずからのもとに包括する統一性］の観点からの分類ではなくして、綜合的統一性［すなわち多くの表象をみずからの内に包含する統一性］[*1]の部分的要素のような状態にあるという点にある。それはちょうど鯨が最初は水面上に出た部分だけで見え始めるときに、背鰭や尾の先や潮を吹く頭の部分を、一つの全体の分肢をなす部分として、それぞれの場所と関連のもとで

*1　補足の形でつけた、両つの「統一性」の定義は、巻末の用語説明による。「綜合的統一性」の観点に立つと、どの宗教現象も「宗教」の現象として理解される。

認識するような仕方で、この現象の本質的理解を見出すのではなく、それらを種と類の違いとして分類しようと試みるようなものである。つまりその全体は、部分が理解される前に、初めに全体として理解されていなければならないのである。

ii さらに「原生のもの」は、当初は単なる突発的なものもしくは時たまのものに過ぎない最初の動きの中にある。それとともにまだ不明瞭な点があって、それがまた「自然的」な感情との誤った取り違えや混同を産み出すきっかけともなる。

iii そのわけは、ヌミノーゼな感情が至るところで、そして全く当然のこととして、何よりもまず世界内部の対象物や出来事あるいは存在物に付着することにあり、これらがヌミノーゼな感情を「誘発」したり、また同時にそれをみずからに付着させるからである。自然崇拝および自然物の神格化と呼ばれているものは、とりわけこうした事情に根拠を持っているのである。やがて次第にゆっくりと、ヌミノーゼな感情そのものの圧力を受けて初めて、このような結合が時とともに「精神化」されていき、最後には全く押し退けられてしまうようになり、こうしてもっぱら超世界的な存在者を志向する感情の暗秘な内容が、初めて独立して、純粋に白日のもとに現れるのである。

iv 原生のものが奔放な、狂信に導く熱狂的な形をとることがあって、その場合にはまずもって心情に取りつき、宗教マニアあるいはヌーメンの憑依、精神的な混乱や狂乱として現れる。

v 全く本質的なことであるが、原生のものが誤った図式化そのものの中に置かれることもある。すなわち先に例示したように、似ているものに接ぎ木されるのであるが、しかし内的にはそれに属さないという場合である。

vi　最後に、そして頂点をなすのは、後になって初めてゆっくりと現れてくる合理化や道徳化あるいは洗練が依然として間違っている場合である。

しかしながら、内容からすると、デーモン的な畏怖の最初の発動はすでに純粋にア・プリオリな要素である。この点では「気味が悪いもの」という単なる原生な感情としてさえ、美的感情と比較される。ある対象が「美しい」と認識される場合と、「身の毛もよだつほど怖い」と認識されるときとは、心情の体験は全く異なるが、しかしいずれの場合でも、私がある対象に対してある述語（意味を表す述語）を、すなわち感覚的経験が与えてくれない、全く与えることもできず、むしろ私が自発的にそれに帰する述語を添えるという点では一致しているのである。私はひとりその対象（美しいものであれ、恐るべきものであれ）のみに即して、その一定の感覚的性質や空間的な形態を直観的に把握するのであって、それ以上ではない。そしてこのような性質や形態を持つ対象に対しては、またそれを表すためには、私が「美しい」と言い表す価値意味（Wertsinn）こそがふさわしいこと、それのみかそもそもそのような価値意味が存在するということも、そのような感覚的性質や空間的形態はいかにしても私には言ってくれないし、また示すこともできない。私は「美しいものそのもの」についての暗秘な観念と、それに加えて「美しい」と言い添えるための従属の原理（Prinzip der

Unterordnung）とを［ア・プリオリに］持っていなければならないのであって、そうでなければ最も単純な美しいものの体験すら可能ではない。しかしある対象を「身震いするほど恐ろしい」と［新しい意味を表す述語のもとで］統覚する場合も、全く同様である。このような対応関係はさらに進展する。すなわち美しいものに対する喜びは、単なる快適なものに対する快感と確かに類似性を持っているが、しかし同時にまたはっきりとした質的な違いと後者からは導き出されないという点において区別されるように、単なる自然的な恐怖に対する特殊なヌミノーゼな畏怖の関係もまさしくそれと同じなのである。

「原生のもの」の状態は、ヌーメンがますます強く十分にみずからを「啓示する」、つまり心情と感情に知らせるにつれて克服されていく。viで指摘された合理的要素による充実も全く本質的にこれに属することで、この充実によりヌーメンは概念で把握される領域に入ることにもなる。しかしながらその場合でもヌーメンのヌミノーゼな側では、これまで挙げたすべての非合理的な「理解し難さ」の要素は保存され、それのみならずヌーメンがみずからを「啓示」すればするほど、この要素はかえって強くなるのである。なぜならば「みずからを啓示する」ことは、悟性による概念的理解に移行するという意味では全くないからである。何かがその最も深い本質からして、感情に対して知られ、信頼さえされ、祝福を与えたりあるいは戦慄を引き起こすが、しかし悟性はそれについていかなる概念的理解も拒まれるということがあり得るのである。悟性によって「理解する」(begreifen)ということがなくとも、感情によって心の奥底で「分かる」(verstehen)ということはあり得るのであって、たとえば音楽が分かるというのはそういうことである。音楽について概念的に理解できるものは、実は音楽そのものでは全くないのである。知るということと概念的に理解することとは同じことではなく、それのみかしばしば互いに対立することさえある。したがってヌーメンの秘密に満ちた、概念では解き明かせない暗秘さは、決してそれが知られていないもしくは認識されていないということを意味するのではない。ルターにとって、「隠れた理解できない神」(deus absconditus et incomprehensibilis)は、実は「知られざる神」(deus ignotus)ではなかった。彼はまさにあまりにもよく神を「知っていた」がゆえに、なす術を知らない心情が恐れおののいたのであった。そしてまたパウロも同じように、実際には「あらゆる人知を超える」全く捉え難い[神の]「保護」を「知っている」のであって、そうでないとしたら神を賛美することさえなかったであろう。

　人は神を理解することはできない、しかし神を感じるのである。

とルターは言う。[一] またプロティノスも同じように言っている。

　もしも私たちが(何らかの仕方で)知っていないとしたら、それについて何を語るべきなのか。さてそれが私たちの(概念的)認識を逃れるとしても、だからといってそれがそもそも私たちから逃れると見るには及ばない。つまり私たちは確かにそれについて（表意記号で）語るが、それ自身は（十全には）名づけることができない、というふうにそれを捉えるのである。とはいえ私たちがそれを言い表すことができなくとも、それを所有することを妨げるものは何一つないのであって、ちょうど自分の中により高いものを持つことを知りながら、それが何であるかを（概念では）「知る」ことがない霊感を得た人や熱狂した人のようなものである。そういう人は自分を興奮させ、表情に表すように仕向けたものから、興奮させられたこと自体の（感情の）印象を取り出すのである。そうすると一者に対する私たちの関係もまたこれに似ている。純粋な精神に助けられて、私たちが一者へと高まるときに、私たちは感じるのである云々。[二]

そしてまた古いインドの言葉にもこう言われている。

「私は彼を良く知っている」とは思わない。
けれども「私は彼を知らない」とも思わない。[三]

したがって「非合理的なもの」は決して「知られないもの」や「認識されないもの」ではない。仮にそうだとしたら、それは私たちには全く無関係になるであろう。つまりそれは「非合理的なもの」だとさえ言うこともできなくなるであろう。それは悟性にとっては「把握し難い」、「捉え難い」、「理解し難い」。しかし「感情」には経験可能なのである。

（一）『卓上語録』（ワイマール版）六、六五三〇。

（二）キーファー（Kiefer）訳『プロティノス著エネアデス』、イェーナ、一九〇五年、第一巻、五四頁。

（三）『ケーナ・ウパニシャッド』十。

第十九章　ア・プリオリなカテゴリーとしての「聖なるもの」第二部

〈一〉　このように「聖なる」という複合的なカテゴリーの合理的要素も非合理的要素もともにア・プリオリな要素なのである。そして後者も前者と同じ程度においてア・プリオリである。宗教は目的（Telos）と倫理性（Ethos）のいずれにも支配されず、また［カントが言うような道徳の］要請（Postulat）に養われるのでもない。宗教における非合理的なものでさえ、精神そのものの隠れた深層にそれ自身の独立した根を持っているのである。

　しかしながらア・プリオリであることは、最後に三つ目として、宗教における合理的なものの要素と非合理的なものの要素の結合、すなわち両者の共属関係の内的必然性にも言えることである。宗教の歴史は、二つの要素が次第に入り組んでいくこと、たとえば「神的なものの道徳化」という現象を自明のごとくに教えている。事実、この現象は感情にとっては「自明のもの」であって、その内的必然性は感情そのものに分かってくるのである。ところがこの現象の内密に分かる部分は、まさしくそれ自体一個の問題なのであって、二つの要素の本質必然的な共属性についての暗秘な「ア・プリオリな綜合的認識」を仮定しないと、とうてい解決することのできないものなのである。なぜならその共属関係は絶対に論理的ではないからである。月の神や太陽の神といったまだ「原生な」、半ばデーモン的なものから、あるいは妖怪じみた場所のヌーメン（Lokalnumen）から、それが誓いや誠実、契約の妥当性や歓待、結婚の神聖性や種族と血族の義務の守護神となったり、さらには幸不幸を支配し、種族の利害に関与し、その幸せに心を配り、その運命と歴史を操るような神にまでなることが、一体どのようにして論理的に帰結するというのだろうか。原初的には身の毛もよだつ恐れや戦慄から生まれたように見えるものが神々となる、言い換えれば人がそれへと祈ったり、不幸と幸福を託したり、またそこに掟や決まりや法や法典の起源と裁可を見るようなものとなる、というこの宗教の歴史の全く驚くべき事実はどこに由来するのか。そしてまたこういったことすべてが、このような観念が一度目覚めると、いつでも同時に最も単純な、最も分かり切った自明のこととして理解され、どうあろうとそうなのだという結果にいつもなるのはどうしてなのか。

プラトンの『国家篇』第二巻の終わりのところで、ソクラテスがなぜなら神とは単一であり、行為と言葉において真実である。

神は変身することもなければ、誰をも欺かない。

と言うと、アディマントスがこう答える。

いまあなたがそう言ったので、私にもすっかり明らかになりました。

この文で最も重要な点は、ここで表明されている神の概念の高さや明晰さではなく、また高い合理化および道徳化でもなく、ソクラテスの側で言えば、彼の主張の一見「教理的」に見えるところである。合理化や道徳化でないのは、彼がみずからの命題を理由づけるための努力の跡をいささかも残していないからである。またアディマントスの側で言えば、素朴な驚きを示しつつ、しかし完全な確信を抱いて、彼にとっての新しい事柄を承認したことである。さらに言えばそれは承服するという意味での承認である。彼はソクラテスその人を信ずるというよりも、見抜いているのである。しかしこれこそがア・プリオリな認識の目印である。すなわちア・プリオリな認識とは、ある主張そのものがはっきりと表明され理解されるときに、「それに感応道交して」みずからの洞察の確実性をもとに、その主張の真理性の中に踏み込むことをいう。しかしソクラテスとアディマントスとの間で起こったことは、宗教の歴史の中でもたえず繰り返されてきた。アモスが、ヤハウェは曲げられない普遍の正義の神だと知らせるとき、彼は新しいことを言うのであるが、しかしそれは、彼が証明もしなければ、そのために権威に訴えることもしない事柄なのである。つまり彼はア・プリオリな判断、言い換えれば宗教的な良心そのものに訴えているのである。そして事実この良心は証言するのである。ルターもまたこのような神的なもののア・プリオリな認識をよく知っているしまた主張もしている。確かに普段彼を駆り立てて、たとえば次のような言葉による逆の表明をさせているのは、娼婦理性に対する憤りである。

ちょうど城や家を外から見て、そこの城主や家主を感じとろうとするように、外からその業や支配を手がかりにして神を見るときには、それはア・ポステリオリな(後からの)認識である。けれども神がそれ自身においてあるいはその内的本質において、何でありかつどのようなものか、はまだいかなる人間の英知も内から、ア・プリオリに(先立って)見抜くことができなかったし、それについては誰一人として知ることも語ることもできない。なぜならば誰に啓示されるのであれ、それは聖霊によるのだからである。[二]

(ここではルターは、人は「家主」をア・プリオリに「感じて」、そこに居るとするのか、全くそうでないのか、という点は見ていない)。しかしながら別のところでは、まさしく神が「それ自身においてもしくはその本質において」何であるか、についての認識のために、彼は一般的な人間の理性に対してさえきわめて多くのことを容認しているのである。

しかしながら自然的な理性自身、仮に聖書がなくともみずからの判断によって承服させられて、このような見方を受け入れるように強いられる。なぜならすべての人はそのことについて論議されているのを聞くや否や、自分の心の中に次のような見解が書き込まれているのを見つけて、意に反してもそれが妥当することを認めるからである。その見解とは、第一に神は全能であり、第二には神はすべてを知っており、しかもあらかじめ知っており、人を間違った道へ導くこともなければ、欺かれることもあり得ないということである。この二つの点は心と理性から認められるので、……。[二]

この叙述で興味深い個所は、proprio suo indicio convicta（みずからの判断によって承服させられて）というところである。なぜならそれは認識を単なる「生得観念」や超自然的に吹き込まれた表象から区別しており、後者はまさに「観念」だけは産み出すが、みずからの判断に基づく確信を産み出すことはできないからである。また他方において、「論議されているのを聞くや否や」という点も、「いまあなたがそう言ったので、私にもすっかり明らかになりました」というアディマントスの体験とまさしく一致する。[三] そしてルターは『卓上語録』で次のようにも言っている。

すべての人の精神は、神の認識を神から刻み込まれている。芸術や学問のいささかの知識がなくとも、「神がいます」ということを人は単なる本性の導きのもとで知っている。つまりそのことをすべての人は神から刻み込まれている。何であれ神的なものが一切を創造した、ということを信じないほど素朴で粗野な民は絶対にいなかった。そういうわけでパウロも、目に見えない神の部分、すなわち神の永遠の力と神性は、創造されたものを通じて見られるのであって、こうして世界の創造以来それは知られているのだと言っているのである。それだからまたあらゆる異教徒も、神がいますことを知っていた。かりに彼らがエピクロス主義者[*1]であったり、神はいないと主張するとしても、である。それにそのように否定する点においてまさしく、彼等は同時に、神がいますということを主張しているのではなかろうか。そもそも知らないことを否定できる人はいないのだから。……したがって多くの人がこれまでの生涯を大いなる悪徳の中で過ごしてきて、あたかも神がいないかのごとく生きてきたとしても、神がいますと証言し、肯定する良心をば心情から追い出すことなどできるわけがなかったのである。そしてたとえこの良心が、邪悪で倒錯した考え方によってしばしの間抑えつけられていても、元に帰ってきて、最後に息を引き取るときには、あやまちを認めるのである。[四]

これは宣教師たちによってたびたびなされたのと同じ経験である。神的なものの単一性と善性の観念が一度宣伝され理解されると、聴く人の中に宗教的な感情がすでにある場合には、［それに感応して］驚くほどの早さでそれに飛びついて離れなくなる。そうして彼らの従来の宗教的な伝統が、この意味に適合させられることがしばしば起こる。あるいは新しい教えに抵抗する場合には、みずからの良心のはっきりとした圧力を伴うこともある。チベットの人たちやアフリカの黒人のもとで宣教していた人々から、私もそのような経験を知らされたことがある。このような問題一般に関して、とくに神の観念の合理的な要素と非合理的な要素との内的な本質的共属関係についての

＊1 エピクロス（紀元前三四一―二七〇）は古代ギリシャの哲学者で、哲学を規準論と自然学および倫理学に分け、倫理学を重視した。快楽主義を唱えたと言われるが、哲学によって得られる「魂の平静な状態」（アタラクシア）を最上と見なし、そのために自然的欲望の充足を適度に抑えることを主張した。

ア・プリオリな認識に関してならなおのこと、この種の経験を収集することは有意義となろう。宗教の歴史自体がこれに対する一致した証言となっている。なぜならば宗教の歴史のさまざまな「粗野な」分野では、ヌミナの道徳化が欠陥の多いものであるとしても、そのような共属関係の痕跡は至るところで見出されるからである。そして宗教が最初の原生の状態から抜け出して、いっそう高度な宗教へと向上する場合には、この融合現象がどこにおいても、この上なくはっきりとした勢いを示しつつ、始まりまた継続していくのである。そしてどんなにさまざまの材料から神々の姿の想像化が始まったのか、また民族や自然的素質、社会や国の事情のどのような違いのもとでその発展が繰り広げられてきたのか、を尋ねるときに、そのことはますます重要になる。こうしたことはすべて人間の精神に普遍的に必然的に具わっているア・プリオリな要素を、さらに言えば私たち自身の宗教的な良心の中にも直接に再発見されるような要素を指し示しているのである。アディマントスと同じように、私たちもまた「神とは単一であり、行為と言葉において真実である」というソクラテスの言葉に対して、それを自明のこと、私たち自身から洞察されることとして、全く素朴にまた自発的に同意するならば、そのような要素を発見するであろう。

〈二〉　宗教史の発展の中で、ア・プリオリな原理に基づいて合理的な要素が非合理的な要素と一緒に現れることによって、前者が後者を図式化する。このことは、「聖なるもの」の合理的な側面一般と非合理的な側面一般との関係に広くあてはまるのであるが、さらに両者の個別の部分的要素のそれぞれにも通用する。

i　ヌミノーゼなものの「畏るべき」（tremendum）、拒否的な要素は、正義、道徳的意志もしくは反道徳的なものの排除など合理的な観念によって図式化され、このように図式化されてこそ聖なる「神の怒り」は、聖書やキリスト教の教説が伝えるものとなる。ヌミノーゼなものの「魅惑する」（fascinans）、みずからの方へ強引に引っ張る要素は、善意や憐愍や愛によって図式化され、このように図式化されて初めて、「恩寵」という豊かな綜合概念となり、聖なる怒りと対立・調和をなし、怒りと同様にヌミノーゼな横糸によって、神秘的な色合いをも帯びるようになる。

ii　しかし「驚くべき」（mirum）という要素は、神性の絶対性ならびにその一切の合理的な述語によって図式化される。これら二つの要素、すなわち「驚くべきもの」と絶対のものとの対応は、一見すると、iの場合に比べてそれほど直接には自明でないかもしれない。しかしこの対応もきわめて正確なのである。神の合理的な述語が、創られた者の精神の似たような述語から区別されるのは、後者のように相対的な述語ではなく、絶対的なそれであることによる。したがってそれは内容からではなく、形式から区別されるのである。人間の愛は相対的であり、程度の差があるが、人間の認識や善であることもまた同じである。しかし神の愛も認識も、さらに神について他の概念で言い表されるものも、内容は同じでも、別の形式の絶対性を持つのである。そして同じ内容であっても、述語の持つこのような形式的要素によって、それが神的なものとして際立たせられるわけである。しかしながらこの形式的要素はまた神秘そのものでもある。すでに七四頁で見たように、それは「全く他のもの」に即した形式なのである。そして二つの要素の明らかな対応関係にさらに付随してくるのが、私たちの理解力が相対的なものでしかないという事情である。相対的なものと対立する絶対的なものを、私たちは考えることはできるが、考え出す(ausdenken)ことはできない。絶対的なものは私たちの概念の能力の範囲内にはあるが、理解能力の限界を超えている。これでも絶対的なものはまだ正真正銘の神秘的なものそのものでないことは、五八頁以下ですでに論じた通りであり、言わば神秘的なものの純然たる図式なのである。つまり絶対的なものは理解できないのに対して、神秘的なものは捉えることができないということである。絶対的なものは、理解力の限界を超えるものであるが、それはその質によるのではない。なぜならその質は私たちによく知られているからである。そうではなく質の形式によってである。しかしながら神秘的なものは、そもそも一切の思考の可能性を超えており、形式と質と本質を通じて「全く他のもの」であるところのものなのである。――このようにヌミノーゼなものの神秘性の要素に関しても、その図式との対応関係はきわめて正確であり十分に展開することのできるものである。

——

　宗教において非合理的な要素がいつでも活発で、生気があることは、合理主義を防ぐ備えがあることである。宗教が合理的な要素で豊かに満ちていることは、狂信や神秘狂（Mystizismus）に沈み込んだり、それに固執することを防ぎ、高級宗教、文化宗教もしくは人類宗教になることを初めて保証する。二つの要素が現実に存在していて、しかも健全で完全な調和のもとにあることは、これまた宗教の卓越性を測る尺度であり、さらに言えば本来の宗教的な尺度として、そうである。この尺度から見ても、キリスト教は地球上の姉妹宗教に絶対に勝る宗教である。深い、非合理的な根底の上に、透明で明白なその概念と感情と体験の明るく輝く建物が一際高く聳え立っている。非合理的なものは土台であり縁《ふち》であり横糸であるに過ぎないが、これによってキリスト教につねに神秘主義的な深みを保証し、宗教が神秘主義そのものになり果てたり、肥大化することがない程度で、神秘主義の重々しい調子と陰影を与えているのである。このようにしてキリスト教はみずからの諸要素の健全な関係のもとで自己形成し、典型的な形態となった。誠実で公正に宗教の比較に取り組みつつ、キリスト教において特別の——そして卓越した——仕方で、人間の精神生活の一要素、[五]すなわち他の領域にも類似性を持つ要素、つまりまさしく「宗教」が成熟していることを認識すればするほど、その形態は感情に対してみずからをますます生き生きと証言するばかりである。

（一）エアランゲン版、九、二頁。
（二）ワイマール版、一八、七一九頁。

（三）この点できわめて興味深いのは、ルターが「信仰」について述べた個所である。そこでは信仰が、神的真理の把握のための独特な認識の能力として記されており、そのようなものとして、「精神」と同じように、「自然的」悟性能力と対立させられている。ここでの「信仰」は、神秘主義者の「良知良能」（synteresis）やアウグスティヌスの「内なる教師」と同じであり、両方とも「理性を超えている」が、私たち自身の中のア・プリオリである。

（四）『卓上語録』（ワイマール版）、五、五八二〇。

（五）宗教学および宗教の比較という道筋で、キリスト教および宗教を「現象」として扱うときには、またその限りでは、このように言わざるを得ないであろう。もちろん宗教が自己自身について宗教的な言い方をし、キリスト教が自己自身についてキリスト教的な言い方をしなければならない場合には、話は別である。後者の場合にはわれわれはキリスト教を「宗教学」の言い方ではなく、「神学」の言い方で取り扱っているのである。『超世界的なものの感情』第三章、「宗教学の叙述と神学の叙述」を参照してほしい。両者の相違は知っていなければならないが、本書のような書物でわざわざその区別をすることは、枝葉末節にわたることになるであろう。

第二十章　現れた「聖なるもの」――直感の能力

超感覚的なものをただ信じるだけであるのとそれをさらに体験するのは別であり、聖なるものの観念を持つこととそれを活動するもの、支配するもの、働きつつ現象の中に現れ来るものとしても認め、知覚することもまた別である。後者が可能であること、すなわち内なる声、宗教的良心、心胸（Herz）の中でかすかに囁く精神、予感や憧憬などが聖なるものについて証言するだけではなく、特別の出来事や事件あるいは人物や自己啓示の事証（Tat-erweisung）においても出合うことができること、したがって精神からの内的啓示のほかに、神的なものの外的啓示も存在すること、こういったことはあらゆる宗教ならびに宗教そのものの根本的な確信である。聖なるものの感知可能な自己啓示のもとでのこのような事証ないし現れを、宗教の言語は「しるし」（Zeichen）と呼ぶ。最も原始的な宗教の時代からこのかた、人間の中で聖なるものの感情を刺激し、活動させ、表現にもたらす一切のもの、すなわち先に論じたような要素と事態の一切が「しるし」と見なされてきた。恐るべきもの、崇高なもの、優勢なもの、耳目を奪うもの、そしてとりわけ不思議なものと奇跡的なものとなった理解できない・秘密に満ちたものなどがそれである。けれども私たちの理解では、これらの事態はすべて純粋な意味での「しるし」ではなく、宗教的感情がおのずから活動を始めるためのそのつどの原因に過ぎないし、またその原因となるものも、これらの事態が聖なるものと単に似ているという要素に基づいているだけであった。これらのものが聖なるものそのものの実際の現れと解釈されたのは、聖なるもののカテゴリーが、それとただ外面的に対応するものと取り違えられた結果であって、まだ現れた聖なるものそのものの正真正銘の「想起」(Anamnesis)、正真正銘の再認識ではなかった。それゆえにこれらの事態は、高い発展もしくは純粋な宗教的判断の段階においては、再び押し退けられてしまい、不十分であるとか直接にはふさわしくないとして、全面的にあるいは部分的に排除されてしまうのである。――この点に関しては価値判断の別の分野においても、すなわち趣味の分野にも正確に並行する事象がある。原生な趣味のうちにもすでに美の感情もしくは予感が働いているのであるが、美はすでにア・プリオリに所有されている暗秘な概念から出てこなければならない。そうでないとそもそも美の感情は生じ得ないからである。さていまだ原生な趣味が美しくないものを美しいと見なすときには、美の暗秘な概念を当初「取り違えて」使っているに過ぎず、まだ正真正銘の正しい想起から使ってはいないのである。この場合にもこのような――まだ間違った――使用の原理をなすのは、（間違って）美しいと判断されたものが、美そのものと、程度の差はあれ、類似しているという契機である。やがて趣味が養われていくうちに、ただ美に似ているだけで、美そのものでないものを激しく嫌って追い出し、正しく見て正しく判断することができるようになる。言い換えれば美が本当にそこで「現れる」ところの外的な事象を美しいと認識することができるようになるのである。つまり趣味はみずからのうちにその事象についての観念、すなわちその尺度を持っているのである。

直感（Divination）の能力

現れた「聖なるもの」を純正に認識するあり得べき能力を私たちは直感と名づける。[*1] このようなものは存在するのだろうか、存在するとすれば、どのような種類のものであろうか。

　超自然主義の理論にとっては問題は至って単純である。この場合には直感、すなわちあるものを「しるし」として認識することは、「自然的」でない出来事、つまり自然法則からは説明できない出来事にぶつかることである。ところでこのような出来事が実際に起こり、しかも原因がなければ起こり得ないのに、自然的な原因はないのであ

*1　Divinationという語は、ラテン語のdivinatioがもつ「予感、予言、予想」という意味を受け継いでおり、「予感、予覚、占い」などの訳語があてられているが、オットーの意図を汲んで、「心理学的表現」として「直感」と訳してみた。オットーがこれを、「聖なるもの」を「現象」のもとで認識する能力であり、しかも論証によらずに、直接に把握するものであり、さらにフリースが悟性および理性と並ぶ「感情」の働きと見たAhnung（感得あるいは感）と同類のものであるとしていることを斟酌した結果である。ちなみに『広辞苑』（第四版）は「直感」を「説明や証明を経ないで、物ごとの直相を心でただちに感じること」と解釈している。

るから、それは超自然的な原因を持っているにちがいないし、その出来事が当の原因の「しるし」なのだと言われる。――直感と「しるし」のこの理論は純然たる概念のもとでの正真正銘の理論であって、厳密な、そして厳密に意図された証明である。それは純粋に合理主義的である。そしてこの場合には、悟性、すなわち概念と証明において反省する能力が、直感能力としての権利主張をしている。超自然的なものは証明されるのであり、一般に事実から論理的に証明されるのと同じように確実にそして厳密に証明されるのである。

このような理解に反対して、なお細ごまと証拠を持ち出して、ある出来事が自然的原因から生じたのではなかった、つまり自然法則に反していたのだ、ということを確認する可能性などそもそも私たちは持ち合わせていない、などと言い張ってみても、ほとんど余計なことなのである。宗教の中にある最も繊細な事柄、すなわち神との出会いや神の発見そのものをこのように硬直化させたり物質化することに対しては、宗教的感情そのものが反発してくれるからである。それというのも、証明による強制とか論理的もしくは法的手段との混同が排除される場がどこかにあるとすれば、また理論と概念を伴わずに、最も内なる深層のこの上なく自由な活動から承認し誠実に告白する自由がどこかにあるとすれば、そういうところでは人は自分や他人の出来事の中に、また自然と歴史の中に、それを支配する聖なるものを知るからである。合理主義から生まれ、合理主義を産み出し、純粋な直感の邪魔をするだけではなく、それを熱狂だとか神秘狂あるいは夢想だとして軽蔑するこのような雑駁さを何にもまして追い払うのは、「自然科学」でも「形而上学」でもなくして、成熟した宗教的感情そのものなのである。そもそも正真正銘の直感は自然法則とは、それにまたそれとの関係の有無とも全く関わりがない。直感は、出来事であれ人物であれあるいは物件であれ、ある事象が成り立つことを問題にするのでは全くなく、むしろその意味、つまり聖なるものの「しるし」であるという意味を問題にするのである。

直感の能力は、「聖霊の内なる証言」(testimonium spiritus sancti internum)という麗しい名称のもとに、教化もしくは教義学の用語の中にも身を潜めている(もちろんこの場合には聖書を聖なるものとして承認することに限定されているわけであるが)。そして直感の能力そのものを直感によって、言い換えれば永遠なる真理そのものの宗教的理念に基づいて把握し、判断するときには、この名称は唯一正しい、それも決して単に比喩的でなく正しい名称である。しかしながら私たちはここでは全く心理学的な表現のもとで、ある「能力」のことを論じているのであって、これを心理学的に論議していかなければならないのである。

さてこの能力がこのようなものとして、神学のレベルで発見され、超自然主義や合理主義に反対してこれに理解が示されたのは、一七九九年の『宗教論』におけるシュライエルマッハーと「感得」(Ahndung)の学説におけるヤーコプ・フリートリッヒ・フリースによってであり、またとくに「神の世界統治の予感」としての歴史における神的なものの直感という観点に立った、シュライエルマッハーの同僚で、フリースの学徒でもあったデ・ウェッテ*2もそうであった。私の編集になる、フリートリッヒ・シュライエルマッハー『宗教論――宗教を軽視する知識人のための講話』(一)の一七頁の終わりのところで、私はシュライエルマッハーの発見を詳しく述べておいたし、また拙著『カントとフリースの宗教哲学およびその神学への応用』(二)において、フリースとデ・ウェッテに見られる「感得」の学説の正確な理解を述べておいた。したがって詳論はこれら二つの書物に譲りたい。ここではこの学説の特徴を示すために、以下の要点を簡単にまとめるだけにする。

シュライエルマッハーの脳裏に浮かんでいるのは、本来まず何よりも自然と歴史の中の大いなる全体的生(Gesamtleben)ならびに実在に対して沈潜していく瞑想の能力である。しかしながら心情が「宇宙」の印象に対して沈思没頭のうちに開かれるときに、言わば経験的現実の「自由な」余剰とも言うべきものの直観と感情を体験することができる、と彼は説く。すなわち学問において形成されるような、世界と世界の諸連関の理論的認識によっては理解されないが、直覚(Intuition)に対してはこのうえなくリアルに把握され、体験することのできる余剰であり、シュライエルマッハー自身が「Anschauung(直観)」と呼んでいる個々の直覚のもとで形をなすものである。この直観は、理論的な叙述と類似性を持つ定式化された叙述の形をとることがあるが、しかしその性格の自由さ、純粋に感情的な性質によって、理論的な叙述とははっきりと区

*2 ウィルヘルム・マルティン・レーベレヒト・デ・ウェッテ(一七八〇―一八四九)はドイツのプロテスタント神学者で、フリースの影響を受けて批判哲学と神学との提携を企てて、キリスト教の教義の宗教心理学的な研究を試みた。

別される。つまりその直観自身はより模索的、示唆的そして類比的であるに過ぎず、厳密な意味での「学説」としては使えないもので、体系化もされず、理論的演繹のための大前提としても用いられない。それは等同的（adäquat）ではなく、類比的な性質のものであるが、しかしそのような制限にもかかわらず、疑いなく真の性質のもので、そういう点からみると、シュライエルマッハーはこういう表現には反対しているものの、それ自体は「認識」と言われてよい。もちろん直覚的・感情的な種類の認識としてのもので、反省的な種類のものではない。しかしその内容は、時間的なものの中でもしくはそれに即して、透けて見える永遠なるものが把握され、また経験的なものの中でもしくはそれに即して、事物の超経験的な根拠と意味が把握されるということである。つまりこの直観は、秘密を孕み・予感に満ちたものを気分で分からせること（Ammutung）である。シュライエルマッハー自身がときに直観と感情という彼の主要概念に代えて、「予感」（Ahnden）という表現をも用いており、これが明らかに預言者的な直感および宗教的な意味での「奇跡」、つまり「しるし」の認識にも結びついていることは特筆すべきである。

　シュライエルマッハーが感情について論議するにあたって、事例によってその対象を具体化しようとする際にはたいてい、より高い目的（Telos）、すなわち私たちにとっては予感の対象となるような、究極の秘密に満ちた諸世界の合目的性という印象を抱いている。この点で彼は、予感の能力をまさしく「世界の客観的目的論」の直感の能力と規定するフリースの論述と完全に一致する。そしてデ・ウェッテはこれをもっと徹底するのである。けれどもそうであれば合理的なものになるでもあろうこの「目的という」要素が、シュライエルマッハーにあっては実は永遠の秘密を持つ、すなわち諸々の世界の根拠の非合理的な部分を持つ「永遠なる」根拠の中に明らかに塡め込まれている。このことは彼の体験の、いつでも求めて止まず、決して満足することのない自己解釈に現れており、とりわけそれが激しく現れるのは、シュライエルマッハーが自然についてのこのような合目的性を、世界の合理的、悟性的な、目的の観念によって説明可能な普遍的な法則性によって体験するよりも、むしろ私たちに対して自然の謎に満ちた「例外」として現れ、それによって、私たちの理解を拒むような事柄の意味と価値を示すものを通じて体験するときである。(三)

シュライエルマッハーがここで前提している能力は、カントが第三批判『判断力批判』で分析している「判断力」に明らかに近い。カントはこの判断力を「美的判断力」として、「論理的」判断力と対置するが、しかしそれだからといって、それによって下される判断が、その内容からして必然的もしくは単に「趣味」の判断であると結論してはならない。カントは「美的」ということの述語によって、何よりもまず、しかもただ全く一般的に、論証的・概念的な思惟、推理、推論の能力としての悟性の能力から、感情的な判断の能力一般を区別し、後者の特性として次の点を挙げているからである。すなわちそれは論理的な能力とは異なり、悟性的に明白な原理に基づいて働くのではなく、概念的な命題のもとでは開展され得ず、ただ「感じられる」だけの「暗秘な」原理に基づいて働くということである。彼は純粋感情からのこのような暗秘な判断原理を表すのに、ときに「開展されない概念」（unausgewickelter Begriff）という名辞を用いるが、それの意味するところは、詩人が

「心の中で不思議に眠っていた
暗秘な感情の力をあなたは目覚めさせた」〔シラーの「ハプスブルク伯」〕

あるいは〔ゲーテが〕

「人に知られることなく、
思われることもなく、
心胸の迷路を通って
夜にさまよい歩くもの」〔「月に寄す」〕

という詞《ことば》で表したものと全く同じである。この場合このような純粋感情からの判断は、「論理的」判断力の判断に劣らず客観的妥当性を要求するものである。

私たちの「趣味判断」でさえも——通説に反して——同じことをする。趣味判断は見たところ主観的、全く個人的なもので、「趣味については争えない」（De gustibus non disputandum）という格律で表されるが、それは、趣味のさまざまの完成や成熟の段階が互いに比較され、争われ、みずからのもとでは一つにはなり得ない、ということでそうなっているに過ぎないのである。けれども趣味が成熟し、

訓練されるにつれて、ここにも趣味判断の一致が広がっていく。それにとどまらずここにも論議、啓発、いっそう正しい洞察、確信および承服の可能性も生まれてくる。これと同じ可能性は、純粋感情の印象に基づくあらゆる判断にもある。趣味においても人は「論議し」、自分自身が感じることとその有様を他人に「感じさせる」ことができるし、純粋にかつ真実に感じるという意味で自分を鍛え、また他人をそこへ導くこともできるのである。しかもこの分野でのそのようなことは、論理的な認識の領域における判断や確信と対応するものである。

シュライエルマッハーの重要な発見には二つの欠点がある。一つは、彼がこの直感の能力を、吟味もせずに普遍的なものとして素朴に前提している点である。その能力はいずれの宗教的確信者にも必ず前提され得るという意味でなら、それは決して普遍的ではない。確かにシュライエルマッハーがそれを理性的精神一般の能力に数え、それのみかそれはまさしくその最も深く最も独特のものと見なしているのは全く正当であり、この意味でなら私たち人間は「理性的精神」によって定義されるのであるから、この能力は「普遍的・人間的」な要素とさえ呼ばれてよい。しかしながら普遍的・人間的であるものが決して普遍的に、すべての人によって現実に所有されているわけではなく、優れた天賦の才能や恵まれた個人の資質という形でのみ現れることがきわめて多い。（『宗教論』第一講[四]の「仲保者」の本質と使命に関する論述の中で、シュライエルマッハーは問題のこの正しい事態そのものを適切に指し示している）。生まれながら直感に向いている人だけが、実際にその能力を持つのであって、合理主義が思い見なしているように、人間一般が、あるいは現代の民族心理学が考えるように、相互作用のもとにある同じ種類の主観の無差別の塊が、超世界的なものの印象の受手や担い手なのではなく、(五)いつでも抜ん出た者、「選ばれた者」がそれなのである。

　直感の発見にもかかわらず、シュライエルマッハー自身が生まれながら本来直感に向く性質を持っていたのかどうかは、彼は第一講話で自分でそうだと主張しているものの、疑問である。彼と同時代のある別の人は、この天分において確かに彼に決定的に勝っていた。それはゲーテである。ゲーテの生涯においては、活発に働く直感が重要な役割を演じている。デモーニッシュなものについての彼の見方は、この直感の一風変わった表現であり、『詩と真実』第二十巻と(六)エッカーマンとの対話の中で力説されている。これを簡単に吟味してみよう。

　デモーニッシュなものについて彼が抱く表象の最も独自な点は、一切の「概念」、「悟性と理性」を超えていること、したがって本来は言葉で言い表せるものではなく、「捉え難い」ものだということである。

> デモーニッシュなものは、悟性と理性によっては解き明かし得ないものである。——それは好んでいささか暗い時を選ぶ。たとえばベルリンのような明るい散文的な都会では、それが顕現する機会はほとんど見出せないであろう。——詩には必ず何らかのデモーニッシュなものがあり、無意識に詠まれたものにそれがある。

そういう詩の場合には悟性と理性は素気なさ過ぎ、それゆえにその詩はあらゆる概念を超えて、無意識のうちに働く。同じくデモーニッシュなものは音楽において最高の度合いで働く。いかなる悟性も及ばぬほどに音楽は高みにあるからであり、また一切を支配し、(しかも)誰にも弁明の余地のない働きが音楽から生まれるからである。だからその働きは宗教的祭儀にも不可欠である。宗教的祭儀こそ、人間に対して驚くべき働きをするための第一の手段の一つである。

「デモーニッシュなものは事件となるような出来事にも現れませんか」(とエッカーマンは尋ねる)。

「ゲーテはこう言いました――殊《こと》にそうです。私たちが悟性や理性で解明することのできない出来事の場合にはその通りです。そもそもデモーニッシュなものは全自然の中で、目に見えたり見えなかったりさまざまな仕方で顕現します。多くの被造物は全くデモーニッシュな性質のもので、多くのものの中でその部分が働いているのです」。

ここには私たちによって発見されたヌミノーゼなものの諸要素、すなわち全く非合理的なもの、概念によっては理解されないもの、神秘的なもの、「魅惑する」もの、「畏るべき」もの、そして「エネルギッシュな」(energicum)ものがいかに純粋に再現されているか、が見てとれるだろう。「被造物」におけるデモーニッシュなものの反響というのは、『ヨブ記』を思い起こさせる。しかし、他面ではゲーテの直覚(Intuition)は、「神秘」についてのヨブのそれには遠く及ばない。なぜならいまやゲーテは、『ヨブ記』の警告を無視して、神秘を合理的なもの、すなわち悟性と理性、概念、つまり人間の目的として立てられた概念によって測ることにより、非合理的なものが意味と無意味、促進と堕落の矛盾と化しているからである。ときに彼はデモーニッシュなものを英慮(Weisheit)に近づけることもある。たとえば彼が次のように言うときがそうである。

「そういうわけで、私がシラーと知り合いになったときには、必ずやデモーニッシュなものが支配していたに違いないのです。私たちはそれ以前にも一緒になれたのだし、それ以後でもそうなれたのです。けれどもまさに私がイタリア旅行を経験し、シラーが哲学的な思弁に疲れ始めた時期に出合ったということは、重要なことでしたし、二人にとって最大の成果をもたらしました」。

そしてまたまさしく神的なものにも近づいている。

「私の生涯の中で同じようなことに幾度も出合いました。そしてそういう場合にはある高い感化、何かデモーニッシュなものを信じるようになるものです。しかもそれに対して敬虔な気持ちになるのですが、敢えてそれ以上に明らかにしようなどとは思わないのです(『エッカーマンとの対話』、第二巻、一三二頁)。

いつの場合でも、そしてつねにそれは「エネルギー」であり「圧倒的な力」であり、衝迫に駆られ、勢いに溢れた人々の中に刻み込まれている。

——「ナポレオンはデモーニッシュな性質の人だったように見えます、と私が言いました」。――「するとゲーテはこう言いました。彼は全くその通りでした。それも最高の度合いで、ほとんど他人との比較を許さないほどでした。亡くなった大公も、無際限の行動力と絶えざる運動に満ちたデモーニッシュな性質の人でした」。

――「メフィストフェレスもデモーニッシュな特徴を帯びていませんか」。

――「いや、彼はあまりに否定的な存在です。デモーニッシュなものは、全く肯定的な行動力の中に現れるものです」。

『詩と真実』の一二六頁でゲーテはこのようなデモーニッシュな人物の印象をもっとよく描いており、そこではとくに私たちの言う「畏るべき」ものが、「恐るべきもの」(das Furchtbare) であると同時に「圧倒的なもの」(das Übermächtige) として現れている。

しかしながらこのデモーニッシュなものは、誰であれ人間に際立って現れるときに、最も恐ろしい現れ方をする。それは必ずしも精神において、また才能において最も優れた人間には限られず、心からの善意によって好まれることも稀である。(七) ところがある信じ難い力がそういう人から生まれて、あらゆる被造物に、それのみか元素に対してさえ信じ難い力を揮うことがある。そしてそのような影響が一体どこまで及ぶのか、誰も言うことはできないのである。

私たちは先に［第四章の終わりのところで］非合理的なものがパラドックス的なものおよび二律背反的なものへと上昇していくことを詳しく論じたが、それを思い起こさせるのは『詩と真実』一二四頁の一連の対立で、そこでゲーテは、デモーニッシュなものの働き方の非合理性を感じさせようと努めている。

……矛盾の中でのみ顕現した、したがっていかなる概念のもとにも、それにもまして言葉のもとでは捉えられなかったあるもの。それは非理性的に見えたから、神的ではなかったし、いかなる悟性をも持っていなかったから、人間的ではなかったし、善い行いをしたから、悪魔的ではなかったし、ときに他人の不幸を喜ぶことが認められたので、天使でもなかった。それはいかなる帰結をも示さなかったので、偶然に似ていた。それはある関係を示唆したので、摂理に似ていた。私たちを限定する一切のものは、そのものにとってはどこにでも浸透し得るものに見えた。それは私たちの生存の必然的な要素をもって、時間を短縮したり、空間を拡大する、といったことを意のままに支配するように見えた。それは不可能なものが気に入り、可能なものを軽蔑して突き放すように見えた。

かのデモーニッシュなものはあらゆる物体的なものおよび非物体的なものにおいて顕現することができるし、動物においてさえきわめて独特な現れ方をするとはいえ、（八）（しかしながら）とりわけ人間と驚くべき関係を持ち、道徳的な世界秩序と対立しないが、一方を縦糸と、他方を横糸と見なすことができるような形で交差する力を形成するのである。

ヌミノーゼなものの直感が途方もなく強い心情の印象を伴って起こったこと、それも明らかに一回限りではなく、繰り返してほとんど日課のように起こったことを、これほどはっきりと表現しているものはほかにはない。しかしそれは、ヌミノーゼなものを、預言者が捉えるほどには捉えず、非合理的なものと神秘的なものとが同時に最も深い価値および聖なる自己権利として体験され、賛美されているヨブの体験の高みにも及ばない直感であり、この深層に届くほどにはまだ十分に深くはなかった心情の直感である。それゆえにこのような心情にとっては、生のメロディーと非合理的なものとの対立点が、混乱した和音のもとで鳴り響いているだけなのであるが、しかし定義できないとはいえ、感じとることのできる純粋な調和をなして鳴り響くことはできたのである。それは純然たる直感ではあるが、しかしゲーテ自身がときに自分をそう見なし、好んでそう呼んだ「異教徒」としての彼の直感である。実際、それはデモーニッシュな前段階で動いているだけで、神的なものもしくは「聖なるもの」そのもの段階では動いていない。そしてこのようなものとして、より高い教養を身につけた人の心情生活の中に、実際には光明を与えたり温かさを与えるよりも、むしろ混乱と多分に幻惑をもたらす反射作用を伴って現れることしかできないような類のデモーニッシュなものが、ここには描かれていると感じられるのである。ゲーテはこのようなみずからのデモーニッシュなものの体験を、彼自身のより高い神的なものの概念と調停することを心得ておらず、エッカーマンがそれに話を持っていったときには、それを回避してこう答えたのであった。

——「神的なものの理念には、私たちがデモーニッシュなものと呼ぶ混乱させる力は入り込んでいないように見えます、と私は水を向けた」。

——するとゲーテはこう言った。ねえ君、一体私たちは神の理念について何を知っているのだろう。最高の存在者について私たちの狭い概念が一体何を言うつもりなのだろう。かりに私がトルコ人のように〔アッラーを〕百の名称で呼ぶとしても、実際には足りないだろうし、このように際限のない特性と比べるなら、まだ何も言っていないのだよ。

このようなかなり低い次元は無視するとして、しかしながら実はここにはシュライエルマッハーが注目したもの、つまり「直観と感情」がまさしく存在している。もとよりそれは神的なものではなくして、自然と歴史におけるヌミノーゼなものであり、さらに言えば直感向きの性質を持つ人によってこの上なく生き生きと遂行されるものである。そしてこの直感はここでは事実、私たちが先に示したような形で遂行されている、すなわち全く提示することのできぬ原理に基づいてなされているのである。なぜならこれほどたくさんの事例をゲーテは示していながら、デーモニッシュなものが本来いかなるものであるか、何に即してそれを感じとるのか、また彼自身のこの多様で、矛盾さえ孕む表現形態のもとで何を手がかりにその同一性を認識するのか、といったことを彼は話し始めることができないのだからである。明らかなことは、これらにおいて彼が「単なる感情」から、言い換えればア・プリオリな暗秘な原理から導かれていることである。

（一）オットー編、シュライエルマッハー『宗教論』、ゲッティンゲン（Vandenhock & Ruprecht）、一九二六年。
（二）オットー著『カントとフリースの宗教哲学』（第二版）、チュービンゲン（J. C. B. Mohr）、一九二一年。
（三）『宗教論』（オットー編）の五三頁のdを参照のこと。［指示された五三頁にはdという個所はなく、五四頁にあるが、その内容は該当しない。前頁のcがむしろそれに相当するように思われる。ちなみに訳出すると、「あらゆる生を永遠の根底に基づくものとして、全体の存立を担いかつ促す一切の事象をより高い秩序として直観し、あらゆる変化と悪を貫いてなお明澄なる調和をこそ世界の意味と感じ取り、そもそも一切の出来事をより高次の意味のもとで把握すること、これが宗教である」とある。］
（四）シュライエルマッハー『宗教論』オットー編（第五版）三頁。
（五）［この注に相当する記述がないので、改訂の際に脱落したか、そうでなければ、ここの注づけそのものを削除し損ねたのか、のいずれかであろうが、注記の内容はしばしば繰り返される、民族心理学的解釈に対する批判である。念のため第十二版・第十五版より以下のように補ってみる。「そしてそのことは、「宗教的な畏怖」およびその表象による証言の最初の原初的な動きの最も低い段階についてもすでにあてはまる。こういう動きを共同で働く太初の集団的ないし民衆的空想から導き出すこと自体が空想なのであって、そのような空想は、ときに滑稽さと奇怪さにおいて集団的空想とほとんど区別されない結果を招くのである。」］

（六）『ゲーテ全集』（コッタ）、第二十五巻、一二四頁以下。エッカーマン著『ゲーテとの対話』（リンデン編）（Eckermann,'Gespräche mit Goethe', hrsg. A. v. d. Linden）、一八九六年、第二部、一四〇頁以下――［本書の］一二九頁［の原注（一）］で挙げたオイゲン・ウォルフの著書『ゲーテの生命感情における非合理的ものと合理的なもの』をも参照のこと。

（七）したがって、単にヌミノーゼな、「聖」ならざる人。

（八）『ヨブ記』［四〇・二五］のレビヤタンを参照のこと。

第二十一章　初期キリスト教における直感

先に私たちはシュライエルマッハーの直感の学説の最初の欠点について触れ、それを詳しく論じた。もう一つの欠点は、彼が世界と歴史についての直感を確かにきわめて温かく、具体的に描くことを心得てはいるが、この直感にとってきわめてふさわしく、好都合な対象を至って簡単に直感に暗示しただけで、詳しく明瞭に与えても、委ねてもいないということである。その対象とは宗教の歴史そのものであり、とりわけ聖書宗教とその最高の対象、つまりキリスト教そのものである。確かにシュライエルマッハーの『宗教論』における」最終講話は、キリスト教とキリストを力をこめ、際立って紹介してはいる。しかしここでのキリストは直感の主体に過ぎず、その本来の対象ではない。そしてそのことは、実は彼の後の『キリスト教教義学』においても依然としてそのままである。この本においてもキリストの意義は、本質的には、キリストは

「みずからの神の意識の持つ力強さと祝福の中へと私たちを受け入れてくれる」という点に尽きる。これは貴重な思想であるが、しかしキリストの教団が、正当にも彼に帰しているキリストの主要な意味、すなわち彼自身が「現れた聖なるもの」であること、言い換えればその存在と生涯と生き方のうちにみずからを啓示する神性の摂理を、私たち自身が自発的に「直観し、感じる」当のものであることをまだ言い当てるまでに至っていない。なぜならばキリスト教徒にとって、キリストの人格ならびに生涯の行状に対して直感、すなわち現れた「聖なるもの」の無媒介の直接の把握が生じるかどうか、聖なるものの「直観と感情」が生じるかどうか、言い換えればキリストのもとで「聖なるもの」がそれとして体験可能であるか、つまりキリストは「聖なるもの」の真の啓示であるかどうか、という問いは重要だからである。

ところでこの点について、しばしば提供される「イエスの自己意識」に関する苦労の多い、そして根本的には不可能な研究も明らかに何ひとつ役に立たない。それが不可能である理由は、研究のための福音書の記事の証言史料が十分でなく、そもそも手に入らないことにある。イエスが告知と証言の内容としているのは「神の国」とその至福および正しさであって、彼自身ではない。イエスの最初の、そして素朴な理解では、「福音」とは「神の国のメッセージ」、神の国の福音である。イエスの説示で自己についての述べた部分はきわめて稀である。しかしながらもし仮にそうでないとしても、それのみかイエスのもとに自己自身に関する詳しい見解を見つけることができるとしても、それが何を証明するというのだろうか。宗教的熱狂者は自己証言を最高の手段とすることが稀ではなく、自己自身に対する全き十分な信仰で足りていることがしばしばあることも疑いがない。そして内容はともかく、あらゆる時代の預言者の熱狂的な自己自身に関する自己証言は、その形式から見ると、たいていは時代の思想や環境、神話的もしくは教義学的な周囲の装置に依存しているのであり、また当の預言者や霊感を得た者もしくは教師による、そうしたものの自己自身への適用も、一般にはみずからの宣教の意識、したがってみずからの優越性の意識と私を信じ、私に従えという要求に過ぎないことを示しているのである。こうしたことはすべて、人が内的召命から立ち上がるときには、初めから自明の事柄である。つまり実は自己証言からは、私たちがここで論じていることは出てこないのである。自己証言は権威をあてにする信仰を目覚めさせることはできるかもしれないが、「私たちは自分で聞いて、この方が本当に世の救い主であると分かった」という文〔『ヨハネによる福音書』四・四二〕が意味するような、自発的な洞察や承認をなし遂げる自己の体験を目覚めさせることはできないであろう。

　自発的な自らの直感、少なくともそれと思しきものに基づく、キリストに対するこの承認が、いずれにせよ彼自身の最初の教団によって与えられたことはいまや疑いを容れない。この承認がなかったとしたら、そもそも教団の成立が理解し難いものとなろう。キリスト教教団の成立に不可欠であったとともに、その本質的特徴としてはっきりと認められるような牢固とした確信や強い脈動、自己主張への衝動と迫力は、単なる告知や単なる権威主義的な自己証言からは生まれてこないのである。

　このことを見誤ることがあり得るとすれば、文献学の方法や再構成だけで、また淳朴さを奪われた現代の文化もしくは精神のあり方の低下した感情ないし感情の能力のみをもって、キリスト教徒の教団の成立という現象に迫ろうと試みる場合だけである。今日なお見かける生き生きとした事例をもとにして、本来の純粋な宗教的集団や教団がどのように生まれるか、についての具体的な見方を得ようという試みが、文献学の方法や手続きに加味されるのであれば、有益でもあろう。そのためにはいまなお宗教が自然のままの、本能的で、素朴な動きや衝迫として生きているような場所や機会を探し求めなければならないであろう。イスラムの世界の辺鄙な片隅やインド的世界のそうした所でなら、たぶん今日なおその研究ができるかもしれない。モロッコのモガドルやマラケシュの広場や街頭では、共観福音書が記している光景と奇妙に類似するものが今日でもおそらく見られるであろう。すなわち「聖者」――たいていはきわめて風変わりな――が時折姿を見せ、その周りに群集が集まり、その説教を聞いたり、奇跡を見たり、生き方や行いに注目する。結束の緩いもしくは強固な信奉者のサークルが成立する。「言葉」、物語、伝説ができ、集められる。[二]兄弟団が発生したり、既存のものが拡大して新しいサークルが生まれる。しかし中心はいつでもその人自身、つまり存命中の「聖者」であり、運動の担い手はいつでも彼の人格的な本質と印象の持つヌミノーゼな性質と迫力である。こうした「聖者」の九八パーセントはいかさま師だ、と識者は証言している。さてそうなると二パーセントはそうでないことになる。これは、こんなにもいかさま師を誘い出し、容易にする状況にあっては、驚くほどの高い率である。そしてこの残りのパーセントは、この現象そのものにとってまことに教えることが多いであろう。しかし「聖者」および預言者は、そのサークルの体験にとってはすでにして「ただの人」(psilòs ánthrōpos) 以上なのである。このような人は秘密に包まれた奇跡の人であり、何らかの形で事物のより高次な秩序に属し、ヌーメンそのものの側にいる。その人はみずからをそれとして教えない。その人は体験されるのである。そしてこのような体験から、すなわち生のままで、しばしば自己偽瞞ともなり得るが、しかし強くて深いにちがいない体験からのみ、宗教集団は成立するのである。

このような類似物はきわめて貧相であり、かつてパレスチナで生まれたものからははるかに隔たっている。けれどもそれでさえ、本当にそうだったのか、それともそう思い込まれたものなのかはともかく、個々の人格のもとで「聖なるもの」そのものが体験されることによってのみ可能になるのだとすれば、パレスチナにおいてははるかに何倍もそうであったにちがいない。事実そうであったことは、最初の教団の心情の態度と確信が全体として直接に証言しており、この点はそのわずかな古文書からも見出すことができる。また個別的には、共観福音書のイエス像の個々の細かな特徴もこれを明らかに裏書している。たとえばすでに先に引いた、体験された「聖なるもの」

に対する自発的な感情反応を示唆するペテロのおびただしい漁獲やカファルナウムの百人隊長の物語はこれに属するものである。〔『ルカによる福音書』の五・八、『マタイによる福音書』の八・八〕。とくにこれにあたるのは『マルコによる福音書』の一〇・三二である。

　イエスは先頭に立って進んで行かれた。それを見て、弟子たちは驚き、従う者たちは恐れた。

καὶ ἦν προάγων αὐτοὺς ὁ Ἰησοῦς καὶ ἐθαμβοῦντο.
Οἱ δὲ ἀκολουθοῦντες ἐφοβοῦντο.

　この文は、この人から直接に生じたヌミノーゼなものの印象を簡潔ながら力強く再現しており、いかなる心理描写の技術もこの完璧な、簡にして要を得た表現以上に感動を呼び起こすことができないであろう。その後『ヨハネによる福音書』の二〇・二八で言われたもの（「わたしの主、わたしの神よ」）は、多分に最初の体験の端的な素朴さからすでに遠く隔たった、もっと広く過大に評価する時代の表現のように思われ、『マルコによる福音書』の一〇・三二では感情がまだいかなる定型句をも拒絶しているだけに、むしろ私たちには好ましい。とはいえ後に現れる誇張の紛れもない根はすでにここでも見ることができる。『マルコによる福音書』に見られるような暗示は、福音書の物語の中では、言わば副次的に目につくものに過ぎない。物語記者自身それにはほとんど関心を示さず、むしろ奇跡の報告が主眼である。しかしそれだけにかえって私たちの興味を惹くのである。そして物語記者にとって事柄自体があまりに自明で、奇跡を物語る必要がなかったために、その痕跡が吹き消されてしまった同類の体験がどんなにたくさんあったことか。――さらにこれに連なるものが続々と現れる。デーモン的なものに打ち勝ったイエスへの信仰ならびに直ちに始まる伝説化への歩みもそうである。イエスの身内の者たちが彼を「憑かれている」と見ていること、つまりイエスが帯びていたヌミノーゼな印象を無意識のうちに承認していることもそうである。そのうえとくに、イエスは「メシア」であるという、自発的に破り出てきた、そして印象に基づいた、しかも教えによってではなく、体験によって得られた信仰もまたそうである。このサークルの人々にとってイエスはヌミノーゼな存在者そのものである。さらにはペテロの最初のメシアの告白とそれに対するイエスの応答からも、この信仰の印象的性格、体験的性格が現れてくる。

「あなたにこのことを現したのは、人間ではなく、わたしの天の父なのだ」〔『マタイによる福音書』の一六・一七〕。

イエス自身がその告白に驚いているのである。これは、ペテロの認識が権威に基づいて教えられたものではなく、みずからが見つけたもの、つまり一つの発見であり、しかも印象からの発見であったということの証明である。――その印象は、肉も血も、はたまた「言葉」も教えず、「わたしの天の父」自身が無媒介に教える場である心情の深層からの証言と出会ったものであった。

もちろんこの証言は必ず付け加わらなければならないからである。内から応じるこの証言がなければ、一切の印象は効果を失い、それのみかむしろそれがないと、いかなる真実の「印象」も起こり得ないのである。それゆえにキリストの印象に関するあらゆる説は、もしもこの第二の要素、すなわち実際には聖なるものの体験のための必然的な備え、つまり魂の中に具わった暗秘なア・プリオリな認識としての聖なるものそのもののカテゴリーにほかならない要素を考慮しないならば、不十分である。「印象」はそれを受け取ることのできるものを前提している。しかしながらそれ自体が「何も書かれていない臘板」に過ぎないような心情がそれなのではない。なぜならここで念頭におかれている意味での印象は、感覚主義者の説によれば、心の中に知覚を作り、自らの痕跡を残すとされる「刻印」(impressio)を言うのではないからである。ここではむしろ誰かについての印象を得るということは、当人のもとにある独特な意義を認め承認し、その意義に心を惹かれ、膝を折ることである。しかしそれはただ自己の内面からそれに応じる認識、了解や価値づけといった契機によって、つまり「内なる霊」によってのみ可能である。シュライエルマッハーによれば、「啓示」にはそれに対応する「予感」が属している。音楽はただ音楽的な人からのみ理解され、その「印象」もそうした人から受け取られるだけである。そしてそれぞれ独自な部類の現実の印象には、その印象そのものに同系の、独自で特殊な種類の親和性が属している。かつてルターが言ったように、「神のことばに等しい」(verbo conformis)人だけが、神のことばを理解する。あるいは「霊が内にあって教えてくれることがないならば、誰も神のことばを理解しない」(Nemo audit verbum nisi spiritu intus docente)。あるいはまたアウグスティヌスが『告白』十巻、六で、

しかしながら彼らの言葉を、彼ら自身の中で語る判断する真理と比べる人だけが、その言葉を聞き取るのである。(二)

と言っている通りである。

(一) 福音書批判の主要問題、すなわち［イエスの］「言葉」集の成立が、いまでもまだ生き生きとしていることのような環境のもとで研究されていないことはおかしなことである。そしてそれ以上に不思議でならないのは、ずっと以前から「言葉」の関連を、それと全く対応する環境をなす「教父たちの語録」(apofthégmata tôn paterōn)やムハンマドのハディース(Hadith)［伝承］あるいはフランシスコ派の伝説と結びつけてこなかったことである。あるいは今日なお私たちの目の前で行われている［近代ヒンドゥ教の指導者］ラーマクリシュナの「言葉」の編纂もある。あるいは［十七世紀のイギリスの宗教家で、クエーカー派の創立者］ジョージ・フォックス(George Fox)やシプリエン・ヴィニュ(Cyprien Vignes)のような人の世界もある。

(二) それはまた、三一二頁で述べる「判断」の能力でもある。

第二十二章　今日のキリスト教における直感

私たちにとって、初期キリスト教団がキリストにおいてもしくはキリストに即して聖なるものを体験したか、また体験し得たかどうか、という問いにもまして重要であるのは、私たちも体験できるのか、言い換えれば教団において、また教団を通じて伝承されてきたキリストの成し遂げたことや生き方ならびに行いのイメージが私たち自身にとって啓示の価値と力を持っているかどうか、それとも現代の私たちは初期の教団の遺産を食べているだけで、権威と他人の証言を拠所として信仰しているに過ぎないのか、という別の問いである。もしも、かの内からの予感による了解と解明、つまり心情そのものにある聖なるもののカテゴリーの素質に基づいてのみ可能な魂（Geist）[*1]の証言が、まさしく私たちの内でも始まらないのであれば、その問いは完全に希望のないものとなるであろう。そして初期教団の当時すでにこの証言がなかったために、

＊1　この「Geist」は「魂の底」（Seelengrund）から証言する、と解釈して、「魂」と訳した。

直接に現前していたキリストのいかなる理解も印象もあり得なかったとすれば、何であれ伝えられてきた伝承がどうして私たちの内なる証言を可能にするはずがあろうか。しかしながら魂の証言を想定することが許されるとすれば、事情は全く違ってくる。その場合には断片的なものやさまざまな不確かなもの、伝説的なものとの混じり合い、「ヘレニズム的なもの」による上塗りなどは何ら私たちを損なうことはない。なぜなら魂は魂のものを識別するからである。

内からの原理――宗教的な理念からすると、これは「共に証言する霊」と評価されなければならない――が持つ、援助し、判定し、予感し、対応するこうした働きに関して、遠く離れた宣教の地に居るある鋭敏な宣教師の伝道が私を啓発してくれた。彼はこう言ったのである、自分自身にとって再三にわたって驚くべきことだったのは、難しい外国語で、しかも全く異質な概念を用いて、いつも仄めかすことしかできない神の「ことば」の不十分な告知が、実は時として驚くほど深く内面的に受け取られることがあるということだった、と。この場合でも、つねに最良のことをなしているのは、聴く人自身の心胸から応じる、予感による把握である。このことによって、そしてまさに疑いなくこのことによってのみ、私たちはパウロの問題を理解する鍵を手に入れることになる。教団から迫害されたこの人にとって、わずかに切れ端や断片あるいは戯画によって、キリストの本質と意義、そしてその福音についての暗示が得られただけであった。しかしながら霊が内から彼を強いて、ダマスカスへの途上で経験した認識へと赴かせ、この霊がキリスト出現の意義を彼に教えたのであった。このことのゆえにヴェルハウゼン[*2]とともに、結局のところキリスト教そのものをこれほど完全に深く理解した人はまさにパウロのほかにはいないことを認めざるを得ないのである。「聖なるもの」をキリストにおいて、あるいはそれに即して体験することが可能であり、それがまた私たちの信仰の支えであるべきだとすれば、言うまでもなくそのための第一の自明の前提条件は、キリスト自身の最初の直接の行いそのものが私たちにも直接に理解可能であり、その本質に即して体験可能であること、そしてこれによってキリストが「聖なるものである」との印象も直接に生じること、である。ところがここには、それが解決されないとすべての問題が初めから切り落とされてしまうような難問が出てくるように思われる。一体、今日私たちがキリストおよびキリスト教に関して得ているものが、突き詰めてみた場合、そもそもキリストが本来意味し行おうとしたこと、彼の最初の教団が彼の影響のもとで経験したことと同じものなのかどうか、という問いである。それはまたキリスト教はみずからの「原理」を本当に持っているのだろうか、という問いと同じである。「みずからの」というのは、その原理が歴史の中で発展を遂げたとはいえ、なお本質からして依然として自己同一であったとともに、今日のキリスト教と最初の弟子たちの信仰とを通じ合わせ、本質的に同一のものにするという意味である。

そもそも厳密な意味において、キリスト教はイエス教（Jesustum）なのか。これは何

*2　ユリウス・ヴェルハウゼン（一八四四―一九一八）はドイツの聖書学者で、とくにイスラエル民族史の研究に優れた業績をあげ、一学派をなした。

よりもまず次の問いを意味するべきであろう。現在の私たちが、独特の信仰および感情の内容を含めてキリスト教として知っている宗教、さらに言えば歴史上のものとして現存し、他の諸宗教と区別されたり比較されたりもし、今日人々の心情と良心を高め、動かし、責めたり、祝福したり、惹きつけたり、撥つけたりしている宗教が、その本質からしてイエスその人がガリラヤという世界の片隅の、心を掻き立てられた目立たぬ人々の群れの中で呼び起こし、創唱した「きわめて質素な」、控え目だった宗教や宗教性であるのか。――この宗教が、当時に比べて色合いも形も著しく変わってしまい、激しい変化や変質に晒されてきたということは広く認められているであろう。しかしながらそもそも［宗教史学派が考えたように］さまざまな現象の中に逃避することが持続的な本質なのだろうか、あるいは発展を遂げつつも、依然として自己同一であり続ける同一の「原理」があるのだろうか。現実に発展ということがあるのだろうか、それとも実際には変質や変化や全く異質なものの流入であって、ある人からは歪曲だと嘆かれ、別の人からは歓迎すべき補完だと賞賛され、また第三の人からは単純な歴史的事実として記録されているだけなのだろうか。

今日現実に存在する偉大な「世界宗教」として私たちの前にあるキリスト教が、その主張や約束からして、最も本来的で第一に挙げるべき意味での「救済宗教」であることは疑いがない。救い、それも溢れるばかりの救い、自由もしくは「世間」の克服、世間に繋縛された生存、それのみか被造物性一般さえもの克服、神からの疎外と神への敵対の克服、罪の奴隷と罪過からの解放、和解と贖罪、しかしそれゆえの恩寵と恩寵の教え、霊と霊の告知、再生と新しい被造物という主張と約束は、たとえ教会や宗派あるいは教団にはさまざまの対立があっても、今日のキリスト教に共通する特有の内容である。いまやキリスト教はこれらによって、きわめて明確に確実に「救済宗教」そのものとして特徴づけられるとともに、この点において救い（Heil）と不幸（Unheil）の鋭い二元論的対立を説く東方の偉大な諸宗教と完全に肩を並べており、救済の必然性と救いの授与という点でそれに引けをとらず、むしろこれらの概念の重要性と質的な内容からして、それに勝ると主張している。今日のキリスト教がこうした要素にその「原理」と本質を持っていることは疑いがない。そこで問題は、この偉大なる心情の内容が実際にもすでに、キリストの最初の最も直接的な行いによって創唱されたと称されねばならぬ、かの素朴なイエスの宗教の「原理」でもあったのかどうか、ということである。

私たちはこの問いに対して「その通りだ」と答える。ただしその際に神の国を念頭に置きつつ、しかしキリスト教そのものの原理にもよくあてはまる比喩を参照して、そう答えるのである。それは辛子粒とそこから生長した樹の例えである。この比喩は変化を意味している。なぜなら樹は辛子の種とは別物だからである。けれどもその変化は辛子から樹への変化ではなく、可能態から現実態への移行である。したがって発展であって、「変成」（Transmutation）とか「後成説」ではない。私たちはこの意味で以下のことを述べるのである。

イエスの宗教は時とともに次第に救済宗教へと姿を変えていくのではなく、素質からしてその登場のそもそもの初めから救済宗教である。それのみならず最も究極の意味においても、また仮にそれを表す後の用語がまだそこではほとんど見あたらないとしても、この上なくはっきりとそうである。可能な限り歴史的に厳密にできる限り簡潔に、イエスの告知の本来の特徴を明確にしようとすれば、二つの根本要素が明らかになる。一つは、そもそもの初めから、そして徹底して神の国の教えであり、しかも付随の要素としてではなく、事柄の根本の意味としてそうだということである。二つは、イエスの福音の特徴をなす、ファリサイ主義に対する反発とそれと関連して、敬虔の理想を赦された罪に基づく子供のような心意と気持と見たことである。しかし原理的にはまさにこの二つをもって、その後のキリスト教の「救済の性格」においてのみならず、恩寵、選び、霊と霊による復活といったきわめて個別化した教説においても展開されていく一切のものが措定されたのである。そしてこれらの事柄はまさにあの最初のサークルによっても、単純な形ではあったが、体験され所有されていた。そのことをやや詳しく説明したいと思う。

「救済宗教」を論じることは本来贅言であり、少なくとも高度に発達した宗教に目を向ける場合にはそうである。なぜならそのような宗教はすべて国家や個人の世俗的な幸福との他律的なつながりから独立したり、それを断ち切っていて、「救い」という普遍概念で表すことのできる独特の溢れるばかりの至福の理想を内に展開しているからである。たとえばウパニシャッド的汎神論の交響楽のような神格化の思想から、(見かけは否定的に過ぎない)仏教の涅槃の至福に至るまでのインドにおける宗教の発展は、ますます高まる意識的努力のもとでこの形の「救い」を目指している。西暦紀元前後にエジプト、シリア、小アジアから世界に進出していった、とくにその名で呼ばれた「救済宗教」群も「救い」を目標にしている。さらに比較によって研ぎ澄まされた観察にとっては、終末の希望という形を持ったペルシャの宗教にも、「救い」への同じ宗教的な衝動が働いており、解脱(Mokscha)や涅槃(Nirvāna)の希求におけるような形態をとっていることは明らかである。イスラムも「救い」の希求もしくは体験であり、しかもこれは「希望における」希求、すなわち楽園の快適に対する希求というだけではなく、むしろイスラムの最も重要な点はまさしくイスラムそのもの、つまりアッラーに対する恭順である。これは単なる意志の委譲にとどまらず、アッラーによって自己が充塡されることを願い、求めるのであって、それが「救い」であり、一種の陶酔のように所有され、享受される。これが昂じるとまさしく神秘主義的な至福の恍惚ともなり得るものである。

しかしながらこのようなあらゆる高度な宗教一般の根本傾向であるものと同一の事柄が、キリスト教の神の国の思想とその希求や相続において、最も強烈な仕方で、同時にまた質的に卓越したものとして全く間違いなく明白に現れている。この場合にイスラエルにおけるこの理想の出発が、かつては全く政治的な類のものであって、後になってようやく現実の世界の地盤から解き放たれ、最終的に溢れるばかりの理想へと高まっていったのか、それともその際にもすでに最初から本来の宗教的な動機が生産的であったのか、ということはどちらでもよいことである。宗教的な衝動が手がかりにする材料が、当初は世俗的・世間的な種類のものであることはよくあることである。終末論的な衝迫、言い換えれば最終的な究極的な救いへの衝迫が休むことがないこと、いつでも前進して止まないこと、最初の手がかりからみずからを解き放ち、みずからを高めること、これこそがまさしくこの衝迫の特徴的な表出である。そして正真正銘の救済への衝迫もしくは予感された、「全く他である」溢れるばかりの財の予感ないし先取りにほかならないその内的本質を具体化していくのである。しかもその財は「救い」として、他の宗教においても求められている救済財と並ぶものであるばかりでなく、それに勝るものでもある。――すなわち、やがてこの「国」そのものにおいて見出され得られるかの国の主が、「ヒンドゥ教の」ブラフマンやヴィシュヌ、「ゾロアスター教の」オルムズドやアッラー、涅槃や解脱者の独存（Kaivalyam）あるいは道（Tao）および名は何であれこのような形をとる絶対的なものよりも質的に卓越しているということで勝っているのである。福音は徹底的に救済の上に打ち立てられている。それはいつかは神によって成就されるのであるが、しかしすでにいま神について経験される救済でもある。前者は神の国の確かさの証明としての救済であり、また後者のほうは神の子であることの直接の、すでに現存する心情の体験による救済であり、これは福音がその教団に対して、直接の所有物として魂の中に注ぎ込んだものである。その教団がこの救いを、質的に完全に新しいもの、前代未聞のもの、溢れるばかりのものとしてきわめてはっきりと意識していたことは、［『ルカによる福音書』の一六・一六の］律法と預言者とはヨハネにまでは及んでいるが、しかしいま神の国が力強く近づいている、そしてヨハネも「律法と預言者」に数えられるに過ぎない、というイエスの「言葉」に反映している。

　ところでこの新しい知らせをきわめて簡潔な言葉でその最も純粋な点に即して述べようとしたときに、もし仮にそれができなかったとしたら、その代わりにきっと『ローマの信徒への手紙』の八・一五の次の言葉を見い出したにちがいないであろう。

　あなたがたは、人を奴隷として再び恐れに陥れる霊ではなく、神の子とする霊を受けたのです。この霊によってわたしたちは、「アッバ、父よ」と呼ぶのです。

ここでのパウロは、イエス主義が切り拓いたものの核心もしくは中心を理解しており、古いものとの決別、新しい宗教、その原理と本質を鋭く摑んでいる。そしてこの原理と本質は、かのガリラヤ湖の最初の漁師のそれであったし、キリスト教の全歴史を貫いて唯一同じものである。それとともに罪と罪過に対する、また律法と自由に対する新しい立場が与えられ、原理的に「義認」、「再生」、「更生」、霊の贈り物、新たなる創造および神の子の至福の自由が与えられることになる。神の「ことば」が、それに応じる「霊」に呼びかけるや否や、このようなあるいはこれに類する表現、教え、教義体系、それに適合する深い思弁が現れなければならなかった。(一)——このようにしてキリストの最初の行いは、今日なお明白に明瞭に理解できることだが、その神と神の国に対する信仰を目覚めさせて、救いの働きをし、救いを施し、それを希望させ、所有させることなのである。ではいまや遠い時代に生きる私たちのために、どのようにすればキリストのこの生涯の行いについての直感を呼び起こすことができるのか。どのようにすれば私たちもキリストのもとで、「現れた聖なるもの」の体験に至ることができるのか。

　論証的に、つまり証明により、規則や概念に基づいて到達するのでないことはもちろんである。「qの契機にyが加わると、啓示が起こる」という形式で概念的な目印を示すことはできない。だからこそ私たちはまさしく「直感」、つまり「直覚的把捉」を問題にしているのである。論証的にではなく瞑想によって、すなわち対象に対して心情を開き、純粋な印象に身を委ねることによって到達するのである。これは次のようになされるであろう。イエスの告知の内容もしくは贈られた事柄や創唱の行為をその人格像および生活像そのものと結びつけ、さらにはその全体をイスラエルとユダヤの宗教史の長期にわたる、驚くべき準備と関連させ、収斂と拡散を繰り返しつつイエスのもとへと流れていく多様な発展方向の動きや「時が満る」という契機、周囲の世界との対立や並行による刺激や強制などと合わせて直観する。それと同時に、ほかならぬここで感じられる非合理的なものそのものの特異な根底と横糸、その活動の隆盛と衰退、世界の救いを左右するその精神的内容の一段と明白な表出に注目し、またそれとともにこうしたことに逆らう謎に満ちた潜勢力の成長、個人的な正義の人のみならず、人間および人類の最高の関心にとっても重要な人物および最も重要な人物の、数限りなく提起されてきたヨブ的な苦悩と挫折の問題、そして最後に、ゴルゴダの上に低く垂れこめる非合理的神秘主義の雲にも目を向ける。このように瞑想に沈潜し、開かれた心情を持ち、印象に対してみずからを開放する人にとっては、言い難い規則を持つ内からの尺度に基づいて、「聖なるもの」の「再認識」、すなわち「時間の内なる永遠なものの直観」が感情の中に生じるにちがいない。私たちがこれまで把握し、記述しようとしてきたように、合理的なものと非合理的なもの、目的論的なものと不確定なものとの混合もしくは相互浸透のもとに永遠なもの、「聖なるもの」があるとするならば、まさにここにこそ最も力強く、手に取るようにはっきりと現れているのである。

そしてある意味では聖なるものをその現れのもとで捉えるのに、私たち後の時代の人は惨めなのではなく、かえって有利なのである。なぜならば「聖なるもの」の把握を「神の世界統治の予感」とするならば、それは今日においてもまさしく本質的には次の二つの契機に基づくからである。すなわち一つは、預言者たちの存在と活動、そしてその宗教ならびにそのような脈絡のもとでのキリストの登場という、このイスラエルの驚くべき精神史の全体的連関の概観であり、もう一つは、キリストその人の全生涯とすべての行状の全体である。この二つの場合の概観は、かの時代と比べると、いっそう離れたところから見られることと、研ぎ澄まされた歴史的洞察を持っていることから、はるかに完璧に行うことができる。私たちが「旧約よりキリストに至るまで」と呼ぶ、かの大いなる連関について沈思黙考する人にとっては、その連関の中に永遠なものが現れて支配し、創唱し、そして同時に完成に向けて駆り立てているという実感が本当に抗し難く起こるにちがいない。そしてまたこの連関の中にその実現と終結を見るとともに、この偉大な状況、力強い形態、神のうちに不動の根拠を置く人格、その無謬性もしくはその人格の確信と行為に対する、秘密に包まれた心底からの信頼と確信、精神的な至福の内容、このための戦い、誠実さと献身、そのための悩み、そして最終的には勝利の死をも見る人はこう判断せざるを得ないのである。それは神にこそふさわしい、それは「聖なるもの」である、もしも神ありて、みずからを啓示しようとされたのならば、まさにそのようになされたにちがいない、と。

その人は——論理的な強制や概念的に明白な大前提に基づいてではなく、大前提からは演繹されない直接の、純粋な承認を含む判断において、つまり「非明示的大前提」に基づいて、解き明かし得ない純粋な真理感情から——判断するにちがいない。しかるにまさしくそれこそが、宗教的直覚としての正真正銘の直感のあり方なのである。

しかも私たちにとってはこのような直覚的理解(Intuition)から、必然的に初期教団の権威や釈義とは無関係に、教義学がいっそう展開すべきキリストの人格、業および言葉に関する一連のさらなる直覚的理解が生まれてくる。それは「救済史」一般ならびに予言による準備と実現の直覚的理解である。さらに言えばイエスは「メシアなり」という直覚であり、自己自身を越えた先を指し示す預言者たちと律法と詩篇による告知や「旧約」のあらゆる努力ならびに期待による先取りの一切が、イエスのもとで純然たる行為となったとともに、彼は頂点であると同時に、過去のあらゆる発展の完成された高次の段階であり、この民族ないし国民の発展の意義であり目標でもあり、イエスを生み出したことによって民族の発展は自己自身の存在圏を全うし、歴史的課題を果たし終えたとさえ見るのである。イエスのうちに神の姿と表情を直覚することもまた同じである。なぜならイエスの戦いと勝利、救い主に対する憧憬と愛のうちに、彼を遣わし、任に就かせるものの性格が「予感」されるからである。さらに言えば神性そのものによって選ばれ、召され、権能を付託された者としての「子であること」の直覚的理解である。イエスは神からのみ理解され、可能となるとはいえ、究極的に表明された啓示の言葉を人格において表す者と見なされるわけである。さらには「契約の樹立」、イエスによる養子縁組と和解の直覚的理解もそうであり、彼の生涯と死の業を、神の適意を得て、それを働かせる神への犠牲ないし捧げ物と見なすのである。それにイエスを、罪を「覆い」、「贖う」仲保者と見る直覚的理解も少なからずそうである。なぜなら被造物と創造主、俗と聖、罪と神聖性との間の裂け目は、キリストの福音に基づく高次の認識によって、小さくなるどころか、かえって大きくなるのであるが、福音に合致する感情の自発的な活動からは、いつでもそうであるように、この場合にも聖なるものそのものがみずからを啓示する場が、同時にそれに近づく手段および避難所であると理解されもするからである。

このような直覚的理解がキリスト教教義学一般の中に見られることは非難されるべきことではない——そのような理解はそれ以外にはありようがないのだから——。むしろ非難されなければならないのは、その性格が直感に基づく自由な直覚的理解であることを見誤り、それを教義化し、理論化することであり、それの何たるかを、つまり概念的には解明されない感情の表意記号であることを認識し損ねてしまい——その結果、ただ一つのもののみが、すなわち神の体験そのものだけが占めることの許される、宗教的関心の中心点にその表意記号を不当に押しやるほどに強調することである。「現れた聖なるもの」の正真正銘の直感が生じた場合には、「付随するしるし」と表現されてよい一つの要素が有意義となる。それは本来直感を担う土台ではなく、直感の証拠であり、言い換えればイエスの歴史像に見られる、自然と世界の上に高められた精神生活と精神力という要素である。この要素は一般精神史および宗教史に類似のものを持っている。それは、イスラエルの偉大な預言者の召命の賜物においては、幻視的直観と占いの予感として現れ、キリストの生涯においては、高められた「魂の賜物」として現れている。この賜物は「奇跡」ではない。なぜならば魂の力としてのそれは、私たちの身体を強制する意志そのものと同じように、まさしく「自然的」であり、しかも最高度に自然的なものだからである。しかしそれがはっきりと現れるのは、魂そのものが高まった形態と活気のもとで与えられる場合に限られるし、それが最も多く期待されるのは、魂がみずからの永遠の根拠そのものに最も近く、最も親しく一致し、その中で安らぎ、それによって自己の最高の行いのために自由となる場合である。それゆえにこそその現存在と出現とが、究極の事態にとって、それとともに純粋な直感そのものの成果にとって、「付随する徴」となり得るのである。

最後にまさにキリストの苦悩と死こそが、とりわけ強烈な感情による評価と直覚的理解の対象とならなければならないことも明らかである。そもそも世界へのキリストの派遣が、次には彼自身の生活態度が、永遠なる愛の意志を写す鏡もしくは自己啓示として見られるなら、受難（passio）、しかも大いなる受難におけるこの最高の誠実と愛の行為こそがとりわけそれである。こうして十字架はもっぱら「永遠なる父の鏡」（speculum aeterni patris）となる。しかしただ単に「父」、すなわち聖なるものの最高の合理的な要素の鏡というにとどまらず、そもそも聖なるものの鏡である。なぜなら第二イザヤとエレミヤからヨブと詩篇を経由して密かに支配し続けた旧約の最大の神秘的問題が、イエスの生涯と苦悩と死において典型的に繰り返され、そうしてここで絶対的なものへと高まったことによって、キリストはとくに彼以前の発展の総括もしくは終結となるのだからである。その問題とはまさしく、正しい者の無過失の苦悩という「神秘」にほかならない。『ヨブ記』の三八はゴルゴダの予言であり、ゴルゴダにおいてすでにヨブに与えられていた問題が再現され、乗り越えられるのである。しかしその解決は、私たちが見たように、全く非合理的な形でなされたが、それでも一つの解決であった。正しい者の苦悩はすでにヨブにおいて、彼岸的で秘密に満ちたものの啓示の典型的な特殊例という意味を獲得しており、これは最も直接的な現実味と身近さと理解しやすさを帯びていた。しかしこの点ついて言えば、キリストの十字架こそ、この永遠なる秘義を締めくくるモノグラム、つまりその［最終的な］「実現」なのである。そしてキリストの意義のかの合理的要素とこの非合理的な要素との絡み合い、つまりキリストの十字架における、啓示されたものと予感に包まれたまま啓示されないものとの、またヌーメンの最高の愛と恐るべき怒り（orgē）との混じり合いにおいてこそ、キリスト教的感情は［複合的な］「聖なるもののカテゴリー」をこの上なく生き生きと適用したのであり、それと同時にかつて宗教の歴史の領域に見出すことのできた最も深い宗教的な直覚的理解をも産み出したのである。

　しかしながら諸宗教を比較して、そのいずれが最も完成されたものであるか、を確認しようとするならば、このカテゴリーに則って問わなければならない。文化に対する貢献とか、宗教に先んじて、もしくは宗教そのものを抜きにしても設定することができると［カントやナートルプによって］考えられている「理性ないし人間性の限界」あるいは諸宗教の類似性などは、結局のところある宗教の宗教としての価値を測る尺度とはなり得ない。宗教の最も固有な内的部分、すなわち聖なるものそのものの理念、それに現実の個別の宗教がそれをどれほど完全に正当に理解しているかいないか、ということこそがここでは尺度となり得るのである。——

とはいえ純粋な感情によるこのような宗教的な直覚的理解の価値と妥当性をめぐっては、宗教的感情そのものを認めない人々と争うことはむろんできない。一般論や道徳的な証明でさえそれには何の役にも立たないし、明らかな根拠からしてそれはできないのである。しかしその反面、このような立場に立つ批判や反駁も同じようにそもそも無効である。その武器は短か過ぎるし、もともと攻撃者はいつでも土俵の外にいるわけであるから、的に当たるはずもない。しかしながらこのような直覚的理解——それは聖なるもののカテゴリーそのものに基づいて、福音の歴史とその主要人物から受ける印象の独立した働きである——をもってすれば、私たちは釈義の成果のふとした動揺や歴史的な正当化の苦衷に振り回されることもない。なぜならば宗教的な直覚的理解はこれらがなくとも、みずからの直感から可能になるからである。（二）

（一）私たちはこの点から「二元論的」な、それのみか「グノーシス主義的」な流れが加わっていることに関してさえ、少なくともその可能性を把握することができる。［二世紀の］マルキオンのような人は、極端なパウロ主義者であっただけではなく、極端なイエス主義者でもあった。

（二）宗教的な直覚的理解の妥当性の問題については、『超世界的なものの感情』の第三章「宗教学の叙述と神学の叙述」を参照してほしい。

本章の全体については、『神の国と人の子』(Reich Gottes und Menschensohn)(一九三四年、ミュンヘン)のとくにB、1、「救いのかたち」、10、「受難により救うメシア」、C、「弟子たちの聖別としての聖餐」、D、「神の国とカリスマ」を参照のこと[この注の番号は訳者が付けた]。

第二十三章　宗教的ア・プリオリと歴史

最後になるが、理性的精神のア・プリオリなカテゴリーとしての聖なるものと現れた聖なるものとの区別は、これと全く一つのものである内的啓示と外的啓示、一般啓示と特殊啓示というごく普通の区別にも連なり、また「理性」と「歴史」との関係にも導いていく。

単なる伝統信仰や権威信仰以上のものであろうとして、ちょうど他のあらゆる宗教に先んじてとくにキリスト教がやっているように、みずからの真理性の確信を目指す宗教、それもみずからの人格的な内的承服、言い換えれば真理性の内的な自己認識を目指す宗教はいずれも、みずからを真の宗教として独立に承認するための拠所となる認識原理を前提にしなければならない[一]。しかしこの原理は、いかなる経験もいかなる「歴史」も与えることのできないア・プリオリな原理でなければならない。「それは聖霊の筆によって「歴史の中で」心胸に書き込まれる」と言う人がいて、なるほどありがたいという気にさせるが、しかしほとんど意味を持たない。こういうことを言う人は、それを書いたのはまさしく聖霊の筆であって、邪霊や「民族心理学的空想」のそれでないことが、どうして分かるのだろうか。そういう人は実は、僭越にもこの筆跡、つまり霊の筆使いを別の筆跡から識別することができる、したがって霊の何たるかについて、「歴史」とは無関係にア・プリオリな理念を持っていると思い込んでいるのである。

しかしながら、さらに歴史は、この場合には実際には精神のものであるべき歴史であるが、精神の歴史である何かをそれ自身前提している。すなわち一定の性質を具備した潜勢力を持ち、生成することができ、しかも素質づけられているものへと生成し、そのように成るべく定められたものへ成り行くことが、その生成の主たる意味であるような何か、である。樫の木は成り行くことができるし、歴史とのある類比を示すことができるが、積み上げられた石はそれとはちがう。寄せ集めの諸要素をたまたま付け加えたり、差し引いたり、あちこち移動したり、集めたりすることは、確かに話の筋としては繋がるが、深い意味での歴史の叙述ではない。ある民族が素質と使命、才能と発端を具えてみずからの道を歩み出し、いまやあるものに成るためにすでにあるものである限りにおいて、その民族の歴史は私たちのもとにある。したがって、もともと何ら独自な素質を有せず、ただ偶然の外部の因果連関の一通過点であるに過ぎないような人について伝記を書こうとするのは、本来あるべからざる辛い仕事である。

一方では刺激と体験とが、他方ではそれらと素質とが交々に作用し合って、それらが「ただ単に折り重なった」結果ではなく、また外部の何らかの契機から白紙に書き込まれる単なる痕跡や印象の集積ともちがう、独特の何かが生じるときにはじめて、現実の生の現実の記述が伝記となるのである。精神の歴史を求める人は、その資格を具えた精神を求めなければならない。宗教の歴史を考える人も、やはり宗教に対して一定の資格を持つ精神の歴史を念頭におくのである。

宗教は歴史の中で生成する。まず第一に、人間の精神の歴史的発展の中で、刺激と素質が交互に作用し合い、素質そのものが現実態となり、またこの交互作用によってその形態と性質が一緒に規定されることによって生成する。第二には、素質そのものにより、歴史の一定部分が聖なるものの現れとして予感のうちに認識されることによって生成する。そしてこの認識は、第一の契機の種類と程度に対して影響を及ぼす。第三には、第一および第二の契機に基づいて、聖なるものとの交わりが認識、心情および意志のうちに樹立される。このように見てくるとほかならぬ歴史が、一方では聖なるものの認識のための素質を発展させ、他方では歴史自体が、一部であれ、聖なるものの現れである限りにおいて、明らかに宗教は全く歴史の所産である。歴史的宗教と対立する「自然的」宗教などは存在しない。ましてや生得的宗教は存在しない(二)。

ア・プリオリな認識は、理性的なものがすべて持っているものではなく（もしそうだとすると、「生得的」なものとなろう）、持つことのできるものである。高次のア・

プリオリな認識とは、理性的なものすべてが持ち得るが、経験的に自己自身によってではなく、より高い才能を持つ他者によって「呼び覚まされる」ものである。この点では一般的な「素質」は感受性という一般的能力および判断の原理でしかなく、当該の認識を独立して独自に産み出す能力ではない。この認識の産出は「天分ある人」のもとでのみ起こる。しかしながら「天分」は一般的な素質の高い段階やその強化であるにとどまらず、それとは、程度のみならず種類によっても区別されるものである。芸術の分野においてもこのことははっきりと見てとることができる。大多数の人においては、洗練された趣味による享受、追体験もしくは価値判断にとどまるものが、芸術家の段階になると、自発的な天才的生産としての発案、創造、創作として再現される。たとえば音楽の素質はこのような高次の段階および潜在力であって、多くの人の場合にはそれは音楽を体験するためのものであるが、芸術家においては音楽的創造と表現のためのものであり、明らかに程度の相違にはとどまらないのである。

　それはいまや宗教的感情、宗教的な経験や産出の領域においても同じである。ここでも多くの人にあっては、素質は感受性であり、言い換えれば宗教に対して敏感であるということに過ぎず、自己の自由な承認と判断の能力にほかならない。言わば一般的な素質にあたるものは、「聖霊の証言」[三]という形でしかない「魂」である。けれども第一段階の単なる感受性からは導き出されない高次の潜在力と段階は、宗教においては、預言者である。言い換えれば預言者とは、「内なる声」の能力としての、そして直感の能力としての、さらにはこの両者を介した宗教的な生産能力としての霊を所有する人である。

しかしながら、この預言者の段階の彼方には、第二のものが第一のものから導かれないように、第二のものからは導かれない第三の、もっと高次の段階が考えられ、予想される。それは、一方では満ち溢れる霊を持ち、他方ではみずからが人格と行いにおいて、現象する聖なるものの対象ともなる段階である。

このような人はもはや預言者以上のものである。――その人は神の子である。

(一) このような原理に基づく証言が、すでに述べた「内なる聖霊の証言」である。さらに言えば、この証言は直接的である。なぜならもしもそうでないとしたら、「聖霊の証言」を真なるものと承認するために、再び別の聖霊の証言を必要とするだろう。つまりどこまでいっても切りがないことになる。

(二) 「生得的」と「ア・プリオリ」との違いについては、私の『カントとフリースの宗教哲学』の四二頁を参照してほしい。[その頁の注に「ア・プリオリをいつでも「経験から独立している」と訳せば、時間的に先行する「つまり生得的な」あるいは経験なしに起こる認識という誤解に陥らずに済む」とある]。

(三) これですら、「それが欲するときに」(uoi ipsi visum fuit) 限って、証明するだけである。

付録　仏教におけるヌミノーゼなもの——坐禅におけるヌミノーゼな体験[*1]

私たちは、ヌミノーゼという非合理的なるものはあらゆる宗教の要素だ、と言った。その存在は幽明両様であり、また感じられ方も両様である。それは合理的な側面に覆われていることもあれば、それから離れて、勢いよく破り出てくることもある。それは上昇していって全く測り難く捉え難いものとして現れるだけでなく、二律背反として、もしくは茫然とさせる完全な背理として現れもする。［これについては第四章の終わりの部分を参照してほしい］。神秘主義には往々にして非合理性や二律背反あるいは背理を強調し、時にはそれを楽しみ、それで呆れさせることを一種の遊びとするようなところがある。神秘主義は、あり得ないような言い方や反対の一致（coincidentia oppositorum）あるいは純朴な人には開いた口が塞がらないような、それればかりか腹を立てさせるような言い方を好んだり、理解できるものに対して八つ当たりをしたり、向

＊1　この論文はもとはオットーが結成した「宗教人類同盟」の会報に掲載されたものである。

こう見ずであったり、挑戦したり、大胆であることを好む。たとえばエックハルトにおいてこうしたことが見てとれる。彼を駆り立てているものが時として、ますます大胆な、それのみかまさしく冒瀆を含む言い方を得たいという密かな楽しみであることがある。同じようなことはアンゲルス・シレジウスにもあるが、ただ彼の場合には、もうしばしば指摘されているように、そのことが往々にしてすでにはっきりと機知に富んだ遊びになっており、非合理的なるものの背理との真面目な取り組みが、一旦事柄に慣れてしまうと、機知に富んだ「意味深長」へと導く、あまり価値のない、単なる「巧みな」、面白いやり方の刺激やくすぐりになってしまい、やがて奇妙さやびっくり仰天あるいは奇想天外もしくは時として錯乱一般を伴う単なる巧妙として文学となったり、記述の技と化してしまうようなものになっている。言うなれば、「表現主義」とかその類の美食家にとってぴりっと効く薬味である。

より古くかつ素朴な仏教の救済財(Heilsgut)としてのニルヴァーナ［涅槃］もすでにして全く非合理的なるものである。それを表すのに役立つのは、仏教にあっても、特殊な種類の「否定神学」(theologia negativa)である。それは否定もしくは排除によってのみ規定される。いかなる積極的な概念も拒まれている(その結果として、それ自身は大いなる否定あるいは形而上学的ゼロだ、という誤った見解がたえず現れることにもなる)。しかしながら、尋ね求められる救済財の「全く他なるもの」［の要素］が一層著しく現れるのは「マハーヤーナ［大乗］仏教」、すなわち「高度の仏教」においてであって、とりわけ今日まで栄えてきた独特の宗派であるDhyāna《ドャーナ》宗においてである。これは日本語では「禅」と言われている。禅もまた時として奇妙さとか突拍子もないことに終わり、辛辣さを含む珍奇さとか洒落、珍しいものや無価値なもの一般の偏好に終わることがある。しかしながら、禅の本質からすると、それはヌミノーゼそのものの非合理性に対するこの上ない真面目さから生まれたものなのである。それと同時に禅においてはこの非合理性が極端にまで高まっているので、主として宗教の合理的な側面によって規定されている私たちは、当初は、禅においてこそそもそも宗教が、しかも並みはずれて強くかつ深い宗教が存在しているという事実に全く気がつくことができないほどである。禅は非合理的なるものの極端であり、あらゆる合理的な図式一般からほとんど切り離されている。禅をこのように見る時にこそ、当初は全く謎に満ちたこの現象そのものが理解でき、整理することができるようになるのである。

禅、サンスクリット語でDhyānaは、中国および日本における仏教の大宗派の名称である。その最も偉大な聖者は菩提達磨である。(二) 禅の特別の、日本では今でも生きている形式は、紀元後八〇〇年頃の中国の禅師百丈によって与えられた。禅が依拠する教理体系は大乗仏教である。そしてその儀式、神話、「神々の世界」(この本来的には全く歪んだ表現を大乗仏教にも適用することができるとすれば)も同じである。一般には仏教の儀礼や洗練された僧侶の態度を越えたものであるヌミノーゼの荘厳さ(das Feierliche)は、禅宗の素晴らしい寺院や広間、宗教絵画、儀礼行為および人物の挙措にもふさわしい。日本仏教の一大宗派で、本質的には人格的な特色を持ち、人格的な阿弥陀仏の救済の慈悲に対する人格的な信頼に救済を求める浄土真宗に比べると、禅の僧侶は「神秘主義者」である。同時に禅僧は実践的な神秘主義者でもある。なぜなら禅僧は、ベネディクトと同様に、語ること（ora）を働くこと（labora）に結びつけるし、ベネディクト派の畑の耕作者と同じく、実際に労働する人々であり、また才能からして、絵画や彫刻の高度な作品においては創造的な芸術家でもある。「一日作《な》さざれば、一日食らわず」というのが百丈のモットーであった。けれどもこれはまだその本質的特徴ではない。私は京都の閑寂な禅院で尊敬すべき老師に対して、「禅の根本理念」は何か、と問うてみた。このような問い方をされたので、老師は「理念」をもって答えざるを得なかったのであろう。彼はこう言った、「輪廻と涅槃とは違ってはおらず同一である。各人はみずからの心の中で仏心（Buddaherz）を見出すべきだ、と私たちは信じています」と。しかしながら、実際にはこれもまた要諦ではない。なぜならば、それはいまだ「言われた」ものであり、「教え」であり、まだ伝えられるものだからである。しかしながら、禅の眼目は根本‐理念ではなくして、根本‐経験であり、この経験は概念のみならず、理念そのものをも拒むものなのだ。禅はみずからの本質を次のような契機のもとに露わにする。すなわち禅の芸術家たちがみずからの師の容貌、挙措、態度、顔の表情や身振り手振りにおいて、言葉を用いずに、全く比類ないほどに透徹して眼前に描いたものである。

〈一〉　ここではまず何よりも菩提達磨自身の絵を見なければならない。「九年の間、壁に向かって無言で坐っている」無口で重みのある男は、蓄電池の一種である、高い負荷を帯びたライデン瓶のように、内部の緊張の集中した、否、一点に集まった力のもとにあり、大きな目が内部の極端な圧力によってほとんど頭から飛び出さんばかりになって、求めるものに穴を穿とうとしている。その目は、デーモンや神をも呼び出して、自己と自己の秘密を明らかにし、与えようとする呪縛の目（Augen des Beschwörens）である。彼がどこに目をやり、何を強制しようとするのか、誰も言う術を知らない。けれどもそれが全く不気味なもの（Ungeheures）であること、それが不気味なものそのものであることを、こうした特徴が示している。それゆえに、菩提達磨の絵は、私が「不気味なもの」の概念に関して『聖なるもの』の［第七章の］中で示したあらゆる色彩を帯びている。この坐禅者が、一切のものがひたすら関わりを持つ何か、しかしそれに対して一切のものがどうでもよいような何か、一言で言えば、ヌミノーゼそのものだけが持っている何かを求めていることは、直ちに浮かび上がってくる。この絵に全身を没入させる人を、この目に、すなわちこの緊張した集中の中に反映している事柄の前でのかすかな身震いを伴う恐れ（Grauen）が真っ先に襲うに違いない。

〈二〉　同時にまたこの緊張と集中は「沈思熟慮」にほかならず、「自分を作ること」もしくは「自分を見出そうとすること」にほかならない。しかし究極の「見」（endliches Finden）は決して分別（Gescheitheit）や自己の「行」の結果ではない。「解脱」は「見」と結びついているが、解脱は「自己救済」とは全く程遠い対立物である。仏教の優越性を、仏教が「自己救済」を教えることに見ようとする多くの仏教解説者の断言はこの点で的を遠く外している。むしろこの「見」は究極的な弾け(Aufplatzen)であり、爆発によって現れることである。それは全く神秘的な事実として端的に現れる。しかしながら、「自己によってなされる」ものでは断じてない。この神秘的事実は自己自身を与えるか、さもなくばみずからを拒む。いかなる人間もこの事実を作ったり、調達したり、自分で見出すことはできない。それはたぶん「恩寵」としても表され得ない。なぜなら、恩寵を与える者もまた恩寵に属しているからである。しかしこの神秘的事実は、恩寵並びに恩寵体験ということで、全く「自己」が考えたり、「自己」が作ったり、「自己」が見出したりすることからは絶対に生じないものを指している限りでは、恩寵と似ている。それは「天なる目」の現れであり、「自己救済」よりもむしろ突然乗り物で登場する奇術と比較されるものである。

〈三〉　この体験の内容とはどのようなものなのか。この点について体験者の唇は固く閉ざされる。それはそうでなければならない。なぜならば、この宗派がドグマを持つとしても、それは事柄自体が考え出され得ないこと、完全に言い難いことを教えるものだからである。それは一切のものが関わっている「真理」であり、生活全体を一気に変え、自己の全存在や環境世界のそれに対して、それまでは見たことも理解したこともない意味を与える真理である。この体験には最高の心情の興奮と際限のない至福が伴う。それゆえにこの体験は継続的な「考え出されないことの研究」と結びついている。しかしこの「研究」は知的なものではなく、見出された禅の真理へと、記述によらずに、ますます深く参入すること（Eingehen）である。それは生活態度の中で光り出し、体験者の顔つきの中で輝くものである。それは進んで奉公する心（Dienstwilligkeit）を与える。なぜなら、生きる意味は一切の「衆生」の救済のために奉仕することだからである。それは、しばしば繰り返される四弘誓願《しぐせいがん》に現れている。

衆生無辺誓願度、煩悩無尽誓願断、法門無量誓願学、仏道無上誓願成。

禅の体験は心（Sinn）を最高の目標に向かって注目させるが、一切の自己の名利（Eigenruhm）を断念し、自発的な謙虚を義務づける。

その目的が、大日如来（あらゆる仏の最高の仏）の宝冠のごとくに高くとも、あたかも子供の足元に跪くがごとくに、生活が謙虚に満ちてあれ。しかしながら、一切の自己訓練と一切の行は強制されたものではなく、またものごとに圧力を加えるのでもなく、無意識もしくは無意図のうちに自発的となる。

竹の葉の影が階段をかすめる。しかし塵一つ動かない。

月の光が地面の水たまりに深く差し込んでいる。

しかし、月は水に跡を残さない。*2

輪廻は今や涅槃である。この輪廻の世界に滞在していること自体が救いである。存在の外にあり、死の彼方にあると考えられる終末論的な救いの目標への必死の探求

*2 （参考）竹葉堦《きざはし》を掃うて塵動かず、月は潭底を穿って水に痕なし。

が安らぎに至る。なぜなら求められたものが存在そのものの中に見出され、存在そのものと一つだからである。この輪廻の世界、さもなくば苦悩と災厄の堆積なるものがいまやそれ自体、極楽の仏国土であり、透明な神秘的な美しさと深さをもって明らかとなる。その様はこれらの芸術家の霊感に導かれた筆によってかつてない印象をたたえて再現されている。この救いは一切の文字の知恵や学校の知識をどうでもよいものとする。しかしそれ自体は一個の奇妙な、深い内的叡知である。これは簡潔な語、短文、短句において、しかもそれ自体は暗示的にのみ表される。それは、日常の知恵とは全く別の叡知であり、それと対照するとその独自性が最も良く現れる。その担い手は、聖フランシスコのお気に入りの者である兄弟エジディオ（Egidio）と兄弟ジネプロ（Ginepro）がそうであるように、時として見かけは無骨者、見た目は野人であるが、ソクラテスにおいてそうであったように、醜い、あるいは奇妙な姿や顔付きに打ち勝つある精神的な深い姿もそこに二重に現れている。たびたび描かれて絵になるこのような人物がとりわけ寒山と拾得であるが、周文よるその描写は私には世界の観相学の最高傑作であると思われる[二]。与えられた見かけの現象のおかしな点や醜悪な点を破って出てくる深みの前でかくも全く無に消し去り、忘れさせ、内なるものに比べれば単なる素材や外面の全くどうでもよいことを感じさせるのにこれほど見事に成功した例は他にない。こうしたことが禅そのものの全く「簡潔な」手法、すなわちわずかな線とぼかしによる素晴らしい筆致で描かれているのであり、まさしく「竹の葉、塵一つ動かさずに動く」と同じである。およそ一切の外面的な効果に対して無関心であり、横目で見ることもない。——よく用いられる方法で大乗仏教を「ヴェーダーンタの神秘主義が仏教に入り込んだもの」と説明しようとする人がいる。寒山と拾得の姿や布袋の太鼓腹を見ていると、そのような持ち込み理論(Einschleppungsbehauptungen)に対していかに慎重でなければならないか、を学ぶことができる。寒山と拾得のような姿は、シャンカラの学徒たちの間では全く考えもつかなかったであろう。この二人の体験は、たとえ「言い難き」ものではあっても、その調子からいって、ヴェーダーンタのブラフマーニルヴァーナとは全く異なっている。「涅槃と輪廻とは同じである」という言い方は、シャンカラにとってはおぞましい忌避すべきものであったろう。それはもっと素朴で、もっと至福で、もっと隅々まで透明で、可能性においてもっと豊かであり、世界を止揚するのではなく、世界を変容するものである。それは神秘主義ではあるが、しかしながらそれは「私の『西と東の神秘主義』でしばしば強調したことだが」次のことを示している。すなわち「神秘主義」はまさしくどこにおいても決して同一なのではなく、極めてさまざまなあり方で、また極めて多様な内容を伴って起こり得るものである。

〈四〉　突如として閃き出す作用の中で新しい直観(Schau)が現れる。しかしながらその体験の内容は全く表現することができない。それゆえにまたそれは全く翻訳不可能でもある。それは各人において全き根源性において成立するのでなければならない。つまり「突然であること」と「翻訳不可能」ということがこの奇妙な宗派の本来のドグマなのである。それゆえにこそ、菩提達磨を描く画家は、達磨が聖なるテクストであり、宗派の書籍である経文を破り捨て去る様を好んで書き表すのである。けれどもここには師と弟子とがおり、この関係が極めて重要である。弟子にとって師は不可欠である。しかし弟子は教えられ得ないものに関して教えられるはずがない。弟子は、自分のところで直観そのものが破り出てくるまで導かれる、より適切には、突き放されるべきなのである。そのために弟子を助けるのは、何よりも明らかに、私たちが〈三〉のところで示した経験の結果を見ることとである。師のもとで激しく指導される中で、師は弟子の中に準備となる感得（Ahnung）を目覚めさせなければならない。それをなすのは人から人への、いつでも謎を含む覚醒の働きもしくは「伝染」（anstecken）の働きであり、これはどのような神秘主義の学派形成に際してもこのような役割を演じているものである。しかしながら、その際にとくにある奇妙な教育学的な荒療治的行動がそれで、私たちにはほとんど狂気の沙汰としか見えないが、しかし明らかに適格者のもとでは目的を達するものである。これに関しては、師正受による白隠の、見かけは目覚ましくもない覚醒物語が報告されている。白隠は自分をすでに仏陀の認識において前進したと見なし、みずからの見処を師匠に陳《の》べた。「全く分かっていない」――白隠が言い終えた時に、正受老人は答えた。白隠は弁明した。そこで師は白隠を徹底的に打ち据え、玄関へ投げ飛ばし、泥水の中に落とし、「お前は地獄で焼かれろ」と罵った。白隠は二度目に師のところにやって来て、今度は是非とも師に語らせようと固く心に決めた。今度も師は白隠を縁側の戸越しに家の壁に向かって投げ落とす。白隠がそこで半ば意識を失って倒れていた時に、師は上からなおもさげすみの笑いを浴びせた。白隠はもはや師を見捨てようと思った。彼が布施を集めながらある村を通りかかった時に、奇跡的なことが起こった。［戸口で読経した家の老婆に追い払われるという］どうでもよいようなささいな出来事が――ヤーコプ・ベーメの場合の水差しの輝きのように――突然彼に禅の真理の心眼を開かせるきっかけを与えたのである。限りない喜びが彼を襲い、半ば我を忘れて師のもとへ戻った。まだ敷居を跨ぐ前に、師は彼を認め、お辞儀をしてこう言った、「どんな朗報を持ってきたのか。さあ、早く、早く、家に入れ」。白隠は自分に起こったことを話した。すると老人は白隠をいたわるように撫でて、「もうお前のものになった。もうお前のものになった」と言った。

　氷をはねらせ、緊張を解放し、母液を突然、水晶として結晶させたり、眼から鱗を落とすようなこうしたきっかけの体験は実に多種多様である。興教洪寿《こうきょうこうじゅ》（九四四－一〇二二）は「悟り」の体験の種類を示唆するものを私たちに示している。薪の束が地上に落ちる。この何の変哲もない事情が、突如として内なる眼が開け、稲妻のように「伝達できない菩提」が現れ、何ものによっても言い難い、一切を変化させる認識および一切を透視する、もしくは一切の彼方を見る眼が彼に啓けてくるきっかけとなる。

　何かがそこに落ちた！――「他」はない。[三]
世間のものはもはやなく、右も左もない。[四]

そして川も山も丸い地平線も
一切の中に法の王（Dharma-rāja）（仏）の体が輝いている。[*3]

仏光禅師［無学祖元］（一二二六－八六）も同じように自らの体験を書いている。彼が夜、眠らずにいた時に、僧院の部屋の前にある鐘が突如打ち鳴らされ、悟りへの秘義に満ちたきっかけが彼に訪れた。

「私は床から飛び起きて、月の明るい夜に駆け出し、東屋に走っていった。そこで私は天を見ながら大声で叫んだ、おゝ、法身は大いなるかな！　おゝ、何と大きく、永遠なるかな、と」[五]。

他に突破を助けるものとしては説示（Ansprache）、それもたぶん救いを求める魂を捉える、この上なく奇妙な説示がある。その簡潔で、文字の上では短い言い方は見かけではしばしば全く無意味に見える。しかし実はそれには隠された点があるのであって、もちろんこの種の謎解きに慣れた人やすでにその訓練を受けた人だけが時間をかけずに解けるものである。それは「教えられる知識」（Belehrung）ではない。それはむしろ魂に対する教育的打擲であって、魂を表意記号によって願わしい方向へ引き入れるために殴るのである。たとえば雲門文偃《うんもんぶんえん》とその弟子の間で行われた「問答」を思い浮かべたらよいであろう。

雲門の（心の）剣とは何か。
ゴツン！

＊3　（参考）撲落非佗物、縦横不是塵、山河及大地、全露法王身（禅苑蒙求、上）［禅学大辞典］

雲門にとって直道は何か。
衷心(Innerlichkeit)。
仏の三身のうちいずれが教えを知らせるのか。
出合ったもの。
真の法の眼とは何か。
いたるところ。
道とは何か。
前に進むもの。
どうして両親の許しなくして僧になれないのか。
平たい。
どういうことか分からない。
深い。
どうすれば(見える)眼を持てるのか。
盲目になること。

あるいはまた以下のような「説教」もある。雲門が机に座っている。一人の僧がやって来て、質問への答えを乞う。雲門が大声で叫ぶ、「お、、お前は僧なのだ！」。僧たちが一斉に振り向いて、その僧を見る。すると師は立ち上がり、黙って説教机を去る。

〈五〉ここでは全く背理的な言い方や振舞いや表情で、ひたすら非合理的なものが、また全く背理的なものさえもが表されようとしている。非合理的なものの背理的で、しかも同時に完全に内面的な、そして最後には一切の外に現れ出るもの、あるいはみずからを表そうとする意欲そのものに逆らうあり方が、とくに注目すべき特徴のもとで示されている。その経験はそれ自体あくまでも内面的なものであり、またそれに留まるものだ。それは知られたもの、語られたもの、話されたものからさらに最も深い内面性へと後退していく。たとえば人が健康を内に持つように、人はその事柄をみずからの内に持つべきである。健康というものを失って初めて人は健康を知るようになる。あるいは人がみずからの生命を内に持つように。生命が一番強く、生き生きとしている時に、人は生命について知ることが最も少なく、語ることも最も少ない。さて、そこから師の見かけは感情を害する表現も出てくる。その表現は仏陀について、禅そのものについて何一つ知ろうとしないし、聞こうともしない[六]。

　仏や禅が初めて意識化される時、その時にはもはやすでに両者はその根源性のもとで、またその真正性のもとでも所有されてはいない。仏や禅について理屈で語るとき、それはもうそこには存在しない。「魂が語り始めるや否や、あゝ、魂はもはやすでに語ってはいない」。高貴が、みずからに気がつく時に、もはや高貴ではないのと同じように、禅もまたみずからについて語る時、もはや禅ではない。五祖〔法演〕は弟子の圜悟（克勤）に言う、「これまでは万事良かった。ただお前は小さな過ちを犯した」と。圜悟は重ねて尋ねる、何か、と。最後に師は答える、「お前はあまりに禅にこだわり過ぎる」と。別の僧が五祖に尋ねた、「禅について語るのをどうして憎むのですか」。「それが私の胃袋に蓋をするからだ」と師は答える。語られず、ただ体験されるだけであり、音一つ聞こえない深みにおいて所有され得るに過ぎないものについて語ろうとするのは、語る人を害することになる。こうした感情から時として見かけの無神の行為が生じることがある。例を挙げれば、ある僧は寒い日に仏像を焚いた。あるいはまた宗教を概念的に客観化することに対しても軽蔑の調子で述べられる。たとえば臨済はこう言っている。

おゝ、汝ら、真理を追い求める者よ、汝らが仏に出合えば、仏を殺す。父に会えば父を殺す。

ある日のこと雲門が砂の上に杖で線を引き、こう言った。

さて、ここには、砂の数ほどの仏が居り、大声でつまらぬことをしゃべっているわい。

また別のときにはこうも言っている。

庭に気のいい神と仏とが立っていて、仏教について話をしている。何とうるさいことよ！

しかしながら、語ることが時としてぐるりと向きを変えて、全く別の調子を伝えることもある。それが私たちの周囲にある物事の静かな言葉の意味をかすかに暗示し、学道の者に聞こえるようになるのを待っていることもある。たとえばある日雲門が法堂に向かって行くと、突然寺の鐘の深い音色が聞こえてきた。すると彼は言った。

　この広い、広い世界の中で――、鐘があのように鳴ると、どうして法衣のことが気になるのだろうか。*4

最後のような教訓は禅画にも採用されている。最後の雲門の言葉は、牧谿《もっけい》の「夕べの寺の鐘」［煙寺晩鐘図］という絵にも描かれている。広い、広い世界がある。霞の中に僧堂が見える。添えられた讃辞は、聞こえたと信じられた鐘の響きを暗示している。――これは「自然‐感情」(Natur-sentiment) ではない。これは禅である。そして、禅は、今日、時に東洋の「表現主義」として理解したいという気持ちに駆られる多くの絵の中にある背理的なものでもある。すなわちこの絵のような奇妙な、深い印象を与える風景もそうで、わずかの土地が、一見全く解けない謎として、禅の簡潔な言い回しと同様に、全く小さな世界を要約し、言い難い・伝え難いものの表意記号へと精神化しているのである。ここには実は輪廻のもとでの涅槃が見えているのであり、事物の深さとしての仏心が、はっきりと感じられる脈拍を打って鼓動しており、その前では息が止まりそうである。

だが、二つともすでにあまりにも多くのことが「言われ」過ぎた。

(一)　この不思議な精神の方向に関する印象を私が得たのは禅宗の人物と絵画からである。しかし以下の詳細な記述の多くは、"The Eastern Buddhist", Kyoto, 1922, Heft 1, S. 341, Heft 2,

＊4　(参考) 雲門鐘声七条「世界恁麼広闊、因甚向鐘声裏、披七条」(世界はこんなに広く大きく、自由自在であるべきに、なんとして鐘が鳴れば七条衣をかけて法堂に出頭するか)［禅学大辞典］

S. 30 の鈴木貞太郎大拙の啓発的な論文および禅の老師大峡秀栄の『禅』（A・ファウスト編、ゴータ、一九二五年）から借りている。私は後者のために序文を書いたので、目下の叙述に関してはそれを参照してほしい。

（二）クルト・グラーザー（Kurt Glaser）著『東アジアの芸術』（Die Kunst Ostasiens）、一一二頁。

（三）いかなる差異も他ももはやない一切と一切との永遠の同一性、sama-darśanam が彼に現れる。

（四）反対の一致。

（五）これに相当するものを私たち自身の神秘主義者、たとえばヨーハン・アルントの『真のキリスト教』にも見る。「天の教師たる聖霊は一切の骨折りと努力をすることなしに私たちに教え、一見をもって一切を思い起こさせ、私たちの悟性を全く即座に苦もなく照らし出す」。それは「おのずから起こる」、さらに言えば、「一瞬のうちに」おのずから起こる。「たとえ一瞬のうちにであれ、時に私たちの魂の内なる隠れた宝が起こる」。

（六）マイスター・エックハルトも、神が私たちを生成から解放し（entwerden）、神の魂が、神を持とうと欲する時には、何も持っていない（quitt）のでなければならない、と主張している。彼はこうも言っている、「魂が神をただ純粋に見るだけの時に、みずからの本質と生命の一切を受け取り、みずからがつねにそれであるものを、神の根底から創造する。しかしいかなる知についても、いかなる祈りについても、そのほか何事についても魂は知らない。魂は完全に神の本質の中に休らう。しかし魂が、自分が神を見、愛し、認識している、と意識したとたんに、それはすでにして「そこから叩き出すこと」（ein Herausschlagen）なのである。

あとがき

ルードルフ・オットーの『聖なるもの』は、宗教学や神学を学ぶ人だけではなく、広い意味で宗教に対する知的なあるいは学問的な関心を抱く人々、たとえば哲学や心理学あるいは文化学などに携わる人々にも読まれてきた名著であり、一九一七年に公刊されて以来版を重ね、現在もなおドイツをはじめ多くの国で増刷されている、文字通りの古典である。

オットーのこの本の意義を理解するために少し回り道をしたいと思う。彼は第一次世界大戦が終結すると、世界各地で宗教の指導的な役割を担っている人々を一堂に集め、当面する人類の諸問題を討議する「宗教人類同盟」（das religiöse Menschheitsbund）の設立を呼びかけた。その活動の主旨や目的並びに経過について彼自身が次のように述べているので、しばらく耳を傾けてみたい。

一九二一年に「民族および諸民族の生活を倫理化するため」に、すべての文化的大宗教の代表者たちの間に宗教間の協力を打ち立てることを課題とする団体が私の発案で設立された。まず初めは定期的に会合を開いて、大きな宗教教団の代表者たちが集まり、一般的な人間の倫理の問題、とりわけ社会的な倫理を扱うこととした。すなわち民族、人種、身分あるいは性を取り巻く諸関係を論じ合うことである。（略）その目標は、一、宗教教団内部で右の倫理的目的に対する倫理的責任感を鋭敏にする。二、たんなる「世論」に代るべきものとして「世界良心」を確立すべく協力する。三、世界会議を開催し、そこで（一）倫理的な面での重大な社会的弊害を討議し、（二）人類共通の倫理的目標を実現するために力を合わせる。

次に自己の宗教のサークルのほかにも「宗教」が存在し且つ活動しているという認識にもとづいて、もう一つの目標が右のものに結びつけられた。すなわち諸宗教の統一を樹立するのではなく、宗教的な人々の相互関係を活発にするための、さまざまな宗教団体の宗教人の出会いと理解である。その狙いは、たとえばインドのように、さまざまな大宗教教団が互いに住み分けているような国々や地域においてはっきりとする。（略）すなわち表立った戦争、憎しみ、互いの中傷誹謗、間違った論争、それのみか闘争や流血などを回避し、何よりも宗教教団間の関係そのものに対して、相互の正義と誠実さと人間尊重の原則を適用することである。

（略）さらにこれらに加えて、内なる問題がある。それは宗教を敵視する勢力と戦うことである。今日ではロシア正教だけがボルシェビキ主義による宗教敵視に抗議しているわけではない。キリスト教世界全体が、そして日本の仏教徒もヒンドゥ教徒の宗教感情もそれに抗議しているのである。このように倫理的あるいは実際的な関心のもとでのみならず、宗教に共通する関心のもとでも出会い、共通の土台がどこにあり、またいかなるものか、を見つけ出し、そうした接触が深まり、実を結ぶ可能性を待望することもこの団体のさらなる目標となるべきである。

差し当たり「宗教人類同盟」という名称が採択され、一九二二年八月一日にベルリン郊外のウィルヘルムスハーゲンで第一回の会合が持たれた。（略）八つのさまざまな宗教および宗派の代表者が同席した。最も印象深かったのは、京都から来た真宗の仏教僧侶木場了本の『仏教と道徳的世界の形成』という題の講演であった（ほとんど時を同じくして日本でも同じ問題に取り組む同朋により会合が開かれ、真宗の大谷管長から挨拶が送られてきた）。オットーは「世界良心」とそれに至る道を講演した。ロルフスは『世界的問題としてのアルコール問題』という題の講演をした。（略）急激なインフレーションに襲われた数年間は活動がほとんど停滞した。（略）」（『歴史と現在の宗教』（Die Religion in Geschichte und Gegenwart）（第二版）、第三巻一九二九年、「宗教人類同盟」の項）。

時期が時期であっただけに、ここまで漕ぎ着けるのに多くの困難があったと想像されるのであるが、実はオットー自身その日のために準備を重ねていた。それは、一言で言えば、旅によるネットワーク作りであった。彼は初めは自分の健康のために世界各地へ旅行していたが、それは途中から宗教学的な興味を刺激するものとなり、さらにはさまざまな宗教史資料を収集し資料館を建設する目的にもなっていった。オットーは一九一一年十月から翌年七月までインドから日本を経て中国に渡り、シベリア鉄道を利用して帰国したのであるが、日本での約五週間の滞在は挨拶回りなどで多忙を極めたようである。日本政府、大使館、英国東アジア協会などを回り、そこで講演もし、さらに修道院、寺院を訪れて対話をした。とくに禅の道場では老師たちと宗教哲学の話をし、親しく坐禅についても手ほどきを受けたという。また高野山に上り、そこで講演をしたことが『六大新報』に記録されている。そのほかに天皇の園遊会（Gartenfest）にも招待されているのであるが、これらは在日大使が差配してくれた、とオットーが報告していることからも、彼の旅が私的なものではなかったことが知られるのである。中国へ行ったのも文部省の指令によるもので、二ヵ月の間に道教の道観を訪問するなど実地見聞を広めている。彼はこの旅で世界会議への確信のようなものを得たらしく、帰国した翌年にはそのための講演旅行を始めており、さらに同じ年にプロシャの衆議院議員となり、第一次大戦で解任されるまで務めたが、それも自らの計画遂行と無関係であったとは思われない。

オットーが実際にどれほど政治的手腕に長けていたのかは分からない。彼の印象を口にした多くの人は、そうした政治的な側面よりもむしろ人柄に惹かれたことを強調している。たとえば一九二七年十月から翌年の五月にかけてのオットーのインド旅行に同行したスウェーデンの牧師フォレルは、マドラスで歓迎された時の様子について、自分の隣にいた高位のバラモン僧で裁判所の長官でもあった人物が、オットーを見ながら、初対面なのに他人とは思えず、仲間の一人のようだ、という印象を漏らしたことを伝えている。そのフォレルも初対面の際にオットーが、スウェーデン語で話をしてもいいよ、と言ってくれたので、緊張がほぐれたと述べている。またマールブルクに留学していた日本の哲学者三木清もオットーの印象について、「日本の留学生が好きで、自宅に招いてお茶の会を開かれたりした。私はまた時々オットー教授に誘はれて、ラーン河の向うの小高い丘を一緒に散歩したことがある」と書いている。もう一つ証言を加えるならば、日本で教鞭をとったことのあるドイツの神学者エルンスト・ベンツも、一九二八年にイタリアのフィレンツェに滞在していた折に、偶然に同じところに居たオットーに誘われて郊外の牧者の小屋で、暖炉の火に手をかざしながら語り合った思い出を綴っている。オットーは地元の御者や荷物の運搬人夫らが吸う廉価な紙巻タバコを喫いながら、古代オリエントの宗教伝統がいかに旧約聖書に影響を与えているか、について倦むことなく語り続けたという。また「人の子は復活し、高められる前に、苦悩しなければならない」と強調したとも述べている。前述のフォレルはこのようなオットーの人格的な特徴を踏まえて、「ルードルフ・オットーは歴史上の偉大な人に属している。すなわち自らの民族に属しているのみならず、全世界に属するような偉大な人物であった」と生誕百年記念行事に集まった聴衆に語っている。

このように世界各地に多くの友人知己を得ながら、オットーが理想とした世界宗教者平和会議の構想は、一九三〇年にウィーンで予定していたものが実現しなかったことを最後に断念のやむなきに至った。「宗教人類同盟」の活動もドイツの各地、たとえばハンブルク、ダルムシュタット、オッフェンバッハ、ベルリン、ライプツィヒ、デッサウおよびケルンなどにそれぞれ大小さまざまのサークルの結成を見たが、やがて一九五六年にイギリスのフランシス・ヤングハズバンド卿が設立した「世界信仰会議」(World Congress of Faiths)のドイツ支部として再出発することになった。一九三一年にはスウェーデンの宗教学者で司祭でもあり、オットーとも親しかったナータン・ゼーダーブロームが、キリスト教教会の国際的協力に貢献したことが評価されてノーベル平和賞を受賞した。宗教学者が国の内外を問わず、現実の諸問題に関心を抱き、それと自らの学説とを密接に結びつける傾向が目立つ時期であった。第一次世界大戦がそのような動向と無縁であったとは思われないのである。

『聖なるもの』はまさしくその大戦中に出版された。シカゴ大学の宗教学講座の担当教授であったドイツ生まれの宗教学者ヨアヒム・ワッハは、戦後若い世代の学生の間では、神および神の国からキリスト教の信仰を根拠づけようとしたオットーのこの本が、ドイツの弁証法神学者カール・バルトの『ローマ書講解』と評判を二分していたと書いている。そしてバルトには間もなく「バルティアン」を名乗る追随者たちが現れ、バルト正統派と呼ばれる一派も形成されたが、「オットーニアン」と自称する人はおらず、その学派も形成されなかったが、俗人も神学者も、それも異なる立場の神学者も『聖なるもの』を読み、その研究に深く打たれたと告白する人が多かった、ともワッハは述べている。

『聖なるもの』は幾つかの学問的な関心あるいは問題意識から成り立っている。その最初の構想は、一九〇九年に発表された『カントとフリースの宗教哲学』で打ち出されていた。それによると、宗教の研究は、(一)独特に宗教的なものを宗教意識の観察と分析によって明らかにする宗教心理学的方法、(二)その結果を宗教の歴史的な諸現象を比較することによって補強し、合わせて宗教の歴史的な展開の法則を探る宗教史的方法、そして最後に(三)このような宗教意識およびその歴史的な現象が人間性に必然的に根拠を持つことを論証する宗教哲学的方法、によって組織的に遂行される、という。このうち(一)は『聖なるもの』におけるヌミノーゼの感情の詳細な分析と観察に当たり、(二)は旧約および新約聖書並びにルターにおけるヌミノーゼの考察と第十五章や第十七章の歴史的展開の概観に、そして(三)は第十六章および第十九章におけるカテゴリーとしての「聖なるもの」の哲学的・人間学的論議にそれぞれ相当している。もちろんこのほかの多くの著書と論文およびサンスクリット文献の翻訳もこの構想から生まれたものである。

この『聖なるもの』は数頁読まれればお分かりのように、宗教をあくまでも宗教から理解しようとする立場に立っている。宗教を宗教以外のもの、たとえば道徳や「社交衝動」、つまり社会的統合作用に還元したり、それらから説明することを厳しく退ける。オットーは「宗教は宗教とともに始まる」という言葉を幾つかの著書で繰り返している。それはまた「神」の観念についても同じであって、それが、たとえば死者霊の観念や自然現象から展開するとするアニミズム説や自然崇拝説をオットーは強く批判する。すなわち神は初めから神であり、神は神とともに始まるのであって、ヌーメンは初めから神の素性を持っていると見る。ヌーメンは上昇して神になることもあれば、零落して魔的なものや妖怪的なものになることがあっても、決して逆の展開はあり得ない、というのがオットーの一貫した見方である。それはまた人間は人間とともに始まる、という第十六章の主張とも重なっていく。いわゆる「人間化」(hominization)は、オットーによれば、「精神」が閃いた瞬間である。この精神は、カントが考えた以上に深い意味での純粋理性である「魂の底」から非合理的なヌミノーゼを把握し、理念化しようとする働きを「素質」として持っている。彼が用いる「素質」という概念は、後に多くの厳しい批判を呼ぶことになったものであるが、ひとえに進化主義に対する彼の警戒心に基づくものであった。精神をその素質に即して開展させ、その目指すところへと到達することこそが、オットーにとっては「宗教」の意義であった。キリスト教徒としての彼はその目標を「神の国」に見るのであるが、それぞれの宗教が独自の目標を掲げることを彼は阻まない。むしろ宗教から生まれる「良心」や「善意」を最上のものと見なし、それぞれの宗教がその覚醒と育成に努めるべきだ、と「宗教人類同盟」の趣意書では強調している。宗教を通じて「人間」を理解するということが、オットーの『聖なるもの』の一つの読み方であると考えている。

オットーは一八六九年に旧プロシャのハノーヴァー州パイネに、毛織物工業を営む父親の子として生まれた。早くから牧師になることを志し、エアランゲンの大学で神学を学んだが、宗教史学派の新しい波に惹かれてゲッティンゲンの大学に移り、聖書主義的な見方から歴史主義的なそれへと転換した。そこで若手の教授テオドール・ヘリングと出会い、その人格に感銘を受けた。「判断を下す際の慎重さ、自分とは異なる立場に立つ人々に対する尊敬、他人が持っているもの、それのみか恐らくは、彼がしばしば垣間見せるように、自分よりも優れているもの一切を承認する態度は、誰にも影響を与えずにはおかない」というのがヘリング教授に対するオットーの印象であり、その尊敬ぶりは出世作『聖なるもの』を捧げるほどであった。やがてゲッティンゲン大学の私講師を振り出しに研究者の道を歩むこととなり、同大学の員外教授を務めたあと、一九一四年に組織神学者としてブレスラウの大学に招かれ、そこで『聖なるもの』を執筆した。そしてこれを出版した一九一七年にマールブルクの大学に著名な神学者ウィルヘルム・ヘルマン教授の後任として赴任し、世界中から多くの学生を集めて神学部の名を高めた。「いつでも聴講生は堂に満ちて、マールブルク大学の名講義の一つであった」とは、当時留学していた守屋貫教の記録である。のちにマールブルクで宗教史を担当したフリートリヒ・ハイラーは「オットーは一つの現象であった」と表現している。ベルリン大学からの招聘もあったが、これを断り、一九二九年に六〇歳で退官するまで勤めた。晩年の関心は主として倫理学にあったが、体系的な成果を残すことはできなかった。一九三七年に多くの学者に惜しまれながらマールブルクで世を去った。なお華園聰麿・日野紹運・J・ハイジック訳『西と東の神秘主義』(人文書院)に付けた「解説」とオットーの詳細な著作目録を参照していただければ幸いである。この「あとがき」を執筆する際して主に次の文献を参考にした。

Ernst Benz: Rudolf Ottos Bedeutung für die Religionswissenschaft und die Theologie heute, E.J. Brill, Leiden 1971.

Joachim Wach: Types of Religious Experience, Chicago 1951.

Forell-Frick-Heiler: Religionswissenschaft in neuer Schicht, Marburg 1951.

個人的な思い出を述べることを許していただきたい。訳者は卒業論文でこの本を取り上げ、その内容をまとめて提出した。口頭試問を担当されたのは東北大学の石津照璽教授と堀一郎教授であった。石津教授は、目の前の湯呑み茶碗を指差して、「どうだ、これがヌミノーゼと感じられれば、それがヌミノーゼなのかね」と質問された。しどろもどろの答えになった。終わってから、和菓子を差し出して緊張をほぐしてくださった。後で返していただいた卒論の、石津教授が質問のために折った個所を、今でもそのままにしてある。堀教授は丹念に読んで、朱筆で訂正してくださり、厳密な読み方をするように注意された。またその後、楠正弘教授からはカントとマックス・シェーラーについて多くのことを教えていただき、オットーの理解を拡げることができた。楠教授は、「聖」と「ヌミノーゼ」の関係について、後者はいつでも前者より外延が大きい、と言われた。絶妙の指摘だと今でも信じている。これらの恩師の方々は、宗教をただ単に文化現象として考察するだけではなく、ましてや単なるレトリックの手段として利用するのではなく、オットーの表現を使えば、人間の「魂の底」を、また、プロテスタント神学者・宗教哲学者パウル・ティリッヒに因んで言えば、人間の実存の「深みの次元」を指し示すものとして理解するように導いてくださった。

最後に、厳しい情勢にもかかわらず本訳書の出版を敢行してくださった創元社社長矢部敬一氏に心から敬意を表し、感謝申し上げる次第である。また企画と編集の全般について多大なご配慮をいただいた同社編集部の渡辺明美氏ならびに編集・索引作成および校正などの煩雑な仕事に携わってくださった千葉和子氏に対して厚くお礼を申し上げる。

平成十七年一月

華園聰麿

ま行

や行

ら行

た行

な行

は行

さ行

ら行

事項項目

あ行

か行

た行

な行

は行

ま行

や行

索 引

人名項目

あ行

か行

さ行

著者略歴
ルードルフ・オットー
Rudolf Otto, 1869-1937
ドイツの代表的プロテスタント神学者・宗教学者。
ゲッティンゲン大学を経て、マールブルク大学神学部教授。
1917年刊行の『聖なるもの』は世界的な名著。
マールブルク宗教学資料館設立、
世界宗教人類同盟の構想を打ち立てるなど実践的活動も行った。

訳者略歴
華園聰麿
はなぞの としまろ
1936年山形県生まれ。東北大学大学院文学研究科博士課程中退。
島根大学助教授、東北大学教授を歴任。
東北大学名誉教授。専門は宗教学。
翻訳にオットー著『西と東の神秘主義』
(日野紹運、J・ハイジックとの共訳、人文書院)など。
著書に『宗教現象学入門』(平凡社)。

聖《せい》なるもの

2005年3月20日第1版第1刷 発行
2023年3月10日第1版第5刷 発行

著者
ルードルフ・オットー
訳者
華園聰麿
発行者
矢部敬一
発行所
株式会社 創元社
https://www.sogensha.co.jp/
本社 〒541-0047 大阪市中央区淡路町4-3-6 Tel.06-6231-9010 Fax.06-6233-3111
東京支店 〒101-0051 東京都千代田区神田神保町1-2 田辺ビル Tel.03-6811-0662
装幀
濱崎実幸
印刷所
株式会社 太洋社

 ISBN978-4-422-13005-7